How-nual　Shuwasystem Industry Trend Guide Book

図解入
業界研

最新

銀行業界の動向とカラクリがよ～くわかる本

業界人、就職、転職に役立つ情報満載

［第6版］

平木 恭一 著

秀和システム

はじめに

二〇二〇年に世界各地で感染が拡大した新型コロナウイルスによって、経済活動がマヒしました。わが国では二度にわたって緊急事態宣言が出され、飲食業や小売業で営業時間の短縮が続き、人の出入りが極端に減少しました。

わが国経済は、少子高齢化や非正規雇用の増加など社会構造が変化する一方、進展するITを活用したデジタル改革が進行し、DX（デジタルトランスフォーメーション）という新しい言葉が次世代の経済をけん引するエンジンとして注目されています。

銀行業界は、長引く低金利局面と景気の低迷で低調な業容が続いています。収益の源泉である融資が思うように伸びず、一時期ドル箱だった預かり資産の取り扱いによる手数料収入も伸び悩んできました。このため、経費を抑えて利益を確保する低成長戦略に転換。支店とマンパワーを減らし、インターネットバンキングを前面に出して業務を展開し、攻めに転じる次の機会まで耐える作戦です。

本書は、現場の取材を通して得た銀行員のコメントなどを盛り込んだ異色の金融入門書で、二〇一七年発行の第5版を改定したものです。メガバンクグループ、信託銀行、地方銀行、第二地方銀行、信用金庫といった各業態の置かれた現状を、豊富な資料とともに紹介しています。銀行業界を的確に把握するための副読本にしていただければ幸いです。

二〇二一年五月

平木　恭一

How-nual 図解入門 業界研究

最新銀行業界の動向とカラクリがよ～くわかる本［第6版］

●目次

第2章 銀行業界の仕組みと仕事

第3章 銀行業界で必要な法律知識

第4章 銀行業界の問題点

第5章 銀行業界の最新動向

第6章 銀行業界の将来動向

DATA 資料編

第1章

銀行業界の現状

超低金利時代が続く銀行業界。法人融資が伸び悩む中、手数料収入に活路を見いだしています。2020年9月に7年8カ月ぶりの政権交代がありましたが、新型コロナウイルスの感染拡大で先行きは不透明。注目のスマホ決済で不正利用の発生も。第１章では銀行の各業態が直面する厳しい経営環境の現状や諸問題を取り上げ、平成時代の金融を振り返ります。

1 コロナ時代の銀行業界

世界的に感染が拡大する新型コロナウイルスの影響で、銀行業界は厳しい経営環境にさらされています。長期化に備えた業務の遂行が望まれます。

二〇一九年一二月に中国武漢市で発見された**新型コロナウイルス感染症（COVID-19*）**は、翌二〇年に入って世界的に流行。同年一月に国内で初の感染者が出ました。二月には国が全国の学校に臨時休校を要請。四月七日に七都府県に対して緊急事態宣言（五月六日まで）を出し、同一六日には対象を全国に拡大、さらに五月三一日までの期間延長を決めました。

こうした状況に対して、銀行業界は支店の臨時休業のほか、行員の感染対策の観点から窓口業務の時間を短縮するため昼の時間帯に休業時間を設けるなど、コロナ対策を徹底しました。

また窓口対応を減らすため、利用者にインターネットバンキングの積極活用を勧めています。

地方銀行の一部では、管理業務に従事する本部行員を在宅勤務とし、クラウドコンピューティングを活用してテレワークを促進しているケースも見られます。

一方、コロナ禍で収入が減少した個人や、外出自粛の影響で売り上げが減った飲食業などの法人に対して、無利子または低利の融資を実施する銀行、個人向け社債を発行したりして病院その他の医療施設の資金繰り融資に活用する銀行もあります。

新型コロナウイルス感染症の流行は、完全に終息するまでには相当の期間を要すると見られています。生産活動が停滞し経済が疲弊している現在、経済の血液、経済の潤滑油といわれる銀行が担う役割は、これまで以上に大きいものがあります。

コロナと共存し、個人や法人に対する金融サービスを提供することが求められています。

用語解説

＊**COVID-19** 「Corona Virus Disease」の略。19は2019年に発見されたことを指す。WHO（世界保健機関）が命名した国際正式名称。わが国では「新型コロナウイルス感染症」と呼ばれる。感染症法により強制入院措置が取られる指定感染症。

難局のコロナ時代を迎えた銀行業界

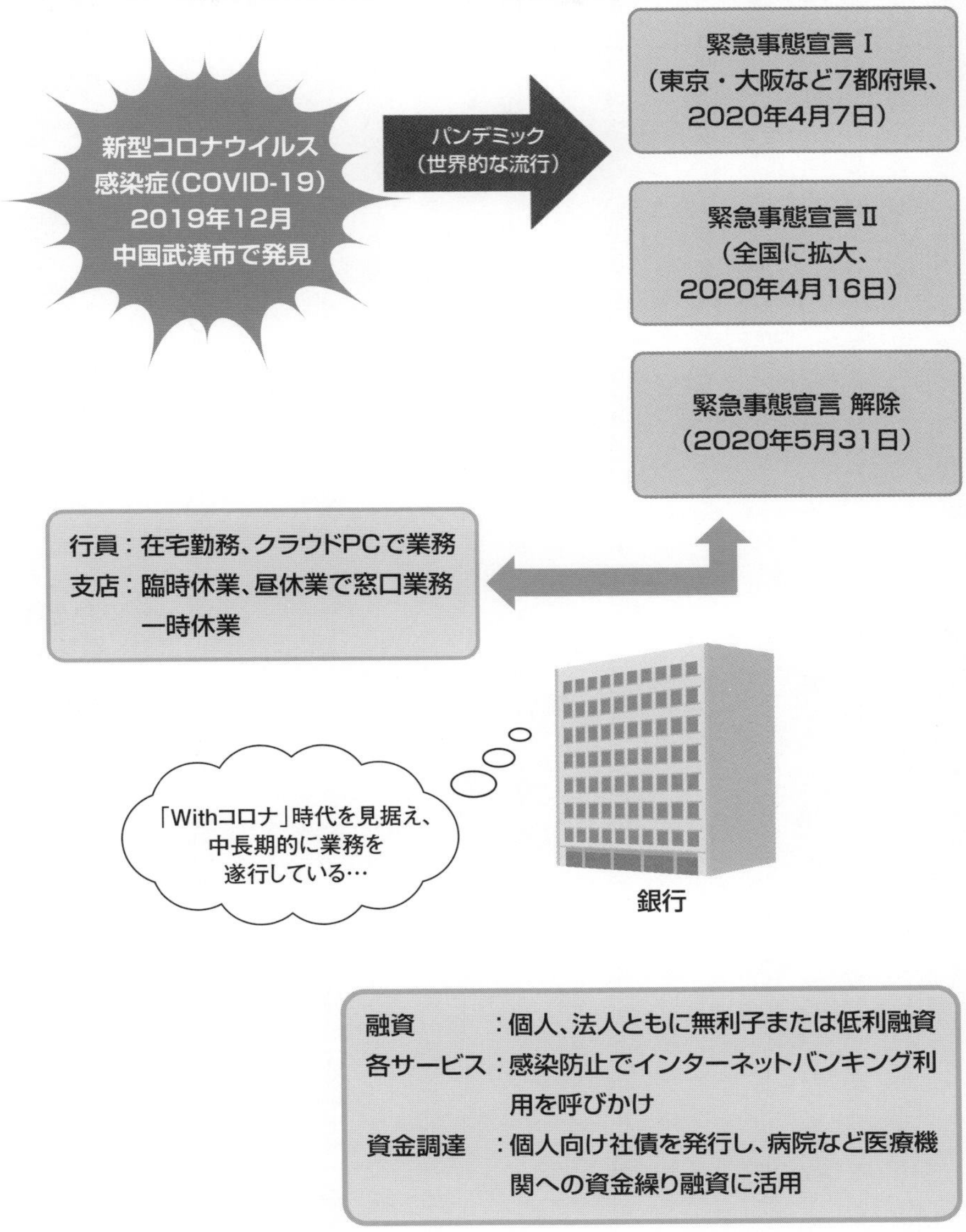
新型コロナウイルス感染症（COVID-19）2019年12月中国武漢市で発見
パンデミック（世界的な流行）
緊急事態宣言 I（東京・大阪など7都府県、2020年4月7日）
緊急事態宣言 II（全国に拡大、2020年4月16日）
緊急事態宣言 解除（2020年5月31日）
行員：在宅勤務、クラウドPCで業務
支店：臨時休業、昼休業で窓口業務一時休業
「Withコロナ」時代を見据え、中長期的に業務を遂行している…
銀行
融資　：個人、法人ともに無利子または低利融資
各サービス：感染防止でインターネットバンキング利用を呼びかけ
資金調達　：個人向け社債を発行し、病院など医療機関への資金繰り融資に活用

2 政権交代で変わる銀行行政

二〇二〇年九月に政権交代があり、菅内閣が発足しました。新首相は地銀（地方銀行）の再編など金融行政に対して意欲を見せています。

自民党の総裁選で菅義偉（すがよしひで）官房長官が選出され、七年八カ月続いた安倍晋三政権に代わって菅内閣が誕生しました。

このところ新型コロナウイルスの感染拡大で経済活動が停滞しており、新政権は携帯電話料金の値下げや旅行業界に対する支援など即効性のある政策を優先して打ち出していますが、金融業界に対するアナウンスも目立っています。

中でも、**地銀再編**に対する菅首相の発言が注目されています。首相就任前の総裁選の時期から「地銀の数が多すぎる」とのコメントが相次ぎ、**オーバーバンキング**の解消に向けて強い意欲を示しているのです。これに対して地銀業界は戦々恐々としました。

同年一一月には日銀が首相のこうした発言に呼応しました。経営統合や経費削減を条件に、地銀や信用金庫が日銀に預けている当座預金の金利を年〇・一％上乗せする資金支援を、二三年三月までの時限措置として実施すると発表しました。

金融庁も、経営統合に必要なシステム構築費用などに充てる補助金を出す「資金交付制度」を創設する計画です。日銀・金融庁の支援策とは別に、公正取引委員会は独占禁止法の特例措置として県内地銀の合併容認を打ち出しています。

このほか、東京・大阪・福岡を候補地とする国際金融都市構想も打ち出しています。この構想は前政権でも提唱されていました。こうした政策の裏には、菅首相と親しいSBIホールディングスCEOの北尾吉孝氏の存在が指摘されています。

新政権が地銀を注視

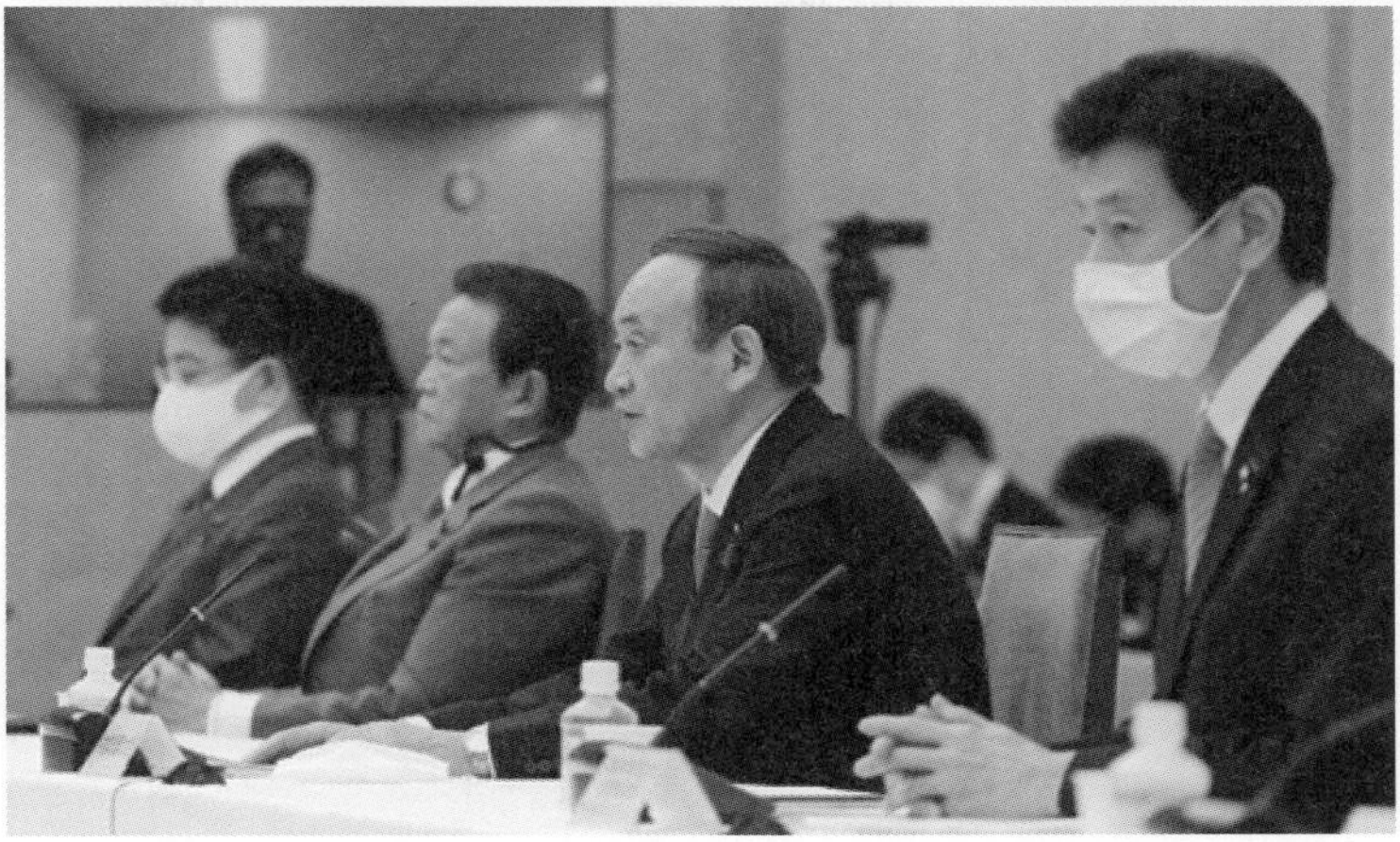

経済諮問会議で発言する菅総理（首相官邸 HP から）

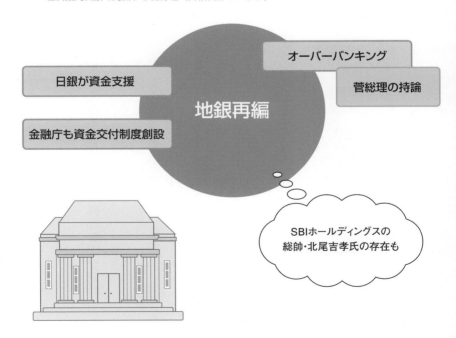

3 次世代の金融を担うフィンテック

ITの進展で金融サービスは大きく変わろうとしています。スマートフォンの普及やビッグデータ、AIの活用で、従来の取引慣行は形骸化していくかもしれません。

フィンテック（Fintech）は、金融（Finance）とIT（Information Technology）を組み合わせた米国産の造語で、最新のインターネット技術を駆使した金融サービスの総称です。フィンテックという言葉は、金融庁が二〇一五年一二月に公表した金融審議会の報告書で使ったのが国内では初だと思われます。報告書では、新たな金融サービスを加速させるため、銀行がフィンテック関連企業に出資できるようにする一方、他業禁止を原則としている規制を緩和すべきと説きました。

当局の意図はどこにあるのでしょうか。フィンテックに詳しい事情通は、こう話します。

「金融庁は、スマホを使った電子決済など先進のITを使った金融サービスの開発は銀行単独では対応できないと判断した。銀行がフィンテック企業の経営に参画することで技術の導入を容易にし、金融サービスの高度化に対応できる環境を整備していく狙いだ」

欧米の金融機関の一部ではスマホを使った電子決済サービスでIT企業と連携しており、技術の取り込みのために銀行が出資・買収しています。金融庁は欧米の動向をにらみ、邦銀がフィンテックの潮流に乗り遅れて国際競争力を低下させることがないよう、環境整備を急いだのです。

カギ握る「API」とブロックチェーン

フィンテックで注目すべき技術は、APIとブロックチェーンです。**API（アプリケーション・プログラミング・インターフェース）**は、あるサイトで作ったIDを他のサイトでも使える仕組みを構築するための技術です。

銀行はいま、足が遠のいている若い世代を取り込むのに躍起です。そのためにはフェイスブックやツイッターなどの**SNS**＊と連携して、彼らとの接点を強化する必要があります。そうなると銀行がインターネットバンキングのAPIをSNSに公開してID連携を展開し、顧客チャネルを増やすことができます。

そのためには、銀行がAPIをフィンテック企業（電子決済代行業者）に公開して、SNSとのシステム連携をすることが不可欠です。その際に公開するAPIを**オープンAPI**と呼んでいます。金融庁は銀行業界に対して二〇二〇年五月までにオープンAPIを公開するよう求めていましたが、銀行の腰は重く、当局の目論見《もくろみ》通りには進んでいません。

フィンテックでカギを握るもう一つの技術は**ブロックチェーン**。一四年に話題になった暗号資産ビットコインの暗号技術の一つです。ブロックチェーンは、国内の銀行送金ネットワークシステムである全銀ネットワークシステムのような公的な統括組織を経由せずに、安全な資金移動を可能にする技術として、期待が高まっています。

フィンテックは次世代金融の旗手になるか

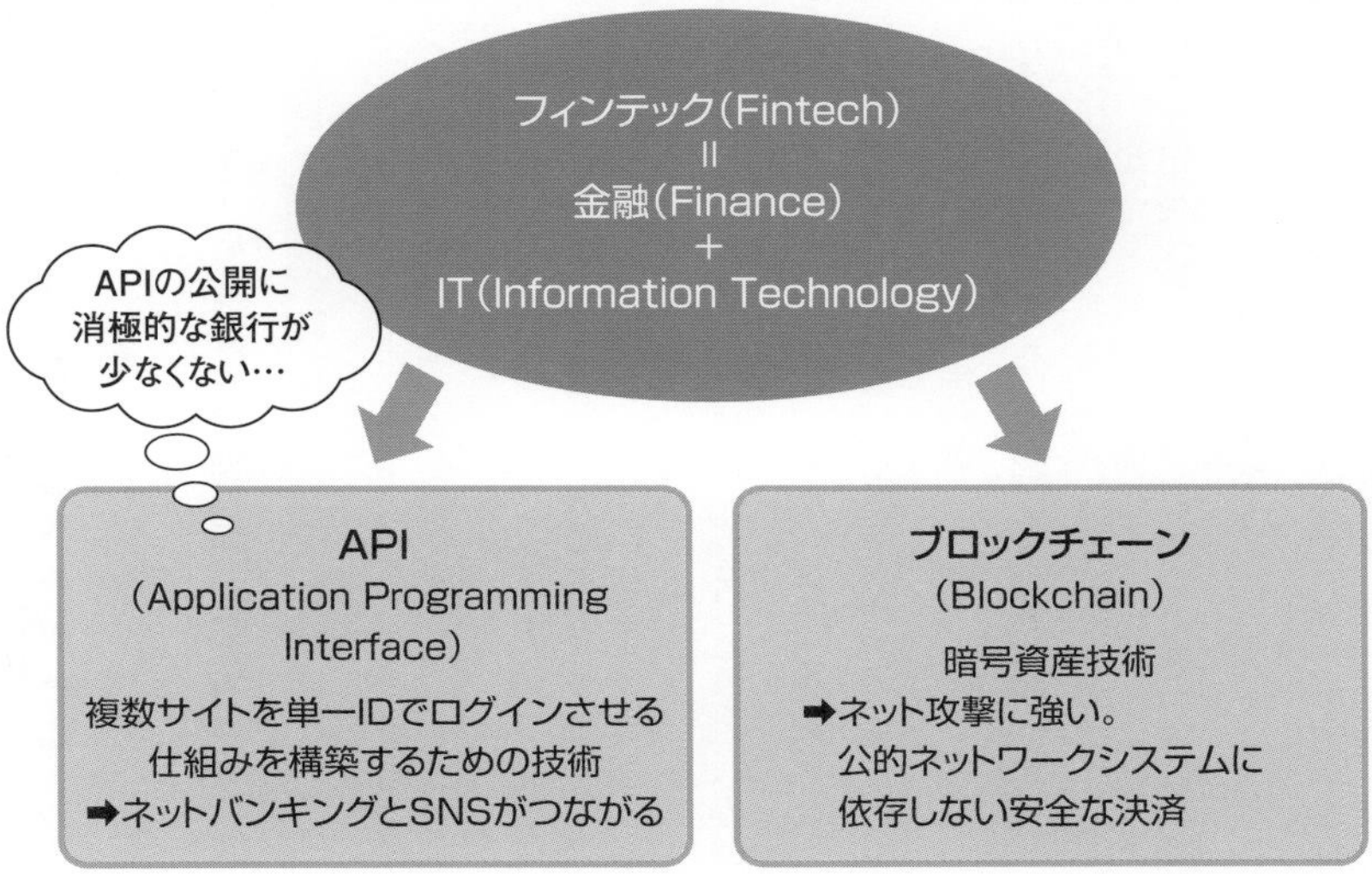
フィンテック（Fintech）
＝
金融（Finance）
＋
IT（Information Technology）
APIの公開に消極的な銀行が少なくない…
API
（Application Programming Interface）
複数サイトを単一IDでログインさせる仕組みを構築するための技術
➡ネットバンキングとSNSがつながる
ブロックチェーン
（Blockchain）
暗号資産技術
➡ネット攻撃に強い。
公的ネットワークシステムに依存しない安全な決済

用語解説

＊**SNS**　ソーシャル・ネットワーキング・サービス（Social Networking Service）の略。フェイスブックやツイッターなど、インターネット上で相互交流のコメントが発信できるサービスの総称。

4 投信、保険で儲ける手数料ビジネス

マイナス金利の長期化で、銀行は金利収入の低下にあえいでいます。そのため、金利局面に左右されない手数料ビジネスの拡大に懸命になっています。とりわけ投資信託、生命保険に注力しています。

企業融資の長期低迷で、銀行は手数料収入に頼りきりの経営が続いています。各行とも投資信託(投信)や保険、国債、外貨預金の取り扱いに力を入れ、預かり資産を拡大しています。投資信託や保険の販売は収益確保の切り札。中でも外貨運用タイプの貯蓄性保険は販売手数料が高く、うま味があります。

生命保険業界には、銀行に売ってもらいたい事情があります。生保は高齢化が進んだことで死亡保障型保険は売れ行きが低調で、販売の主流は生前保障タイプに移っています。低金利局面が続いているため、預金者は生保商品に目を向けるようになり、保険と貯蓄がセットになった貯蓄性保険が売れているのです。

また、プライバシー保護意識の高まりで生保外交員による自宅訪問や職場営業が年々難しくなり、銀行支店がメインチャネルになりつつあるのです。

ところが、金融庁がこうした状況に待ったをかけました。販売手数料を開示するよう迫ったのです。

「当局は消費者保護に神経をとがらせている。一時払い養老保険で銀行と生保は過去に汚点を残しているから、二の舞を懸念したのではないか」(保険業界関係者)

投資信託の販売手数料は、投資金額の三～四%といわれています。これに一%前後ともいわれる信託報酬が加算されるので、外貨建て保険の販売手数料七～九%と比べて割安です。

しかし信託報酬は契約期間中も続くので、投信の負担が軽いとは必ずしもいえません。問題なのは、投資信託は目論見書や投信説明書などに手数料率が明示されているのに、保険のほうは開示されていない点です。

生命保険はとてもわかりにくい金融商品です。その原因は「ニード喚起型金融商品」といわれる商品の性格にあります。銀行預金や投資商品は自ら進んで購入しますが、保険は自らの意思で保険に興味を持ち加入するのではなく、保険会社が顧客のニーズを掘り起こすことで初めて契約に至ります。

つまり、契約者は勧められて加入するので、商品知識を得たいという積極的な姿勢に欠け、その結果、保険商品の適切な商品説明がなおざりにされて、わかりにくさが残るのではないでしょうか。

生保と銀行は一蓮托生《いちれんたくしょう》

もともと、生保と銀行は腐れ縁の関係にあります。銀行は安定株主対策のため生保に大量の株式を保有してもらい、生保は銀行から基金（資本金にあたります）への融資や劣後ローンの借り入れをしています。

わが国の生保は世界有数の機関投資家で、銀行株が下がれば、たちまち資産が目減りします。だから、「危ない銀行」と「危ない生保」は表裏一体でした。一九九〇年代末から二〇〇〇年代前半にかけて、銀行と生保の危険度ランキングがマスコミをにぎわしたのも、両者が互いの株式を持ち合うなど資本政策で密接不可分な関係にあるからでした。

また、「銀行の窓販（窓口販売）は、金融庁の銀行身びいきの産物」（事情通）という指摘もあります。不良債権処理に悩まされていた銀行に、保険を売って手数料を稼がせる当局の後押しがあったというのです。そのために、金融当局が銀行に保険を売ることを認可したとの説です。しかし、保険業界も少子高齢化で売れない時代に入りました。生保にとっても、銀行窓販は新たな販売チャネルが生まれて大助かりだったのです。

販売に影響する手数料開示

販売手数料の開示は、契約者負担の実態をさらすことになり、販売に影を落とします。銀行と生保の双方にとって耳の痛い話でしょう。

外貨運用型の貯蓄性保険は、為替変動リスクや解約リスクだけでなく、数十年後の返戻金《へんれいきん》は加入時に確定していて目減りするので、インフレリスクなども出てきます。

保険は本来、死亡や病気のリスクに備えるべき性質のものであり、市場リスクにさらされるものではありません。保険で貯蓄をすること自体が本末転倒ではないでしょうか。保険離れで加入率が下がっているとはいえ、鼻先で利回りをちらつかせて勧誘するような販売スタンスは、相互扶助をうたう保険の精神にもとります。

銀行も低金利を言い訳にして、手数料が稼げるからといって、本業とはかけ離れた商品ばかり売っているのは感心しません。預金者の資産をのぞける銀行ほど、高額保険を扱うのにふさわしい売り手はいないでしょう。保険サイドも、それを承知のうえで販売を委託するのだとしたら、銀行と保険は一蓮托生といわざるを得ません。

生保販売の手数料開示は一六年一〇月に始まりました。生保業界では、一九年七月に生保協会会長が銀行窓販の手数料見直しを検討すると発言しましたが、具体的な動きは出ていません。

銀行、生保はWIN WINの関係

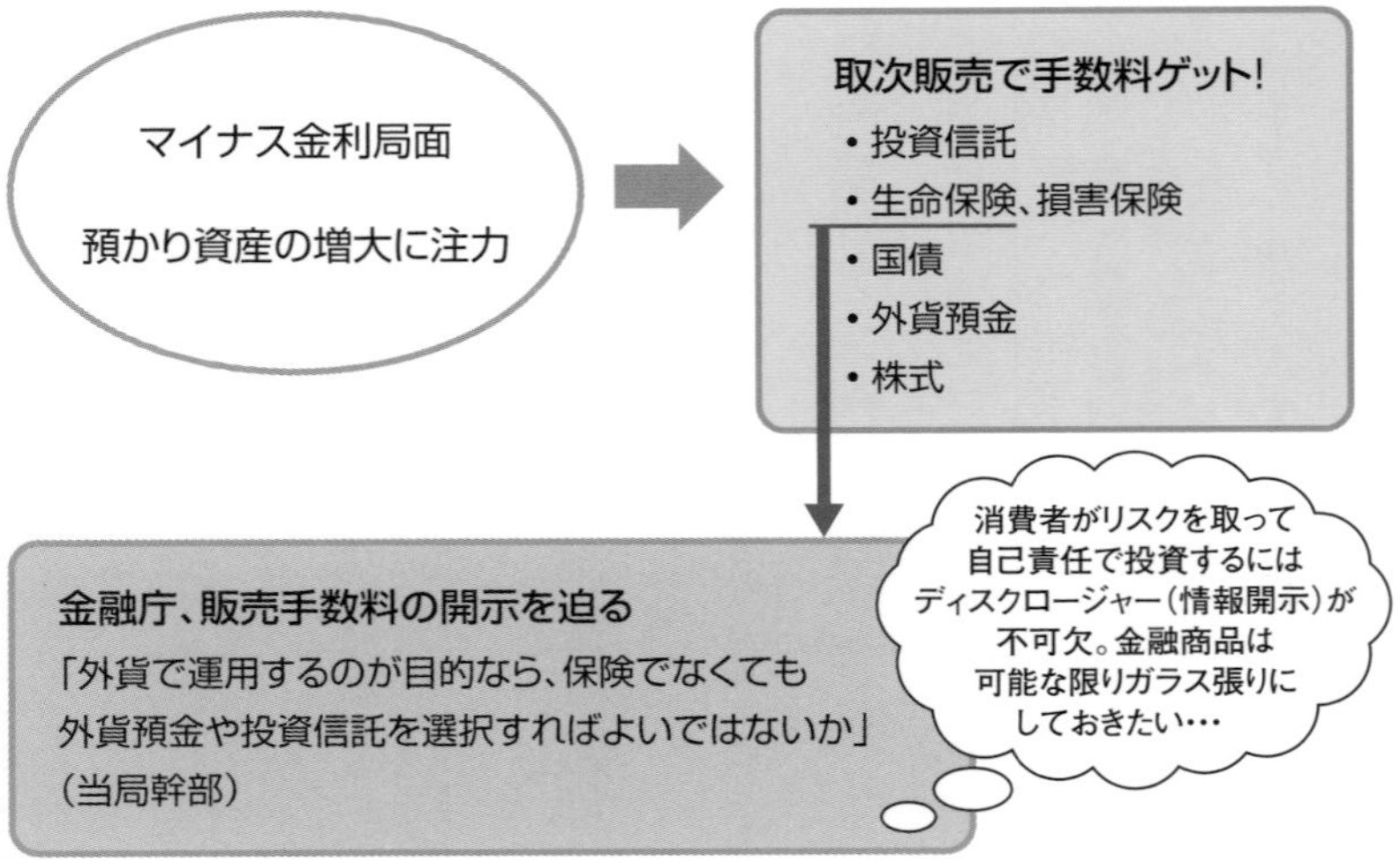
マイナス金利局面
預かり資産の増大に注力
取次販売で手数料ゲット!
・投資信託
・生命保険、損害保険
・国債
・外貨預金
・株式
金融庁、販売手数料の開示を迫る
「外貨で運用するのが目的なら、保険でなくても
外貨預金や投資信託を選択すればよいではないか」
（当局幹部）
消費者がリスクを取って
自己責任で投資するには
ディスクロージャー（情報開示）が
不可欠。金融商品は
可能な限りガラス張りに
しておきたい…

ワンポイントコラム

【銀行と生保の汚点】90年前後のバブル期。銀行は生保と組み、契約時に一括で高額の保険料を支払うという変額保険の販売に血道を上げました。土地を担保に保険料を貸し付けましたが、バブルが崩壊すると手のひら返しで返済を迫り、多くのトラブルを引き起こしました。

5 スマホ決済で不正利用被害

スマートフォンによる決済で不正利用が発覚し、口座連携していた地方銀行などで被害が出ました。キャッシュレス決済が進む現在、過度なスマホ依存に対する警鐘かもしれません。

二〇二〇年九月、NTTドコモの電子マネー決済サービス**ドコモ口座（d払い）**で不正利用が発覚しました。同月末時点で一一行二二九件、被害額は約二八五〇万円に達しています。

ドコモ口座はスマホを使って買い物や送金ができる電子決済サービスで、銀行口座と連携し、現金をチャージして利用することができます。この口座を利用すれば、ポイントがたまったりクーポンが使えたりといった多くのメリットがあります。街のお店とインターネットショップの両方で利用可能であり、利便性が高い決済手段として人気が高まっていました。

銀行も、口座連携による振替手数料収入が見込めるだけでなく、広い階層で利用が拡大しているスマホによる決済サービスを提供することで個人顧客のメイン口座化を推進できるメリットがあると判断し、各行で口座の登録を推進する動きが広がりました。

一方、NTTドコモは他の携帯キャリア大手との競合がし烈になっており、ユーザーの囲い込みが急務でした。ユーザー獲得の大きな決め手であるポイント制度は乱立気味で、ポイントサービス同士の提携も珍しくありません。

ドコモ口座は、お店などで**dポイントカード**を提示して支払いをすればポイントの二重取りができる、ということを売り物にしています。

狙われた地銀のWeb口振受付サービス

ドコモ口座の開設手続きは、メールアドレスを登録するだけの簡単なものです。銀行口座との連携は銀行によって異なりますが、本人確認も銀行が定める方法で行います。例えば、口座番号やキャッシュカードの暗証番号を登録すれば済みます。

被害に遭った銀行のうち多かったのは、地方銀行。報道によると、これらの被害に遭ったある地銀は、全国地方銀行協会の関連会社である地銀ネットワークサービスが提供する**Web口振受付サービス**を使ってドコモ口座と連携していたといわれています。

今回の被害はドコモ回線を使っていない非ドコモユーザーが大半だったとの指摘があります。ドコモ側は二〇年一一月にドコモ以外のユーザーについて携帯電話番号を登録するよう義務化し、セキュリティを強化しましたが、普及を急ぎすぎた結果だとの批判は免れません。

またドコモは、同種の不正利用は一九年八月に最初の被害があったと公表しており、情報公開の点でも遅きに失したといわざるを得ません。

スマホの普及には目を見張るものがありますが、決済をはじめとして過度にスマホに依存することは極めて高いリスクがあります。今回の出来事は、そうした風潮に対する警鐘ととらえるべきではないでしょうか。

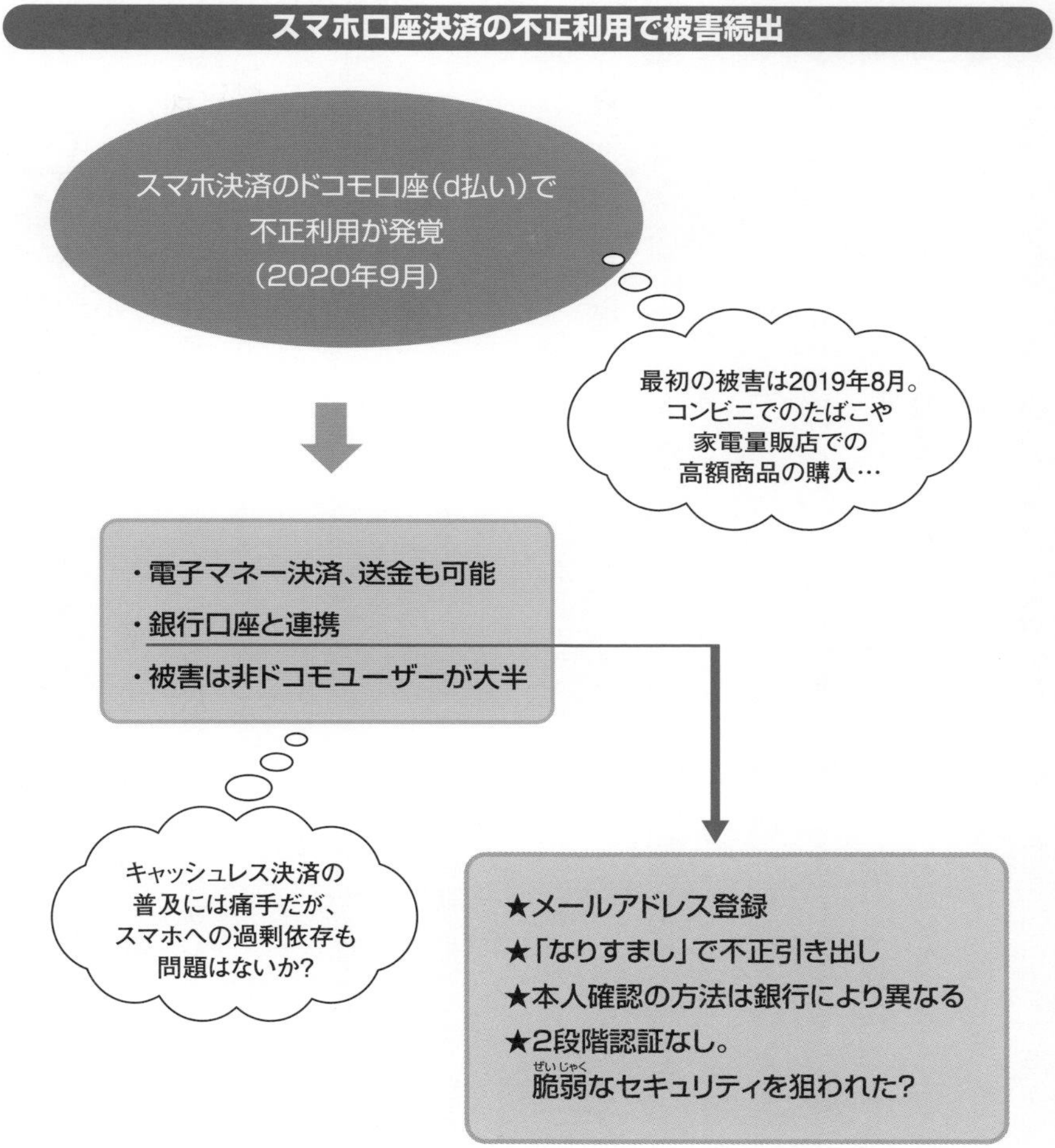
スマホ口座決済の不正利用で被害続出
スマホ決済のドコモ口座（d払い）で
不正利用が発覚
（2020年9月）
最初の被害は2019年8月。
コンビニでのたばこや
家電量販店での
高額商品の購入…
・電子マネー決済、送金も可能
・銀行口座と連携
・被害は非ドコモユーザーが大半
キャッシュレス決済の
普及には痛手だが、
スマホへの過剰依存も
問題はないか?
★メールアドレス登録
★「なりすまし」で不正引き出し
★本人確認の方法は銀行により異なる
★2段階認証なし。
脆弱《ぜいじゃく》なセキュリティを狙われた?

6 コロナに備える金融庁の行政方針

金融庁は二〇二〇年八月、コロナ対応の行政方針を打ち出しました。貸出先の的確な把握を求める一方、業務範囲の見直しなどを進めて経済回復につなげる意向です。

新型コロナウイルスの感染拡大で世界の経済は疲弊しています。わが国でも緊急事態宣言およびその解除を経てもなお、一部小売業を除いて業績不振が続いています。

長引く低金利局面で金融機関も業績低迷に歯止めがかかりませんが、コロナ禍によって取引先への貸出は不良債権化のリスクが高まり、貸倒引当金の積み増しなどによる与信関連費用が増大して、経営はさらに逼迫しています。

金融庁は二〇年度の行政方針においてコロナ対応を前面に押し出しています。貸出先の経営状況を普段から的確にチェックし、経営改善や再生支援を行うよう金融機関に求めました。これは一九年の金融検査マニュアル廃止を受けての措置であり、銀行の判断で不良債権化を防ぐ未然防止措置の一環です。

顧客本位の業務運営は、近年における金融庁のメインテーマになっています。経営実績を最優先するあまり、顧客が受けるべきメリットを忘れがちな金融機関に対して、引き続き顧客重視の姿勢を求めています。

また金融庁は、**サステナブル・ファイナンス**に関する取り組みについて議論していく方針です。環境問題や人権などの社会課題、企業統治などに対する取り組みを評価して投資する「**ESG投資***」が世界中で拡大していますが、わが国の金融業界は欧米に比べて取り組みの姿勢が弱いとの指摘があります。

コロナ終息後は経済社会構造が大きく変化する可能性があると当局は判断。ESGに関する金融サービスの取り組みについても金融業界に要請していく意向です。

用語解説

* **ESG投資** E(環境＝Environment)、S(社会＝Social)、G(ガバナンス＝Governance)を意識した投資のこと。環境破壊につながる製品や武器などの製造に関係する企業への投資を中止する一方、環境保護に取り組む企業には積極的に投資する。

コロナに対する金融庁の行政方針

コロナと戦い、コロナ後の新しい社会を築く

【コロナと戦い、経済の力強い回復を支える】
- 金融機関が継続的に事業者の業況をきめ細かく把握し、資金繰り支援を適切に行えるよう支援し、取り組み状況を確認していく。
- 金融機関による事業者の経営改善・事業再生支援などの取り組み状況を確認。関係省庁とも連携して必要なサポートを行う。
- 顧客や地域の再生に必要な業務を可能にするため、銀行の業務範囲などを見直す。

【コロナ後の新しい社会を築く】
- 新しい産業構造への転換を支えられる金融のあり方について検討を始める。
- デジタル技術で利用者の課題を解決し、付加価値を創出できるよう、規制上の制約の解消に取り組む。
- 書面・押印・対面を前提とした業界慣行の見直しや、決済インフラの高度化・効率化を推進する。
- コロナ後の社会にふさわしい顧客本位の業務運営のさらなる進展を目指す。(金融商品を比較しやすくするため、顧客にわかりやすく手数料の情報を提供する「重要情報シート」の導入など)
- サステナブル・ファイナンスに関する考え方の検討を進める。

高い機能を有し魅力のある金融資本市場を築く

- 海外金融機関・専門人材の受け入れを促進するため 、金融行政プロセスの英語化や登録手続きの迅速化を進める。税制を含めたビジネス環境の改善策を検討する。
- 企業がコロナ後の経済社会構造に向けた変革を主導できるよう、コーポレートガバナンス・コードの見直しを行う。(デジタル・トランスフォーメーションの進展にどう対応するかなど、企業と投資家の間での建設的な対話のあり方を検討)
- 成長資金の円滑な供給を図る観点から、取引所における市場構造改革の推進や取引所外の資金の流れの多様化など、わが国資本市場の機能・魅力の向上策を検討する。

金融庁の改革を進める

- 行政手続きの電子化等を進めるとともに、金融行政の実効性・適時性を確保するため 、データ分析力を向上させ、データ活用を推進する。

7 メガバンクが業務効率化で提携

メガバンク二行がATMの共同利用を開始しました。銀行支店の利用者減少により、ライバル同士が業務効率化で提携する時代に入っています。

三井住友フィナンシャルグループ(FG)の三井住友銀行と三菱UFJFGの三菱UFJ銀行は二〇一九年九月、商業施設など銀行店舗以外にある**店舗外ATM**を対象に共同利用をスタートさせました。ATM(現金自動預け払い機)の共同利用は厳しい経営環境が背景にあります。

銀行業界のシステム化が始まった七〇年代後半から、ATMは一貫してその主役でした。銀行は預金を集めて融資の原資を作り、企業の設備投資資金に回して利ザヤを稼ぐ収益構造でした。

小口の預金でもありがたいおカネであり、大銀行も個人預金者を他行に奪われまいとして、個人利用者のサービス拡大に腐心しました。個人口座をつなぎとめて住宅ローンなどの取引を拡大させる狙いで、ATMの設置は顧客囲い込みの手段だったのです。

しかし銀行業界は週休二日制を導入。顧客利便のためにオンライン提携が拡大します。ATMのオンライン提携では、都市銀行と地方銀行が八〇年代後半、犬猿の仲にありました。地銀では「都銀にATMを開放すると、客をごっそり取られてしまう。提携は絶対認められない」という強硬意見が大勢を占めていました。

ところが九〇年に都銀と地銀のオンライン提携が始まると、顧客シフトはどの地域でも起こらず地銀業界は拍子抜けしました。これを契機に、民間金融機関のATM提携が拡大し、いまでは金融のほぼ全業態のATMがネットワークでつながっています。

カギを握るみずほ銀行の出方

バブル崩壊後、合併再編による店舗統廃合で支店数は激減しました。ATMは銀行支店の代替基地であるコンビニに引っ越し、二一世紀に入ると**インターネットバンキング**が台頭し始め、**電子マネー**が登場してきました。現金を使う生活シーンは減り、決済ツールは支店の窓口からATM、クレジットカード、インターネット、スマートフォンへと変遷しています。

来店客が激減して支店が不要になり、行員に余剰が出て、ATMがだぶついてきたのです。あまり使われていないATMの維持コストは、これまでなら顧客の囲い込みで住宅ローンなどの見返りを考えれば経費の範囲内でしたが、その余裕がなくなってきました。

メガバンク三行がそろってATMの共同利用をするには、みずほFGがカギを握っています。一九年七月に傘下のみずほ銀行で勘定系システムへの移行作業が完了しました。これで先行するメガ二行と合流できる体制が整いましたが、同行は態度を明らかにしていません。メガ三行の中では最も経費率が低い同行だけに、新システム稼働後でも巨大システムの運営経費は収益を圧迫しかねません。早期の共同利用への合流が求められます。

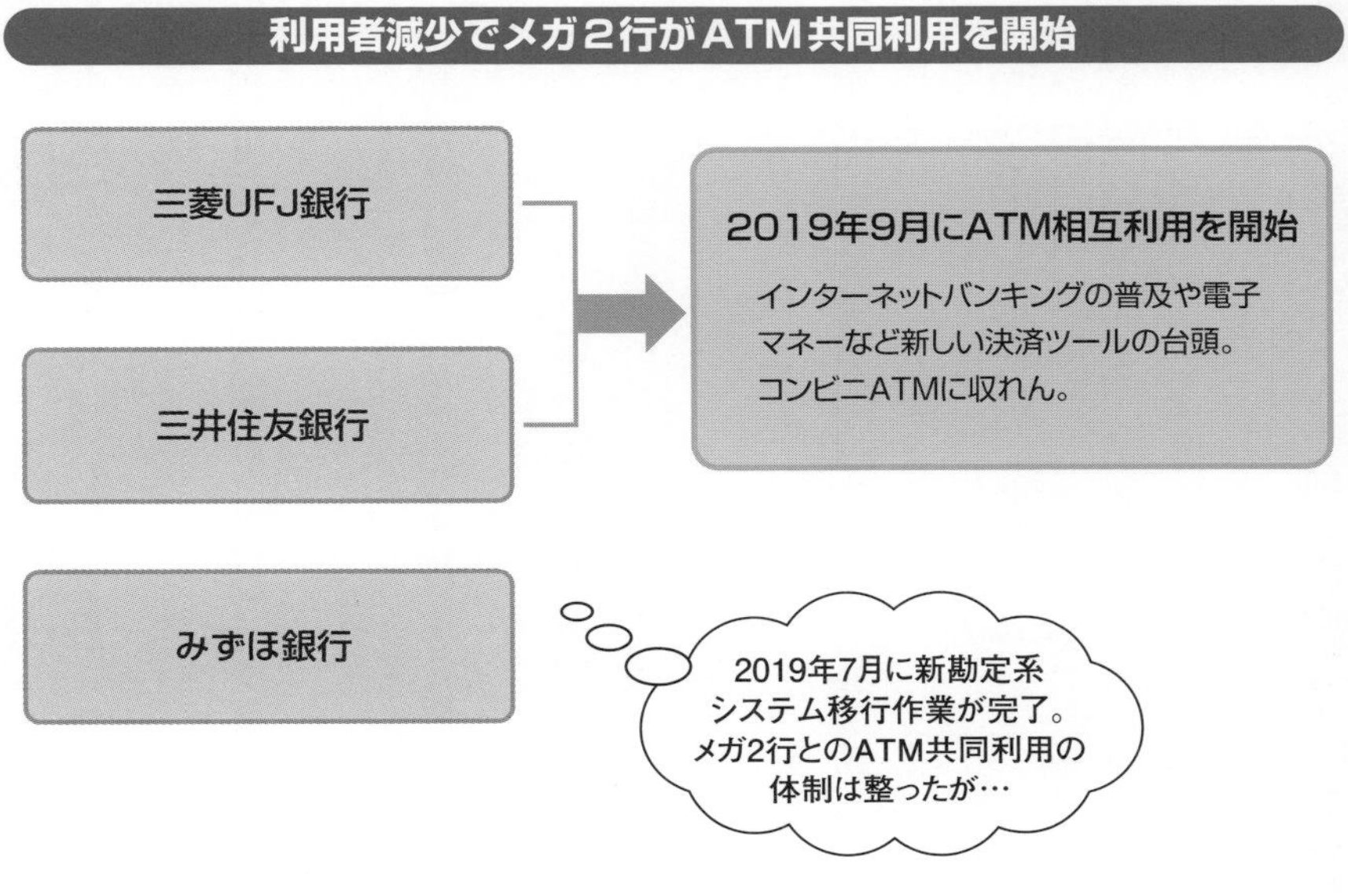
利用者減少でメガ2行がATM共同利用を開始
三菱UFJ銀行
三井住友銀行
2019年9月にATM相互利用を開始
インターネットバンキングの普及や電子マネーなど新しい決済ツールの台頭。コンビニATMに収れん。
みずほ銀行
2019年7月に新勘定系システム移行作業が完了。メガ2行とのATM共同利用の体制は整ったが…

ワンポイントコラム

【わが国のATM市場】国内ATMメーカーは沖電気工業(OKI)、日立オムロンターミナルソリューションズ、富士通フロンテックの3社がほぼ市場を分け合っており、メガ3行はこの3社を採用しています。この十数年、各社とも中国を筆頭とする新興の経済成長国向け輸出に依存しています。特に成長著しい中国でもこの3社が激しい競争を展開しています。

8 信託銀行が証券代行業務で誤集計

信託銀行二行で証券代行業務における重大なミスが発生しました。株主総会の議決権行使書の集計を誤り、株主の権利を損なっていたのです。

三井住友信託銀行とみずほ信託銀行は二〇二〇年九月、株式事務を委託されている企業の株主総会での議決権行使書の集計で、本来有効扱いとすべき行使書を無効扱いにして処理していた、と発表しました。

議決権行使書とは、株主が企業の株主総会で議決権を行使して総会の議案に対して賛否を明記し、表明する意見書のことです。上場企業の株式を多数保有している企業や運用機関(ファンド)などは、行使書の発送事務を信託銀行に依頼するなど、煩雑な事務処理を外部委託していることがほとんどです。

一方、信託銀行では株主総会の開催通知などの事務全般を証券代行業務として長年続けており、重要な収益源になっています。ただ、定時株主総会はいわゆる「総会屋」対策として年に一度の開催日を特定日に集中させる長年の慣行が続いてきたため、事務を代行する信託銀行でも事務処理が集中します。行使書は株主総会を開く企業に提出期限日までに届かなければ無効になるので、ミスを防ぐため、郵便局に対して行使書の配達日を特例で一日早める「先付け処理」をしてもらっていました。

ところが、先付け処理した行使書を、本来の配達日である日付として取り扱って集計し、その結果を委託企業に伝えていたことが判明しました。

信託銀行と東証の癒着?

今回の問題は、東芝が二〇年七月に開いた定時株主総会で行使書の一部が無効扱いになったと明らかにしたことで発覚しました。

同社が証券代行事務を委託している三井住友信託銀

行は、こうした事例は東芝を含めて九七五社あった、と公表しました。みずほ信託銀行も同様な処理による集計ミスがあり、委託先の三七一社で誤集計があったと謝罪しました。信託銀行二行による事務処理ミスで、上場企業の三割が影響を受けた計算になります。

　議決権行使書などの証券代行事務は、自社で行っていた企業もありました。しかし、二〇〇四年に西武鉄道が筆頭株主で創業家のコクド（非上場）の持ち株比率を虚偽報告していたとして上場廃止になった事件を契機に、株式事務は代行機関に委託するよう定められています。

　とはいえ現在では株式名簿の管理といった事務処理は、株券の電子化によって**証券保管振替機構**（通称・ほふり）が担っています。株主への通知も、インターネットが定着したいま、書面郵送の必要はありません。行使書は電子化が可能であり、その集計は「ほふり」で実施することができるでしょう。にもかかわらず、東京証券取引所は株券の電子化を進める一方で、株式事務代行を信託銀行など限られた会社にだけ認めています。

　今回の問題は、信託銀行と東京証券取引所の癒着の一部が露呈したものだといえるかもしれません。

信託2行で議決権行使書の集計ミス起きる

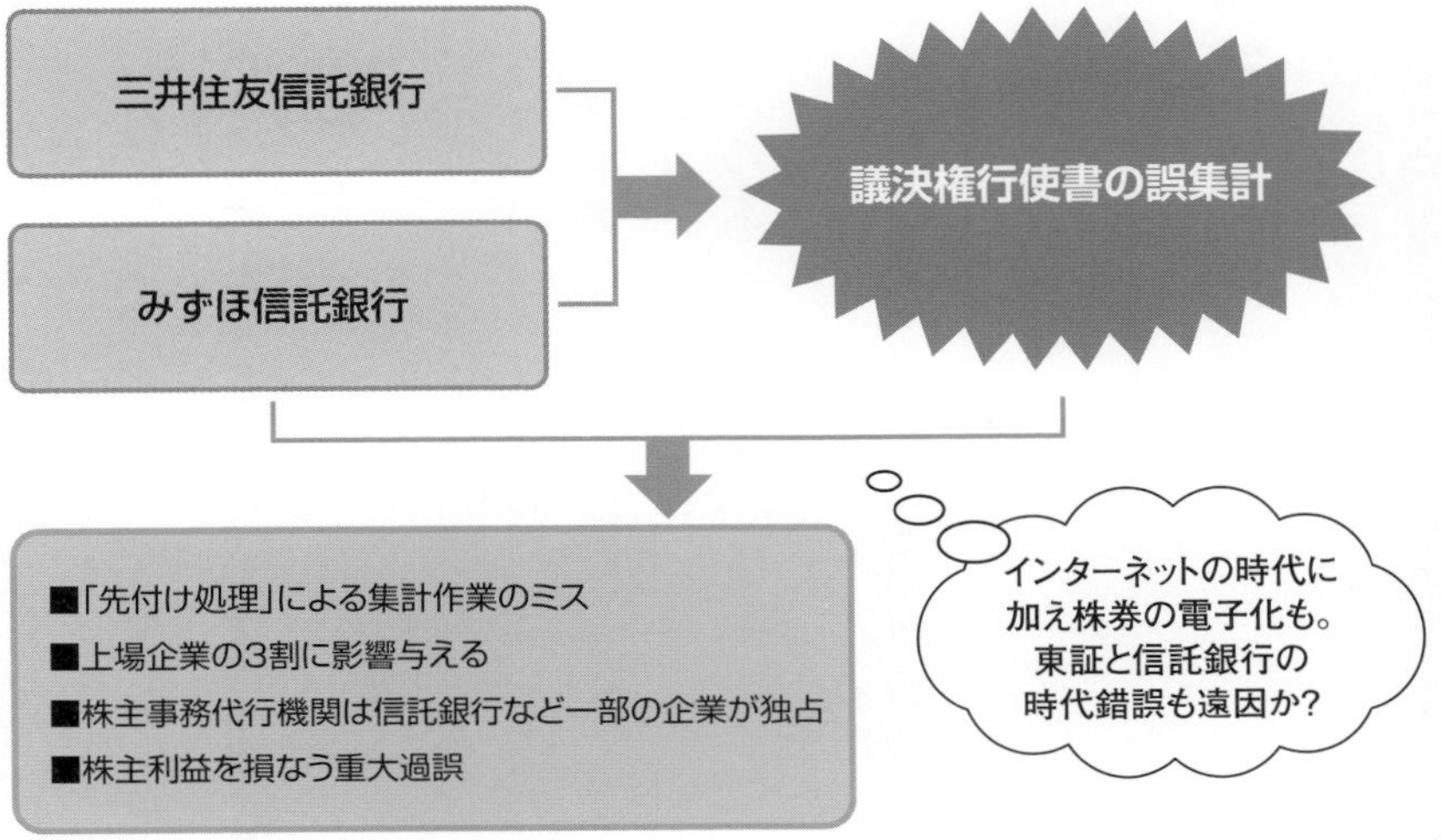
三井住友信託銀行
みずほ信託銀行
議決権行使書の誤集計
■「先付け処理」による集計作業のミス
■上場企業の3割に影響与える
■株主事務代行機関は信託銀行など一部の企業が独占
■株主利益を損なう重大過誤
インターネットの時代に
加え株券の電子化も。
東証と信託銀行の
時代錯誤も遠因か？

9

スルガ銀行の罪と罰

地銀業界中堅のスルガ銀行で二〇一八年一月にシェアハウス向けの不正融資が発覚、大きな社会問題に発展しました。

家賃の負担軽減を目的に一軒の家を複数で借りる(共有する)ことをハウスシェアリングといい、その物件をシェアハウスと呼びます。二〇一三年頃から家賃を分け合うこのシェアハウスが登場してきました。

初期費用はなく、一万円台から三万円程度の家賃ですが、部屋面積は七平米程度で平均的なワンルームマンションの約三分の一と狭く、台所やトイレ、風呂は複数設置されていて共同です。

シェアハウスは入居者一人ひとりにとっては安い家賃が魅力ですが、オーナーにとっても、まとまった人数が同居すれば安定した家賃収入を手にすることが可能で、人気の不動産投資です。そこに目を付けたのが不動産仲介会社と銀行。一定の家賃収入を保証し、個人投資家に投資を積極的に呼びかけました。その代表格がスルガ銀行です。

同行は岡野一族が頭取を代々世襲してきたオーナー銀行で、五代目の岡野光喜氏が八一年に当時最年少(四〇歳)で頭取に就任して以来、個人ローンやインターネットバンキングを推進し業績を上げていきました。

金融業界の掟《おきて》を破って半官半民だったゆうちょ銀行と住宅ローンの仲介販売で提携するなど、異端児と呼ばれながらも型破りの経営戦略で業績を伸ばし、森信親金融庁長官(在任二〇一五～一八)から「地銀の優等生」と激賞されるほど高い評価を得ていました。

地政学的な経営戦略

同行は、神奈川と静岡の中間に位置する伊豆半島の付け根にある沼津市が地元。しかしインターネット全盛の現代では、銀行の本部・本店がどこにあろうが関係ありません。静岡県の地銀であるスルガ銀行は、そのことに早くから気付いていました。

一九九九年に邦銀初のインターネット支店を開設し、顧客の対象を静岡県から全国に広げました。一方で、全国の主要都市に実店舗を設ける両面作戦も展開しましたが、この全国展開には理由があります。静岡県が国内有数の金融激戦区だからです。

同行の店舗は静岡県に六五店、神奈川県三七店、東京五店、福岡・札幌など七店。神奈川は地銀最大手・横浜銀行の牙城で、静岡は業界四位の静岡銀行が強力な地盤を持っています。経済的に肥沃な太平洋ベルト地帯にメガバンクグループや業界大手二行が勢力を堅持し、県内には清水銀行を含めて地銀三行が競ううえに、粒よりの信用金庫が八金庫とライバルが目白押しです。

「第二の地元である神奈川は、都銀や地銀の競合が激しく、お膝元の静岡は静岡銀や信金の攻勢にさらされる。そんな状況で地域密着をしていても、業績は一向に上向かないと光喜氏は判断した」（関東地区地銀幹部）

地域営業にこだわっているだけでは、収益力は付かない――。ゆうちょとの提携を機に、同行は個人ローン市場に注力していきました。

収益不動産ローンに傾斜

スルガ銀行がシェアハウス向け融資を始めたのは、二〇一一年。一五年には、個人向け融資では最大の商品である住宅ローンとは別に、不動産投資を行う人を対象にしたアパートローンを**収益不動産ローン**として位置付けるようになりました。このローンは、土地保有者向けローンと不動産購入ローンに大別され、後者がのちに資産形成ローンとしてシェアハウス融資となっていきます。

スルガ銀行はこの過程で、シェアハウス「かぼちゃの馬車」を運営していたスマートライフ社と一三年に出会い融資していきます。ところが、スマートライフとの取引を一五年に中止し、同社と投資家の間に販売会社を介在させ、表向きはスマートライフの名前を出さずに販売会社が投資家を勧誘しました。その販売会社の数はなんと八四社です。

これ以降、銀行と販売会社の癒着が始まり、融資のとめどもない拡大と預金通帳の偽装などが発生しました。この間、銀行による物件調査も実施されましたが、銀行担当者と販売会社の営業マンが共謀し、空室にはカーテンを引いて満室状態に見せかけるなどの隠ぺい工作をしていたことが明らかになりました。

一八年九月末時点で、シェアハウス関連融資は四一〇三件、二〇三〇億円に上り、六〇〇億円の貸倒引当金を積む一方、不正融資による信用失墜で預金が流出、経営が悪化しました。

三〇年以上君臨してきた会長の光喜氏は事件の責任を取って退任。金融庁による行政処分に続いてスルガ銀行自身が前会長らに損害賠償を求めて提訴。その間、創業家への不正融資や反社会的勢力に対する融資が取りざたされるなどで、一気に経営難に陥りました。

借金棒引きは正しかったのか

同行は金融庁から不動産融資の一部業務停止命令を含む制裁を受けました。二〇年三月に、シェアハウスに投資したオーナーとの間で解決金と融資の一部を相殺したうえで物件を差し出す代位弁済により、シェアハウス不正融資問題は決着しました。そして二〇年五月に神奈川県を地盤にする家電量販準大手ノジマと資本業務提携を結び、再建途上にあります。

シェアハウス問題は、次ページの図の通り多くの利害関係者が存在し暗躍した貧困ビジネスに大きな原因があります。地方出身者を都市部に誘って人材派遣に紹介し手数料を確保することで家賃収益を補完する一方、家賃の減額を可能にするサブリース契約でオーナーをないがしろにするなど、解明すべき課題は残されたままです。

不正融資に手を染めたスルガ銀行の罪は深いものがありますが、安易な不動産投資に走った個人投資家の強欲が「借金棒引き」で相殺され一件落着となってよかったのか、疑問が残ります。

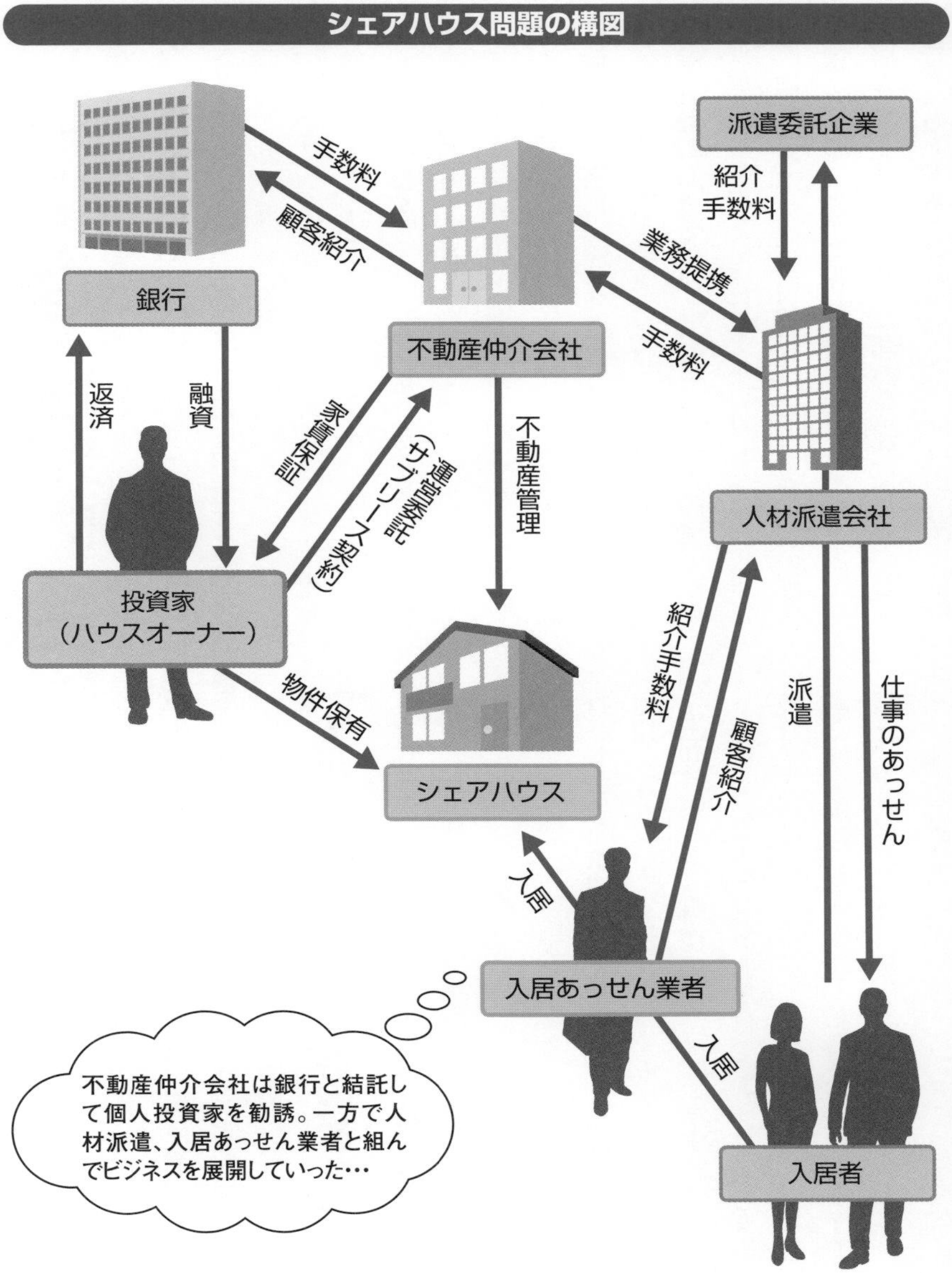
シェアハウス問題の構図
銀行
手数料
顧客紹介
不動産仲介会社
派遣委託企業
紹介
手数料
業務提携
手数料
人材派遣会社
返済
融資
家賃保証
運営委託
（サブリース契約）
不動産管理
投資家
（ハウスオーナー）
物件保有
シェアハウス
紹介手数料
顧客紹介
派遣
仕事のあっせん
入居
入居あっせん業者
入居
入居者
不動産仲介会社は銀行と結託して個人投資家を勧誘。一方で人材派遣、入居あっせん業者と組んでビジネスを展開していった…

10

地方銀行

一気に進む県内合併

地方銀行の再編が一段と加速しています。県内に複数の地銀がある地域での地銀再編が増えているからです。取引シェアが高まることを懸念する公正取引委員会が態度を軟化させたことも影響しています。

二〇一六年二月、長崎県の十八銀行（長崎市）が一七年四月にふくおかフィナンシャルグループ（FFG）の傘下に入り、一八年にグループの親和銀行（佐世保市）と合併することが発表されました。

この合併構想に**公正取引委員会**＊が待ったをかけました。十八銀と親和銀が合併すれば長崎県内の金融機関での融資シェアが七割を超えるため、公正な取引競争に支障をきたす恐れがあると懸念したからです。

地銀再編を進めて銀行数の過剰を抑制し、健全な銀行経営を広めたい金融庁は一七年三月、幹部が長崎市に赴き、両行の取引先向けに経営統合および合併への理解を求める説明会を開きました。一方、十八銀は同年四月、県内シェアを落とすために一部の貸出債権を他の銀行に譲渡すると発表しました。

軟化した公取委が合併促進？

ところが、同一地域の地銀同士の合併に独占禁止法を適用しない特例法が二〇年一一月に施行されました。これに先立ち、十八銀と親和銀が同年一〇月に合併しました。一七年四月に県内合併のニュースが流れ、行方が注目されていた第四銀行（新潟市）と北越銀行（長岡市）の地銀二行も二一年一月に合併。三重銀行と第三銀行も二一年五月に三十三銀行として合併します。

公取委が県内合併のお墨付きを与え、国も合併再編の資金支援を決めたことで、地銀業界では、青森銀行－みちのく銀行、秋田銀行－北都銀行、岩手銀行－東北銀行、山形銀行－荘内銀行と東北四県で県内合併が実現する公算が高まっています。

用語解説

＊**公正取引委員会**　公正公平な取引を促進するために設置された、内閣府の外局。独占禁止法を運用するために設けられた。談合やカルテルなどの不正取引を取り締まる。銀行の合併は、市場を独占し公正な取引競争を阻害する懸念があることから、大手銀行同士または同一営業地域内での合併について、公取委の審査対象になることがある。

地方銀行　預金量ランキング（2019年度）

（単位：億円）

順位	銀行名	預金	貸出金
1	横浜	146,340	115,532
2	千葉	127,889	106,165
3	福岡	109,277	108,170
4	静岡	100,552	89,695
5	常陽	89,731	67,600
6	西日本シティ	82,916	73,413
7	七十七	75,865	48,946
8	広島	75,416	64,797
9	第四北越	73,921	51,095
10	京都	71,235	58,284
11	群馬	70,501	56,023
12	関西みらい	70,291	64,270
13	八十二	69,892	54,440
14	中国	67,116	49,098
15	北陸	66,492	49,104
16	足利	58,135	47,174
17	十六	56,257	43,768
18	東邦	53,236	38,628
19	伊予	52,657	47,566
20	大垣共立	51,469	42,032
21	南都	50,422	34,771
22	池田泉州	50,077	39,836
23	山口	49,857	42,348
24	百五	49,509	36,311
25	北海道	49,230	37,628
26	滋賀	48,911	38,789
27	十八親和	48,484	38,514
28	きらぼし	46,496	37,698
29	肥後	45,801	36,964
30	武蔵野	42,150	35,845
31	百十四	40,717	28,553
32	鹿児島	39,879	35,582
33	紀陽	39,876	30,843
34	山陰合同	39,278	33,531
35	北國	36,415	26,179
36	三十三	35,281	27,304
37	スルガ	32,108	24,962
38	山梨中央	29,774	18,082
39	岩手	29,687	18,204
40	大分	29,191	18,392
41	阿波	27,746	19,605
42	四国	26,409	17,844
43	秋田	26,237	16,165
44	千葉興業	25,593	21,592
45	青森	24,758	18,054
46	宮崎	24,571	20,767
47	福井	24,098	17,310
48	佐賀	23,779	17,742
49	山形	22,690	17,219
50	筑波	22,517	16,856
51	琉球	22,183	17,456
52	沖縄	20,636	16,511
53	みちのく	19,847	16,799
54	清水	13,869	11,567
55	北都	12,311	8,522
56	荘内	11,633	8,593
57	北九州	10,932	11,808
58	但馬	10,338	8,577
59	鳥取	9,347	7,787
60	東北	8,164	5,903
61	筑邦	6,957	5,066
62	富山	4,546	3,326

銀行グループ　預金量ランキング（2019年度）

（単位：億円）

順位	銀行名	預金	貸出金	傘下の銀行	
				地方銀行	第二地銀
1	ふくおかFG	171,747	161,262	福岡、十八、親和	熊本
2	コンコルディアFG	162,336	130,683	横浜	東日本
3	めぶきFG	147,566	113,425	足利、常陽	
4	ほくほくFG	115,581	86,564	北海道、北陸	
5	関西みらいFG	103,770	90,858	関西みらい	みなと
6	山口FG	90,065	76,526	山口、北九州	もみじ
7	九州FG	85,590	71,869	肥後、鹿児島	
8	西日本FH	84,815	75,541	西日本シティ	長崎
9	第四北越FG	73,731	50,833	第四、北越	
10	池田泉州HD	49,878	39,635	池田泉州	
11	東京きらぼしFG	46,311	37,608	きらぼし	
12	三十三FG	34,659	27,097	三重	第三
13	フィデアHD	23,902	16,979	北都、荘内	

（注1）FG：フィナンシャルグループ、HD：ホールディングス、FH：フィナンシャルホールディングス
（注2）第四北越、十八親和、三十三の3行の数値は合併前の合算
（注3）三十三銀行（三重銀行+第三銀行）は2021年5月1日合併

column

県内地銀・第二地銀の統合が増える？

同じ営業圏内にある地方銀行と第二地方銀行の合併再編が増えています。2021年5月に三重銀行と第三銀行が持株会社を作ったうえで合併して三十三銀行になります。福井銀行が福邦銀行との資本提携に合意して、2022年3月までには経営統合が実現する見通しになっています。

地銀と第二地銀が再編で経営統合したのは、横浜銀行・東日本銀行（コンコルディア・フィナンシャルグループ＝FG）、山口FG（山口銀行・もみじ銀行）など6例。第二地銀は1989年の一斉普銀転換により、それまでの相互銀行から「相互」の2文字が取れて、地銀と同じく普通銀行になりました。相互銀行は無尽会社の発展形で、旧大蔵省時代には信用金庫、信用組合などとともに、中小の地域金融機関でした。

相互銀行は県内全域を対象営業エリアとして地銀と競合し、同じ市町村単位で営業地区を抱える信用金庫からは局地戦を強いられることから「サンドイッチ金融」と呼ばれて苦戦していました。普銀転換によって地銀と肩を並べることになりましたが、経営基盤は脆弱なところが多く、1990年から2000年代のバブル崩壊時代には特に関西地区で経営破たんが相次ぎました。

そののちに地銀再編が各地で行われますが、地銀同士、第二地銀同士の再編はあっても、地銀と第二地銀の経営統合は必ずしも多くありませんでした。営業エリアが同じで合併効果が小さいからです。

しかし、互いに再編を回避する余裕はなくなってきました。特に資金量1兆円未満の第二地銀で経営統合していない13行は、単独での生き残りは非常に厳しいと思われます。福邦銀行は2020年3月期時点で第35位、資金量は4100億円と信金の中位クラス。長年いわれてきた「再編の草刈り場」というレッテルが、いよいよ第二地銀業界にのしかかってきました。

11

第二地銀

大手の再編で業界縮小

関西の地方銀行三行が都銀の系列を超えて再編されました。三重県での県内合併と合わせ、第二地銀業界は大手の二行を含む三行が離脱。業界の地盤沈下が進んでいます。

二〇一七年三月、三井住友フィナンシャルグループ(SMFG)とりそなホールディングス(HD)は系列の地銀・第二地銀三行を一八年四月に経営統合させると発表。SMFG系列の関西アーバン銀行(大阪市)とみなと銀行(神戸市)、りそなHD系の近畿大阪銀行(大阪市)の三行が持株会社を設立。関西アーバンは近畿大阪と合併して関西みらい銀行になり、全国地方銀行協会に加盟しました。

関西みらい銀は地銀業界二一位にランクイン。第二地銀業界五位のみなと銀とさらに合併すれば、地銀業界で一気に三位にランクアップして関西ナンバーワンの地銀が誕生することになります。

メガバンクグループ側では、系列の地銀の株式を減らすなど、地銀離れが進んでいます。世界中で業務を展開する巨大銀行グループは、経営の健全性を従来以上に求められており、自己資本比率の低い地銀・第二地銀のグループからの独立を進めているのです。

草刈り場と化す第二地銀業界

りそなHDは、関西地区では後発の地銀である近畿大阪銀の経営体力を充実させるため、第二地銀の大手二行との合併で関西地区地銀トップの座を射止めたい意向があり、銀行グループ双方の思惑が一致しました。

しかし、この再編で大手二行が業界を離れるほか、業界準大手の第三銀行も地銀の三重銀と合併して業界を離れることから、業界の地盤沈下が進んでいます。伝統のある地銀と局地戦に強い信金に挟まれた第二地銀は、再編の草刈り場になることも予想されます。

第二地銀の預金量ランキング（2019年度）

（単位：億円）

順位	銀行名	預金	貸出金	持株会社
1	北洋	89,521	67,189	
2	京葉	46,682	36,942	
3	名古屋	35,701	28,219	
4	みなと	33,770	27,132	関西みらいFG
5	もみじ	30,107	23,169	山口FG
6	愛知	28,121	20,704	
7	栃木	27,387	19,487	
8	愛媛	24,425	17,607	
9	東和	19,818	14,590	
10	東京スター	18,532	16,415	
11	東日本	18,416	15,785	コンコルディアFG
12	第三	18,323	13,168	三十三FG
13	中京	17,807	13,633	
14	香川	15,666	12,863	トモニHD
15	西京	15,229	12,581	
16	徳島大正	14,930	11,341	トモニHD
17	熊本	14,551	12,857	ふくおかFG
18	大光	13,630	10,601	
19	北日本	13,169	9,067	
20	きらやか	12,212	10,159	じもとHD
21	富山第一	11,845	8,227	
22	トマト	11,342	9,547	
23	仙台	11,003	7,514	じもとHD
24	長野	10,747	6,205	
25	高知	9,753	7,146	
26	福島	7,996	5,580	
27	大東	7,437	5,383	
28	南日本	7,346	5,694	
29	沖縄海邦	6,914	5,315	
30	宮崎太陽	6,538	5,016	
31	静岡中央	6,303	5,177	
32	豊和	5,312	4,011	
33	福岡中央	4,617	3,874	
34	神奈川	4,345	3,572	
35	福邦	4,177	3,061	
36	島根	3,586	2,899	
37	佐賀共栄	2,293	1,836	
38	長崎	2,261	2,500	西日本FH

注：FGはフィナンシャルグループ、HDはホールディングス、FHはフィナンシャルホールディングスの略
出所：各行のWebサイトおよび決算短信などをもとに作成

12

信用金庫

中小金融機関最後の砦《とりで》

信用金庫は特定地域に強い営業地盤がありますが、小口預金を集金するなど営業コストが高く、経営体力を増強して地銀などとの競合に耐え、生き残りをかける狙いから、合併するケースも目立っています。

信用金庫は、限られた営業地域でキメ細かいサービスを展開する金融機関。地元の個人や中小零細企業、個人事業主が主な取引先です。協同組織の金融機関で会員の出資金をもとに営業しているため、地域経済の発展に尽力することを使命としてきました。

信金の営業スタイルは独特で、**軒（のき）取引**が基本です。軒取引とは、世帯ごとに顧客情報を管理する手法のことで、口座を開設している世帯主の家族構成を含めたデータベースを長年蓄積してきました。こうしたデータは現在では**CIF**（Customer Information File＝顧客情報ファイル）と呼ばれています。

信金王国静岡で合併三例

きめ細かい営業は、コストもかかります。「土日に来てくれと言われれば、休みを返上して自宅を訪問する。引っ越したが集金はいままで通りに、と頼まれれば電車を使ってでも訪問する」（信金関係者）。しかし、低金利が続いて定期預金の魅力がなくなったことから、伝統的な営業スタイルは崩れつつあります。

地域や規模の格差が大きいのも信金業界の特徴。預金量が一兆円以上の信金は四〇金庫以上ありますが、一〇〇〇億円以下の小規模信金も少なくありません。上位の信金は三大都市圏に集中しており、地方の信金では**預貸率***の低い信金もあります。高い経済力を誇ってきた静岡県でこのところ、「浜松いわた」「島田掛川」「しずおか焼津」と信金合併が三例ありました。経営環境は年々厳しさを増しています。地銀・第二地銀とのサバイバルを勝ち抜くための合併は今後も増えるでしょう。

用語解説

***預貸率**　貸出金を預金量で割った数値。集めた預金がどれくらい融資に使われているかを示す。金融機関の貸出スタンスや地域の設備投資意欲を見る尺度の1つになる。数値が高ければ銀行の融資姿勢が積極的で、地域への貸出意欲も旺盛と判断できる。

主要信用金庫 2019年度預金量ランキング

（単位：億円）

順位	信用金庫名	預金	貸出金	預貸率	店舗数	役職員数（人）
1	京都中央	47,252	27,328	57.8%	130	2,500
2	城南	36,934	22,115	59.9%	86	2,101
3	岡崎	31,487	16,015	50.9%	99	1,838
4	大阪	28,249	14,277	50.5%	74	1,352
5	埼玉県	28,070	17,300	61.6%	96	1,706
6	多摩	28,028	10,904	38.9%	79	2,197
7	尼崎	26,020	12,690	48.8%	93	1,292
8	京都	25,110	16,636	66.3%	92	1,625
9	城北	24,839	12,090	48.7%	95	1,948
10	大阪シティ	24,787	12,829	51.8%	86	1,730
11	浜松いわた	24,753	12,290	49.7%	88	1,828
12	岐阜	23,224	12,940	55.7%	89	1,498
13	碧海	21,282	10,438	49.0%	78	1,270
14	瀬戸	20,973	10,059	48.0%	72	1,259
15	西武	20,109	14,981	74.5%	76	1,201
16	川崎	20,056	11,988	59.8%	56	1,295
17	東京東	18,578	10,138	54.6%	68	1,348
18	横浜	18,384	10,330	56.2%	61	1,302
19	巣鴨	18,337	8,961	48.9%	41	1,050
20	朝日	17,789	11,388	64.0%	64	1,408
21	豊田	16,102	7,903	49.1%	42	857
22	しずおか焼津	15,730	7,185	45.7%	67	980
23	広島	14,803	9,583	64.7%	75	939
24	さわやか	14,676	8,222	56.0%	64	1,062
25	大阪厚生	13,699	6,052	44.2%	27	551
26	北おおさか	13,405	6,873	51.3%	67	1,071
27	蒲郡	12,960	5,877	45.3%	46	826
28	飯能	12,785	5,326	41.7%	45	901
29	西尾	12,197	5,753	47.2%	49	749
30	かながわ	11,905	5,490	46.1%	49	769
31	湘南	11,699	6,859	58.6%	47	702
32	播州	11,523	7,016	60.9%	68	851
33	芝	11,163	5,133	46.0%	52	768
34	水戸	11,123	4,440	39.9%	66	987
35	東濃	11,072	5,529	49.9%	56	851
36	きのくに	10,989	3,777	34.4%	43	744
37	千葉	10,772	5,668	52.6%	49	801
38	北海道	10,605	5,738	54.1%	81	707
39	いちい	10,386	4,054	39.0%	48	522
40	東京	10,164	6,908	68.0%	30	698

出典：各金庫のWebサイトおよびディスクロージャーなどをもとに作成

13

信用失墜の日本郵政グループ

国内最大の金融グループで度重なる不祥事が起きています。保険の不適切販売や銀行口座における不正出金などが続く中、業務の改善が見られません。

日本郵政グループは、持株会社である日本郵政株式会社の下に、郵便局を店舗ネットワークにした郵便事業を展開する日本郵便株式会社およびゆうちょ銀行、かんぽ生命を置く三事業会社です。

同グループでは、日本郵便が自身の保有する郵便局のネットワークを使って、ゆうちょ銀行とかんぽ生命から金融・保険の業務委託を受ける形でサービスを提供しています。したがって、利用者にとっては、民営化前とほとんど変わることなく、郵便局の窓口でサービスを受けることができます。日本郵便は、「郵便・物流」「金融窓口」「国際物流」の三事業を展開していますが、利益の大半を金融窓口が稼いでいます。

二〇一五年一一月に持株会社と傘下の子会社三社が同時に株式公開して親子上場が実現しました。しかし、もともとは官業だった郵便局事業は、民営化の過程でいびつな会社組織に変容。**企業統治（ガバナンス）**が機能しなくなっていきました。

深刻なガバナンス不全

一九年七月に表面化した「かんぽ生命」の不適切販売は、保険の「乗り換え」が原因です。低金利の環境が長期化して貯蓄性商品の保険が販売不振になり、代わって健康志向の高まりで従来の保障性保険に関心が移りました。これを受けて生保業界は販売シフトに走り、かんぽ生命も競争の輪に入り、貯蓄性保険を解約させて保障性保険に切り替えさせる営業が恒常化していきました。

その過程で契約の乗り換えがずさんに処理されて無保険状態になったり二重契約になるなど、不適切な販売が横行したのです。それを助長したのが、郵便局員への販売表彰制度。複雑でわかりづらいですが、新旧の契約を併存させる時期を意図的に作って契約件数を余計に稼いだり、解約や新規契約の時期をずらしたりしてノルマを達成したように見せかけ、営業手当をもらっていた疑いがあります。一四年からの五年間で、乗り換えに伴う不適切販売は二万三九〇〇件ありました。

ゆうちょ銀行では二〇年九月、携帯電話決済「ドコモ口座」で不正出金があったと発表しましたが、不正は三年前から起きていました。すでにトラブルを公表し謝罪していた都銀や地銀に遅れて情報開示しており、その不手際も非難の対象になりました。

かんぽ生命の不祥事に際して一九年一二月、日本郵政の長門正貢社長(当時)は辞任会見で「築城三年、落城三日と言ってきたが、自分が『チョンボ』だった」と語りました。信用失墜を自嘲したのでしょうが、トップのこうした意味不明の発言が日本郵政グループのガバナンス不全を象徴しています。

不祥事と経営不振の日本郵政グループ

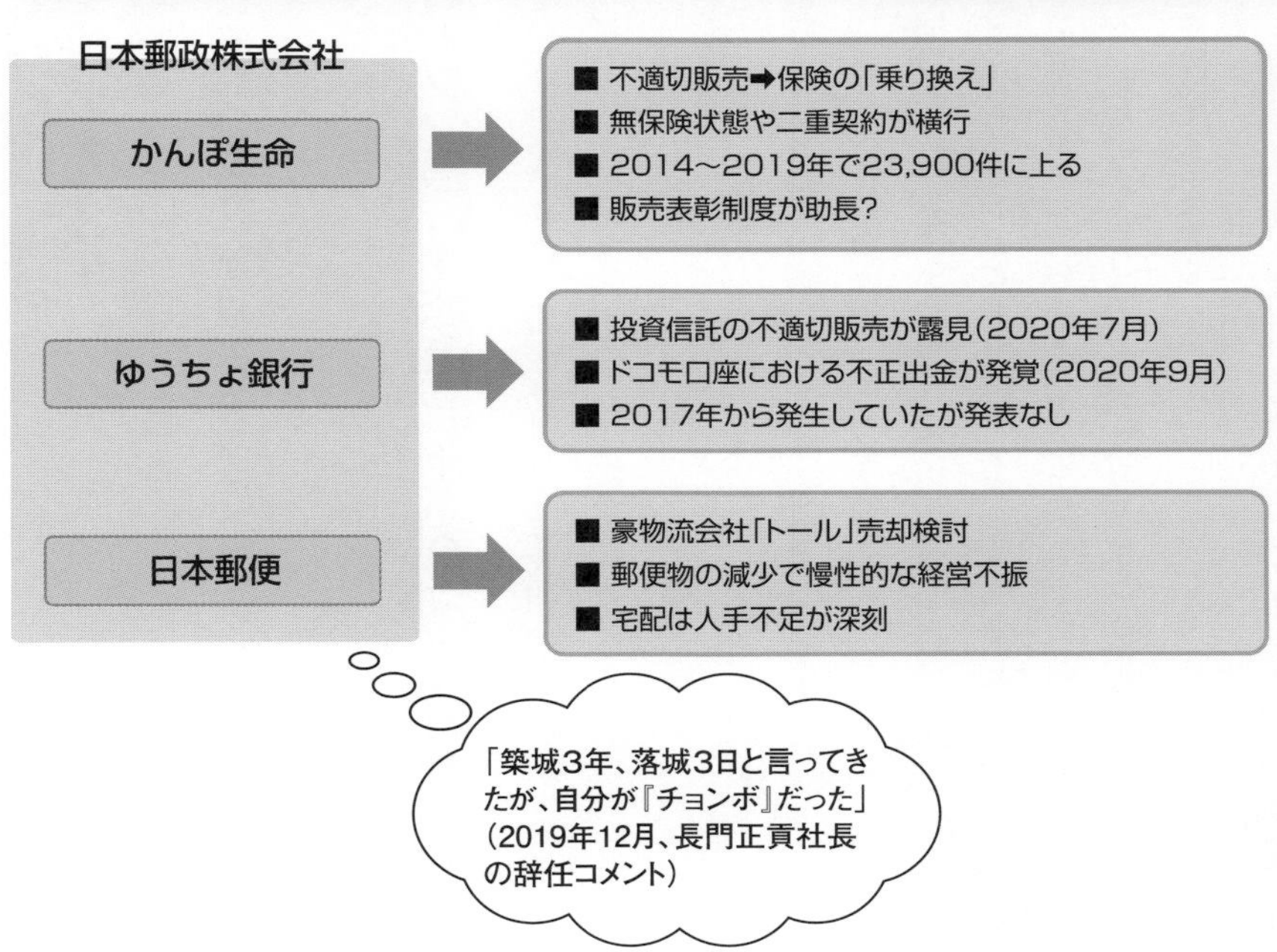
日本郵政株式会社
かんぽ生命
■ 不適切販売➡保険の「乗り換え」
■ 無保険状態や二重契約が横行
■ 2014～2019年で23,900件に上る
■ 販売表彰制度が助長?
ゆうちょ銀行
■ 投資信託の不適切販売が露見(2020年7月)
■ ドコモ口座における不正出金が発覚(2020年9月)
■ 2017年から発生していたが発表なし
日本郵便
■ 豪物流会社「トール」売却検討
■ 郵便物の減少で慢性的な経営不振
■ 宅配は人手不足が深刻
「築城3年、落城3日と言ってきたが、自分が『チョンボ』だった」(2019年12月、長門正貢社長の辞任コメント)

14

二〇年が経過した「新銀行」

インターネット銀行、コンビニATM銀行などの「新たな形態の銀行」が誕生してから二〇年が経ちました。各行とも利用者が増加し融資を伸ばしています。

国内初のインターネット専業銀行であるジャパンネット銀行が二〇〇〇年一〇月に開業してから二〇年が経ちました。日本振興銀行が不正融資などにより一〇年九月に経営破たんしましたが、一一年には証券会社として初めてのネット銀行「**大和ネクスト銀行**」が設立されました。また、石原慎太郎氏の東京都知事時代に鳴り物入りで誕生した「新銀行東京」は一八年五月、東京都民銀行、八千代銀行と合併して姿を消しました。

既存の金融機関もインターネットバンキングを展開しており、ネット銀行は国民の間に定着しています。一〇年度の新銀行九行の預金量合計は六兆四〇〇〇億円でしたが、一九年度は二三兆四〇〇〇億円と三・五倍、融資は二兆円から一二兆円と六倍に増えています。

ローソン銀行が開業 七年ぶり一〇行目

一八年九月、営業中の新銀行としては大和ネクスト銀行以来七年ぶりとなる**ローソン銀行**が開業しました。いわゆるコンビニ銀行としては二番目となります。同行は、コンビニATM手数料で高収益を上げているセブン銀行に遅れること一七年。銀行設立を公表してからでも二年以上経過したあとの、難産の末の船出になりました。

GMOあおぞらネット銀行は新規開業の金融機関ではありませんが、一八年七月にインターネット専業銀行として開業しました。IT大手の上場企業GMOインターネットグループが日本債券信用銀行の信託銀行子会社を買収してできました。

「新しい形態の銀行」の概要と業況

2020年3月末現在

行名	開業日	資本金（億円）	主要株主	店舗数	業績計数（億円）				従業員数
					口座数（千件）	預金残高	融資残高	経常利益	
PayPay銀行	2000年10月	372	Zフィナンシャル、三井住友銀行	7	4,580	9,203	974	21	414
	国内初のネット銀行。ヤフーの連結子会社。2021年4月にジャパンネット銀行から行名変更。								
セブン銀行	2001年5月	307	セブン-イレブン・ジャパン、イトーヨーカ堂、ヨークベニマル	12	2,170	6,866	235	383	487
	流通系初の銀行。ATMはセブン-イレブン中心に全国に22,500台保有。ゆうちょ銀行に次ぐ台数。								
ソニー銀行	2001年6月	310	ソニーフィナンシャルホールディングス100%	1	1,500	24,818	19,791	106	498
	2020年3月に在留外国人向けサービス「English online banking」開始。								
楽天銀行	2001年7月	259	楽天100%	52	8,687	34,048	11,154	272	702
	口座数は純増。楽天市場、楽天カードとの連携が強み。2019年12月、住宅ローン5,000億円突破。								
住信SBIネット銀行	2007年9月	310	三井住友信託銀行、SBIホールディングス	12	3,929	53,922	37,250	187	549
	2020年4月、日本航空と提携し会員向けサービス「JAL NEOBANK」開始。								
イオン銀行	2007年10月	512	イオンフィナンシャルサービス100%	15	7,180	37,790	21,602	153	2,802
	18年9月から業界初のスマホでATM利用可のサービス開始。								
auじぶん銀行	2008年7月	625	auフィナンシャルホールディングス、三菱UFJ銀行	9	3,478	15,917	12,919	28	369
	2020年2月に行名変更。2020年12月にスマホデビット会員数10万人突破。								
大和ネクスト銀行	2011年4月	500	大和証券グループ本社100%	10	1,439	40,411	14,734	20	97
	証券業界初のインターネット専用銀行。2017年11月開始の「選べる預金」が好評、19年7月に600億円突破。								
GMOあおぞらネット銀行	2018年7月	155	あおぞら銀行91.2%、GMOインターネットグループ8.8%	112	—	867	351	▲51	110
	前身は日債銀（現あおぞら銀行）の信託子会社。API連携を積極的に推進、法人取引に注力。								
ローソン銀行	2018年9月	116	ローソン95%、三菱UFJ銀行5%	16	48	177	0.37	18	145
	セブン銀行に次ぐ2番目のコンビニ銀行。全国に13,367台、他行提携も積極的。								

出所：各行のWebサイトおよび決算短信などをもとに作成

15 様変わりのシステム共同化

地方銀行システム共同化に異変が起きています。オープン系の採用が進む一方、合併による再構築が起きているのです。

システム共同化では、大型コンピュータで動く基幹システムを複数の銀行が共同で使い、共有できない部分は共同化に参加した銀行が個別にシステムを**カスタマイズ***して利用します。各行は基本的には同じ業務を処理しているため、土台のシステムに大きな違いはありません。現在、地銀の七割、第二地銀の四割以上が共同化されたシステムで業務処理をしています。

しかしここに来て共同化の進捗に変化が起きています。オープン系の基幹システムを導入して共同化システムから離脱する地銀が増加。日立製作所はオープン系で代表的なリナックスサーバーを核にしたシステムを個別行に提案し、共同化システムの稼働を終了させるなど、ベンダーの営業姿勢が様変わりしています。

合併を契機に共同化システムを離脱したり、他のベンダーに乗り換える地銀も増加しています。十八銀行は親和銀行との合併で日本ユニシスの共同化システムから撤退。三重銀行も二〇二一年五月に三十三銀行となるのを機にNECの共同化システムから離れ、同社の共同化システムユーザーは東京スター銀行一行になりました。富士通も共同化システム「PROBANK」のトップユーザー東邦銀行が二二年度中に離脱予定で、存続自体が危機に瀕《ひん》しています。

千葉銀行が幹事を務めている日本IBM系のシステム研究会組織「TSUBASAアライアンス」は勢力を伸ばしています。第四銀行は一七年一月、北越銀行は一八年四月に参加。第四北越銀行の誕生につながりました。そのほか伊予銀行、群馬銀行など計一一行がメンバーになっており、共同化システムの一大勢力になっています。

用語解説

***カスタマイズ**　ソフトウェアの設定や設計をユーザーの好みに合わせて調整し作り変えること。

地域銀行のシステム共同化状況

2021年4月現在

ITベンダー	共同化の名称	参加銀行	稼働時期（予定含む）
NTTデータ	基幹系共同センター（STELLA CUBE）	長野銀行	2012年5月
		きらぼし銀行	2011年10月
		但馬銀行	2012年5月
		富山銀行	2012年5月
		長野銀行	2012年5月
		神奈川銀行	2012年7月
		東北銀行	2012年7月
		仙台銀行	2013年5月
		きらやか銀行	2015年5月
		福邦銀行	2019年1月
		名古屋銀行	2021年1～12月
	地銀共同センター（BeSTA）	京都銀行	2004年1月
		千葉興業銀行	2004年10月
		岩手銀行	2005年1月
		池田泉州銀行	2005年1月
		愛知銀行	2007年1月
		福井銀行	2009年1月
		青森銀行	2009年5月
		秋田銀行	2010年5月
		四国銀行	2011年1月
		鳥取銀行	2012年5月
		西日本シティ銀行	2013年1月
		大分銀行	2013年5月
		山陰合同銀行	2020年1月
	MEJAR	横浜銀行	2010年1月
		北陸銀行	2011年5月
		北海道銀行	2011年5月
		七十七銀行	2016年1月
		東日本銀行	2019年1月
	Besta Cloud	荘内銀行	2014年3月
		北都銀行	2014年5月
日本IBM	広銀・福銀共同システム	広島銀行	2003年1月
		福岡銀行	2003年1月
		熊本銀行	2010年1月
		十八親和銀行	2021年1月
	じゅうだん会	八十二銀行（幹事）	2002年3月
		阿波銀行	2004年1月
		山形銀行	2005年1月

（次ページに続く）

（前ページより続く）

ITベンダー	共同化の名称	参加銀行	稼働時期（予定含む）
日本IBM	じゅうだん会	武蔵野銀行	2006年1月
		琉球銀行	2006年1月
		筑波銀行	2008年1月
		宮崎銀行	2011年1月
	地銀共同化システム Chanceプロジェクト	常陽銀行	2007年1月
		百十四銀行	2007年5月
		十六銀行	2007年7月
		南都銀行	2008年5月
		山口銀行	2010年5月
		北九州銀行	2011年10月
		もみじ銀行	2012年1月
		足利銀行	2020年1月
	TSUBASAアライアンス	千葉銀行（幹事）	2016年1月
		第四北越銀行	2017年1月
		中国銀行	2017年5月
富士通	PROBANK	東邦銀行	2003年9月
		清水銀行	2005年5月
		西京銀行	2006年1月
日立製作所	NEXTBASE	徳島大正銀行	2005年5月
		香川銀行	2007年1月
		北日本銀行	2008年1月
		トマト銀行	2009年1月
		高知銀行	2009年1月
		栃木銀行	2010年1月
		中京銀行	2011年10月
		大光銀行	2014年1月
		三十三銀行	2014年1月
		静岡中央銀行	2015年1月
		大東銀行	2016年5月
日本ユニシス	BankVision	百五銀行	2007年5月
		筑邦銀行	2010年1月
		佐賀銀行	2010年5月
		紀陽銀行	2010年5月
		山梨中央銀行	2011年1月
		鹿児島銀行	2011年5月
		スルガ銀行	2014年1月
		北國銀行	2015年1月
		大垣共立銀行	2017年5月
NEC	BankingWeb21	東京スター銀行	2015年5月

16 注目される金融クラウド

クラウド技術を導入して基幹システムを構築する動きが本格化しています。高度なセキュリティを求められる金融機関にとって画期的なシステム改革です。

クラウドは、インターネット上でデータを保管しておき、必要なときにユーザーがファイルやアプリケーションをダウンロードして利用するオンライン技術の総称です。

銀行業界はこれまで、顧客の大事な資産を守る公共的な使命から、極めて堅牢《けんろう》な勘定系システムを構築して預金口座を管理してきました。

しかし、経済が成長し国民生活が向上するに従って口座数が膨大になり、商品・サービスも多様化するなど業容が飛躍的に拡大したことで、システムが複雑化・肥大化してきました。システムの維持管理費用も莫大《ばくだい》な金額になり、経営を圧迫し始めました。

一方でITの進展には目を見張るものがあり、従来の大型コンピュータを使った旧来型(レガシーシステム)に代わってオープン系システムと呼ばれる構築手法が登場、さらに近年はネットワーク上でのデータ保管を可能にするクラウドが業務システムとして信頼性を高め、産業界で採用が相次いでいました。

銀行業界ではクラウドなどのネットワークシステムに対して、データ漏えいの恐れなど、セキュリティに不安を抱く向きが少なくありませんでした。

しかし、金融界における情報システムの安全対策にあたる**金融情報システムセンター**(**FISC**)が二〇一八年にクラウド活用を前提にした安全対策基準を発表し、クラウド導入の道筋を付けました。

MUFGの導入で本格普及か

　FISCがクラウド活用時の安全基準を公開した背景には、前年（一七年）に三菱UFJフィナンシャル・グループ（MUFG）が社内システムの一部にアマゾンのパブリッククラウドサービス**アマゾンウェブサービス（AWS）**を使うことを決めた事実があります。国内最大級の金融グループが先陣を切ってクラウド導入を決断したのです。

　MUFGは今後、クラウドやオープン系システムを活用し、年間一〇〇〇億円規模ともいわれるITコストを削減しながら勘定系システムを段階的に刷新していく方針です。

　銀行の基幹システムは二四時間三六五日稼働を義務付けられています。このため、システムの堅牢性の観点から、他の業種では利用が進んでいたオープン系システムについても長い間導入に対して懐疑的でした。しかし、地方銀行の共同化システムで実績が積み上げられたことで、オープン系システムの採用銀行が増えています。クラウドもMUFGの導入で今後、追随する動きが活発になると思われます。

銀行業界でクラウド本格導入へ

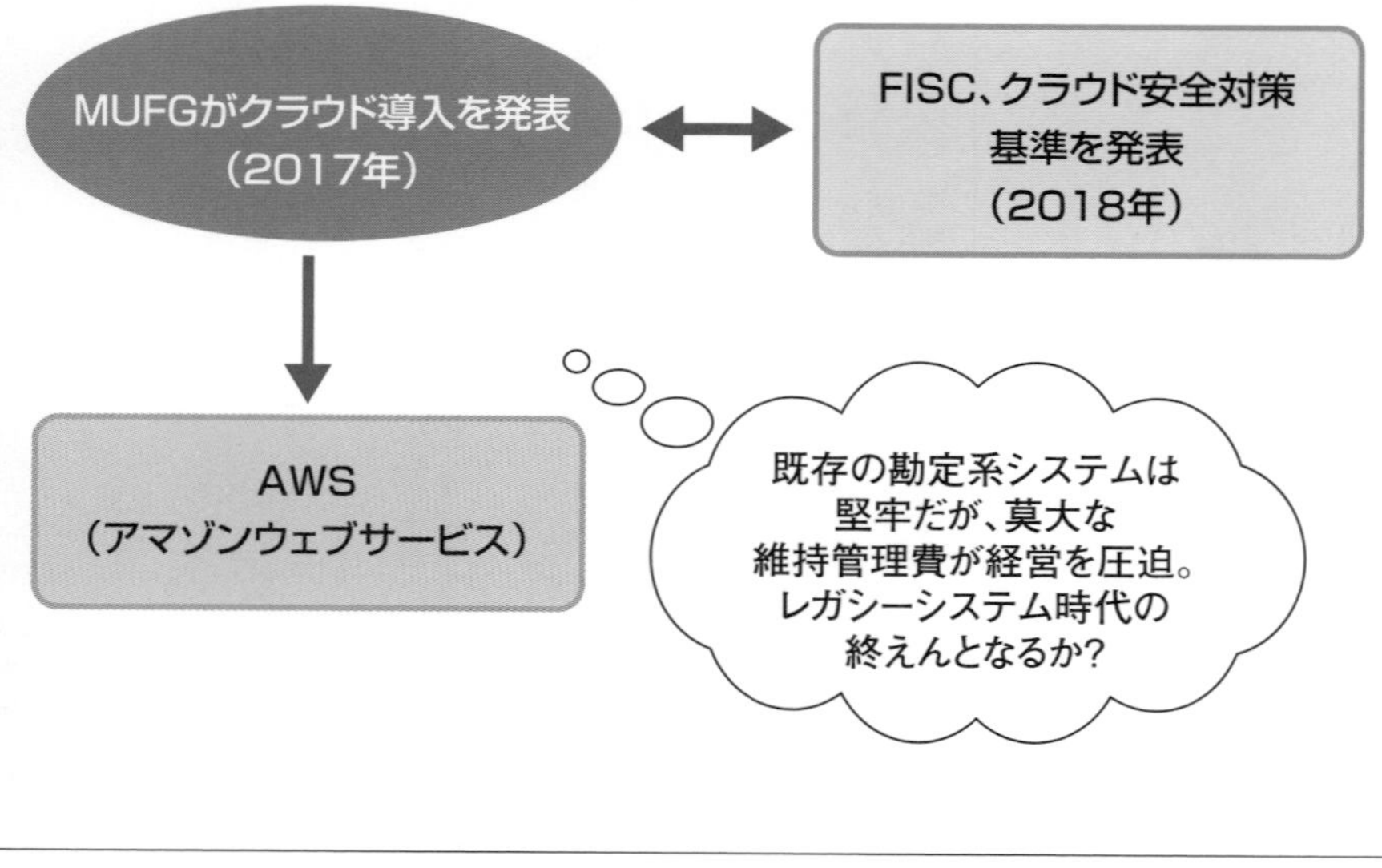
MUFGがクラウド導入を発表
（2017年）
FISC、クラウド安全対策
基準を発表
（2018年）
AWS
（アマゾンウェブサービス）
既存の勘定系システムは
堅牢だが、莫大な
維持管理費が経営を圧迫。
レガシーシステム時代の
終えんとなるか？

17 平成金融三〇年史

かつて金融業界が経験した激動の時代を振り返る出版物が目に付きます。元号が平成となった一九八九年から三〇年の金融業界は激動期でした。有事を懐かしむ回顧心理が働いているのかもしれません。

中でも八九年から九九年までの一〇年間（平成一～一一年）は、金融制度改革と都市銀行の合併そして金融不安があり、特に激動の日々でした。

一三行あった都市銀行のうち、中位行の三井と太陽神戸が九〇（平成二）年に合併。翌九一（平成三）年には下位行の協和と埼玉が合併して協和埼玉銀行が発足。そして九六（平成八）年に三菱銀行が外国為替法専門銀行の東京銀行と合併して東京三菱銀行となり、都銀は一〇行体制となります。

それまで都銀の中では、第一勧業、富士、住友、三菱、三和の五行を上位行、三井、太陽神戸、東海の三行を中位行、協和、大和、埼玉、北海道拓殖、東京の五行を下位行と呼んでいました。九〇年代前半は九一年のバブル崩壊まで預金吸収に血道を上げていた時代でした。

一方で、都銀や一部の長期信用銀行などは、国内での業容拡大と海外進出を視野に入れ、銀行・証券・信託に分かれて業務を展開している金融制度の改革を大蔵省に訴え続けていました。それが九三（平成五）年の相互参入を認めた第一次の金融制度改革につながります。子会社を作って新たな業態に進出する方式で、都銀系の証券、信託が誕生しました。

二つの金融制度改革

今日、この改革を知る人が少ないのは、この時期に設立された子会社が、のちのメガバンクグループ化によって合併再編を繰り返した末、すべて姿を消したためです。

しかしこの頃は、制度が改まったにもかかわらず金融不安は増す一方でした。九一年に大手証券が大口顧客に損失補てんをしたり、都銀の支店長が不正融資をして逮捕されるなど、不正や不祥事が相次ぎました。九二年のバブル崩壊以降、地価が下落して融資の担保に取っていた不動産の価値がなくなり、銀行は不動産の含み損失を抱えて青息吐息になってしまいます。

九四(平成六)年には戦後初の破たんが起きました。最初はごく小さな信用組合(東京協和信組、安全信組)が破たんしました。翌年には第二地銀業界トップの兵庫銀行も破たんするなど、バタバタと銀行が倒れていったのです。

金融不安が拡大しているのに、制度改革は進行していきます。九六年に「フリー・フェア・グローバル」の名のもとに証券市場の大改革が始まりました。これが第二次の金融制度改革です。株式売買手数料が自由化され、証券会社の設立は免許制から届出制へ移行しました。保険業法も改正され、生保と損保は子会社方式での相互参入が解禁。銀行の投資信託の窓口販売も九八年からスタートします。

不良債権処理とリーマン・ショック

住専処理も忘れてはいけません。都銀が二の足を踏んだ住宅ローンの先兵役を担ったのが、七〇年代に相次いで誕生した住宅金融専門会社七社。出資したのが都銀・地銀や長信銀、信託それに農協です。八〇年代に都銀が住宅ローンに傾注しだすと、住専は主戦場を不動産および不動産開発融資に変え、バブル経済に突っ込んでいき、巨額の不良債権を生みました。

その結果、九五(平成七)年に総額六八五〇億円の公的資金が金融史上初めて、住専各社に導入されます。

次の一〇年は不良債権処理とメガバンクグループおよび日本郵政の誕生、そして**リーマン・ショック**です。

九七(平成九)年、不動産融資に傾斜し回収困難に陥った北海道拓殖銀行が破たん、山一証券は「飛ばし」といわれる利益隠しが発覚して株価が急落。市場不安が頂点に達して自主廃業に追い込まれました。

破たんの危機は都銀下位行や証券大手だけではありませんでした。この頃、金融業界では「富士銀行とさくら銀行は決算承認銀行になっている」とのうわさで持ち切りでした。決算承認銀行とは、監査法人だけではなく大蔵省も決算内容をチェックすることを意味します。金融当局が直接企業決算に関与する必要があるほど経営状態が悪い証拠で、大蔵省は絶対に口外しません。露見すれば取り付け騒ぎが起きるからです。

九八（平成一〇）年、大蔵省は都銀・信託・地銀など大手銀行二一行に一兆八〇〇〇億円の公的資金を導入、翌年さらに一五行に七兆五〇〇〇億円を追加投入しました。合わせて九・三兆円。住専処理のときと比べて一三倍強です。

監視していた大蔵省にも大きなほころびが生まれ、日銀とともに接待汚職事件を起こした結果、国は財政と金融の分離を断行。財務省・金融庁と名を変えました。

メガバンク時代の到来

メガバンクグループは九九（平成一一）年の日本興業銀行、第一勧業銀行、富士銀行の三行統合が始まり。住友・さくらもすぐに追随。二〇〇一（平成一三）年に三和銀行、東海銀行などがUFJホールディングスを設立し、〇二（平成一四）年にみずほフィナンシャルグループ（FG）が二行合併を果たして四メガ体制ができあがります。

〇三（平成一五）年に日本郵政公社が発足し、〇五（平成一七）年の「郵政民営化選挙」を経て〇七（平成一九）年に日本郵政株式会社を持株会社として日本郵政グループが誕生。しかし政権交代で民営化にケチが付き、一二（平成二四）年に見直し法案が可決。一五（平成二七）年に持株会社と傘下の二社（ゆうちょ銀行・かんぽ生命）の親子上場が完了しました。

一〇（平成二二）年以降の金融業界は、特筆するものが少ない中、〇二年四月以来二度目となる「みずほ（銀行）システムトラブル」が一一（平成二三）年、東日本大震災の四日後に起きました。この一件でみずほFGの信用は地に落ち、頭取交代はもちろん、二バンクから一バンクへの抜本的経営改革にまで及びました。

激動の30年　平成金融業界

1989(平成1)年～1999(平成11)年

- 都市銀行同士の大型合併 ➡ 13行体制から10行時代へ
- バブル経済の始まりと終わり
- 金融不祥事 ➡ 都銀の不正融資、証券会社の損失補てん(1991)
- 二度の金融制度改革(1993、1996)
- 住専処理で6850億円の公的資金投入(1995)
- 銀行・証券の破たん(1994～1998)

2000(平成12)年～2009(平成21)年

- 大蔵省の再編 ➡ 財務省と金融庁に分離(1999)
- メガバンクグループ誕生(2002)
- みずほFGで大規模システム障害(2002)
- リーマン・ショック(2008)

2010(平成22)年～2019(平成31)年

- 東日本大震災(2011)でみずほFGが二度目のシステム障害
- 日本郵政が親子上場 ➡ ゆうちょ銀行・かんぽ生命(2015)

第2章

銀行業界の仕組みと仕事

銀行は「預金」「融資」「為替」の3大業務に加えて、手数料収入を新たな収益の柱に据えようとしています。規模メリットを追求するための金融持株会社は業務範囲を広げ、寡占化が進んでいますが、金融の唯一の担い手という役割と仕組みは基本的に変わりません。本章ではこういった業務内容のほかに、銀行決算の見方についても触れています。

ヒエラルキーに基づいた日本の金融制度 1

日本の金融制度は、「業態」という名のもとに金融機関を区分しているのが大きな特徴です。金融庁の指導・監督行政上の理由からともいえます。

日本の金融制度では業務内容や組織体制などの違いにより、都市銀行から第二地方銀行までを**銀行**といい、信用金庫などを**地域金融機関**として、二つのカテゴリーを形成しています。ただし、地域金融機関の中には銀行である地銀、第二地銀も入ります。都銀や信託が都市型金融機関であるのと対照的です。

それぞれの**業態**は、果たすべき役割が違います。地域金融機関は、地域住民の金融サービスにおける利便性向上や地場産業の育成など、地域経済の発展に寄与することが求められています。

メガバンクである都銀などの大手銀行は、日本経済をリードする代表的企業への設備投資資金の融資や海外進出、新しい金融商品の開発、また業界代表の立場から、国や他の業種に対して金融業界の様々な要望をまとめて金融庁などと交渉するけん引役を期待されています。

階層的な構造が意味するもの

「業態」が制度化され定着すると、より下部にある金融機関を基準に行政を運営しなければなりません。これが地域金融機関に対する保護行政となり、上位業態にとっては低いハードルのもとで業務ができるという行政の歪《ひず》みを生みました。

こうした階層的な制度（**ヒエラルキー**）は、利用者だけでなく各金融業態にも選別意識をもたらし、結果として規模の小さい下位業態の発展を阻害する要因にもなった側面があります。

「業態」という名のヒエラルキー

都市銀行（5行） 預金量382兆円	・金融持株会社 ・店舗は都市部限定 ・大企業中心主義
信託銀行（3行） 預金量46兆円	・財産管理業務に傾斜 ・数少ない店舗 ・富裕層顧客多い
地方銀行（62行） 預金量280兆円	・地域銀行の雄 ・自治体取引独占 ・地域再編の中核
第二地方銀行（38行） 預金量63兆円	・銀行破たん多数 ・経営基盤脆弱 ・地域再編の目玉
信用金庫（254金庫） 預金量145兆円	・規模・地域の格差 ・狭域高密着型取引
信用組合（145組合） 預金量21兆円	・信用金庫との格差 ・存在意義希薄
労働金庫（13金庫） 預金量20兆円	・統一組織の道険し ・存在意義希薄

お金を融通する担い手(銀行の仕事) 2

銀行の最大の仕事は貸出をすることで、最大の特徴はお金を預かることです。「信用」が何よりの財産であり、信用の低下は銀行経営における最大の敵です。

銀行(金融機関)は金(カネ)を融通する企業です。融通とは、金が不足しているところに金を用立てること、**融資**のことです。使われない金は銀行に預けられ、借りたい人に貸し出されていきます。銀行は預金してくれた人には利子を提供し、貸した人には金利を付けます。金利と利子の差額(利ざや)が銀行の儲け分になります。こうして預金は融資の原資になり、金は絶えず回転していきます。

銀行の最大の特徴は、金を預かること、**預金**にあります。そして銀行の仕事は融資で稼ぐことに尽きるといっても過言ではありません。

不特定の人または会社から金銭の類いを集める行為は**出資法***で厳しく制限されており、銀行や証券会社など特定の金融機関だけに認められている特権です。銀行の最大の仕事は貸出をすることにあり、最大の特徴は預金にあります。「信用」が何よりの財産であり、信用の低下は経営危機の引き金にもなり、最悪の事態をもたらします。

信用を創造すること

預金する人は銀行を信頼して金を預けます。銀行は預金者から信用を受けるので、預金のことを専門用語で受信といいます。一方、銀行は借りる人を信用して金を貸す(信用を与える)ので、融資のことを**与信**と呼んでいます。銀行は**信用**を受けたり与えたりしてビジネスを展開しているのです。こうした銀行の行為を信用創造といいます。

金融は消費生活、生産活動にとって不可欠な存在で

用語解説

＊**出資法**　貸金業者の上限金利などを定めた法律。1954年制定後、1983年の貸金業規制法改正時に同法も改正された。4回の金利引き下げが実施され、2010年6月には利息制限法(15〜20%)に一本化された。

あり、経済の血液、潤滑油といわれます。それは、金融の担い手である銀行が私たちの生活にとって不可欠だということを意味します。

それだけに、相互の「信用」がいったん崩れると甚大な悪影響が生じます。貸し渋りが起きたりタンス預金が増えたりすると、金融機能はたちまち支障をきたします。

一九九〇年代、経営破たんなどで銀行の信用は低下しました。信用が低下すると銀行は活動が鈍り、お金の流れが悪くなります。その結果、銀行が持つ金融機能は低下し、消費生活、生産活動にも悪影響を与えかねません。

みずほ銀行は二〇〇二年四月、メガバンク誕生の日にシステムトラブルを招き、一一年三月には東日本大震災の直後に大規模なシステム障害を引き起こしました。万全と信じていたシステムがわずかでも故障すると、信用をなくし業績低下を招くのです。銀行の経済活動である**信用創造**は、信用低下によって機能不全に陥ることを銀行は忘れてはいけません。

銀行は信用創造の担い手

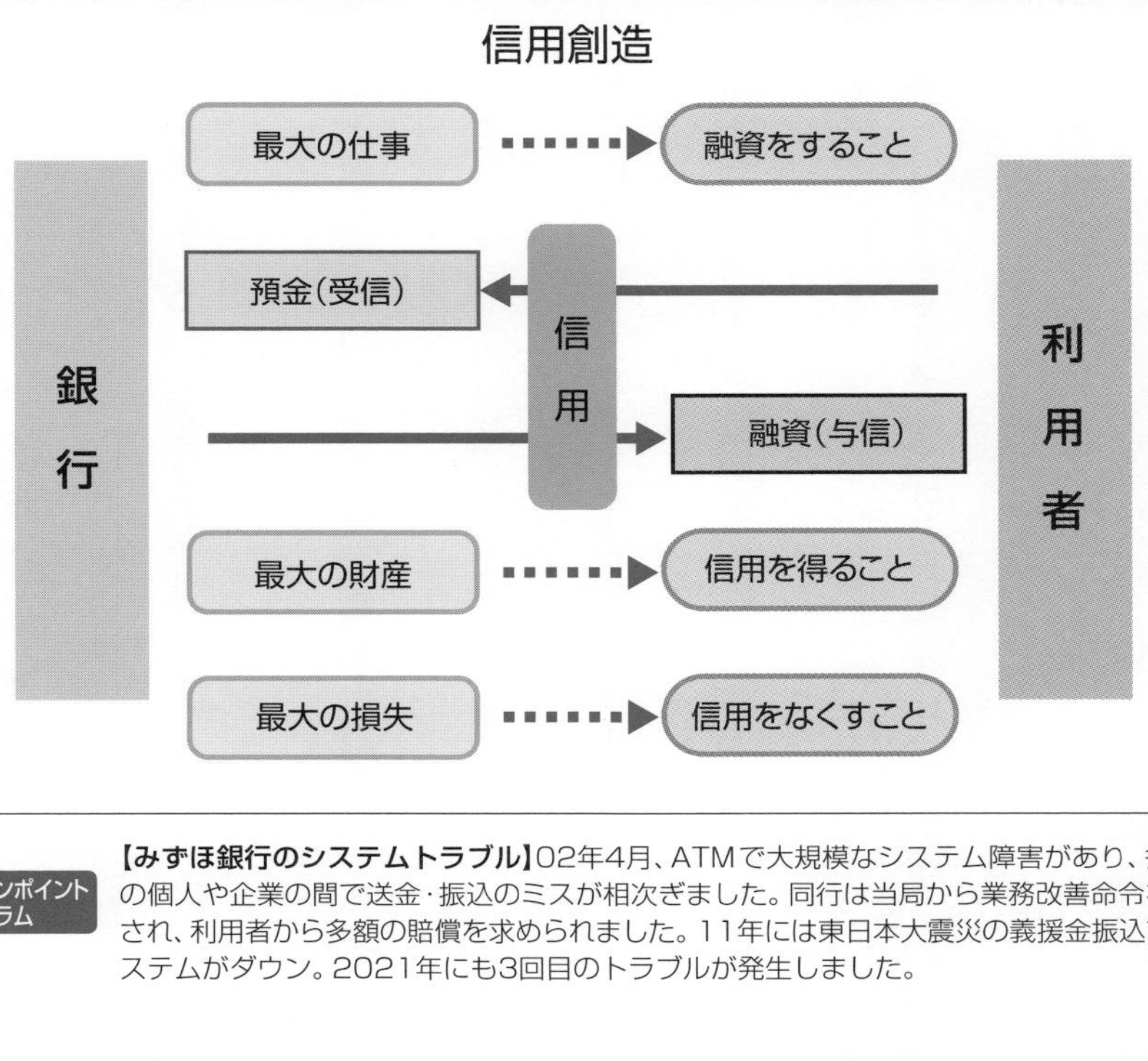

ワンポイントコラム

【みずほ銀行のシステムトラブル】02年4月、ATMで大規模なシステム障害があり、多くの個人や企業の間で送金・振込のミスが相次ぎました。同行は当局から業務改善命令を出され、利用者から多額の賠償を求められました。11年には東日本大震災の義援金振込でシステムがダウン。2021年にも3回目のトラブルが発生しました。

3 銀行の三大業務（預金、融資、為替）

預金、融資、為替を銀行の三大業務といいます。融資は金利で収益をもたらし、為替は各種サービスとともに手数料収入になります。

銀行の仕事は、**預金**、**融資**（貸出）、**為替**が中心で、銀行の**三大業務**といいます。これに各種のサービスが加わります。融資は金利を稼ぎ出し、為替とサービスは手数料をもたらします。

預金には、利用者がいつでも引き出せる**流動性預金**と、原則として満期まで引き出せない**定期性預金**があります。預金金利は法律で定められていましたが、一九九四年に自由化され、市場金利に連動する形になっています。

流動性預金の金利が低く定期預金の金利が高い理由は、銀行の資金運用にあります。定期預金は預け入れ期間が決められているので、その間は運用に回せる資金になります。

一方、流動性預金はいつでも引き出しに応じなければいけないので、運用はごく短期でしか行えません。短期の資金運用よりも長期の資金運用のほうが利ざやは多く稼げますから、定期預金は利子が高く流動性預金の利子はそれに比べて低いのです。流動性預金には普通預金のほかに当座預金や貯蓄預金、定期性預金にはスーパー定期や大口定期などがあります。

二〇〇五年からは**ペイオフ**（一金融機関で預金者一人当たりの預金元本一〇〇〇万円とその利息合計額までを保護する制度）が完全解禁されたため、預金全額を保護する無利息の普通預金（**決済性預金***）が登場しています。

融資は利益の源泉

銀行の最大の仕事は融資（**ローン**）であり、利益の源泉

用語解説

＊**決済性預金**　無利息かつ流動性と決済機能を確保する預金は全額保護の対象となるという、預金保険法に準拠した預金。2005年4月からのペイオフ解禁対策商品として登場した。

です。預金金利と同様に貸出金利は自由化されています。融資においては、銀行が担保を取るか取らないかで金利も貸出金額も大きく異なってきます。担保を取るのは個人融資では**住宅ローン**がその代表格。企業融資は原則として担保を取って貸し出します。不良債権のもとになった**不動産担保融資**が典型です。

無担保融資は、資金使途を限定した**目的型ローン**（教育ローンなど）および使途自由の**フリーローン**に大別されます。当然ながら担保を設定する融資のほうが無担保よりも低金利で借入額は大きく、返済期間が長期になっています。また、使途目的の明確なローンは、フリーローンに比べて金利が低くなっています。

為替は、簡単にいえば送金や振込のことです。為替は、資金を移動させるという銀行のサービス業務。利息や金利ではなく手数料がサービスの対価になります。ATM（現金自動預け払い機）で他行から引き出すのも為替の一種です。

預金や融資が伸び悩む中で、為替は三大業務の中で最も安定した収益を銀行にもたらしています。金額の多寡に関係なく一定の手数料が見込めるからです。

三大業務と各種商品

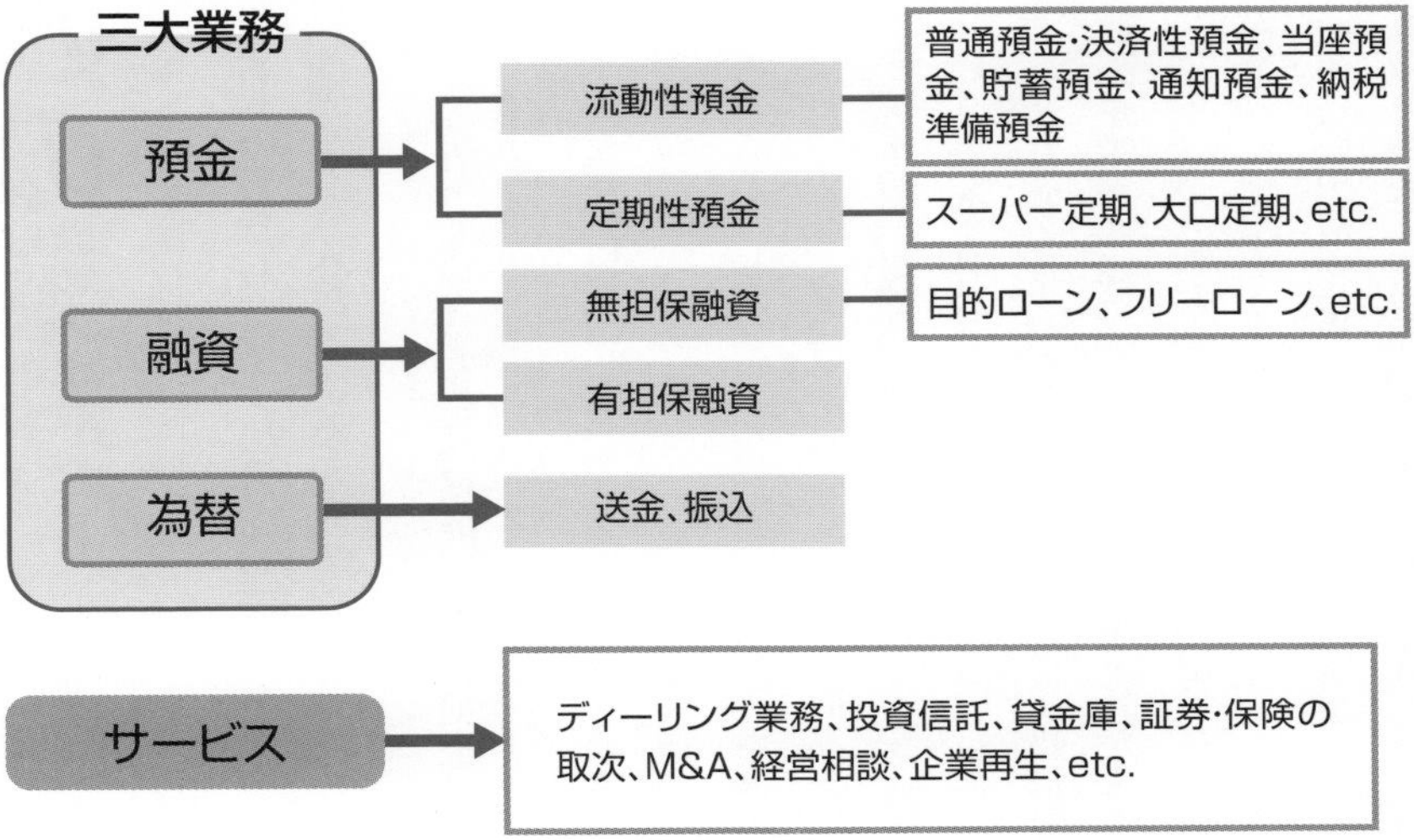

4 フィービジネスは第四の業務

預金と融資は表裏一体の業務で、景気の良し悪しに左右されます。しかし、サービスの対価である手数料（フィー）は好不況の波に影響を受けにくいため、いま銀行が最も力を入れている収入源です。

利ざやを取る融資は、企業が設備投資意欲を持つ好況期には稼ぎ頭になりますが、不景気になると不振に陥ります。

企業業績が悪ければ賃金が減るので個人預金も増えません。貸すために預金の勧誘をし、その金利差で儲ける金利収入だけでは、銀行は生き残るのが困難な時代を迎えているのです。

そこで見直されてきたのが、非金利収入といわれる**フィー**(手数料)**ビジネス**。身近なところでは、送金、振込などの為替やATM利用手数料が挙げられます。

手数料は銀行が提供するサービスの「対価」。銀行にとって、一つひとつの金額は小さくても景気の変動に関係なく、一定の比率で必ず徴収できる点に大きなメリットがあります。

銀行のフィービジネスは、銀行、保険、証券の垣根がより低くなり、取扱商品が拡大したことで加速しました。一九九八年には投資信託の販売、〇一年から銀行の窓口で個人年金保険の販売がスタート。〇二年に始まり〇七年に全面解禁された、銀行による保険の窓口販売を含めて、銀行は投信・保険・証券など他業態の金融商品を取り次ぐことで手数料を稼いでいます。

銀行はいま、国債・外貨預金・投資信託・保険を「預かり資産」と呼んで販売に力を入れています。特に投信と保険は販売手数料が高く、投信会社や保険会社からの取り扱い要望が強いため、銀行も投信・保険会社に対して強気の手数料を設定しています。

銀行の高い信用力は、預かり資産である投信などの商品が売れる原動力になっています。

大型化する非金利ビジネス

大手銀行では、法人向けのフィービジネスに積極的に取り組んでいます。業績不振に陥った企業に対して経営のアドバイスを行う事業再生業務をはじめ、不採算事業部門の売却や企業買収の仲介役を担い、多額の仲介手数料を稼ぎ出しています。

シンジケートローン（協調融資）もフィービジネスの一つ。複数の銀行が融資団を作って企業貸出を行う手法で、代表金融機関（アレンジャー）の地位を得れば銀行間の調整役を任されるため、応分の手数料が見込めます。

また、**金融派生取引（デリバティブ）**も一種のフィービジネスにあたります。為替や株式、債券など様々な市場における複雑な相場取引を組み合わせて利ざやを稼ぐデリバティブ取引は、顧客の資金を元手に運用しますが、運用益に応じた手数料が入ります。

フィービジネスは第四の銀行業務

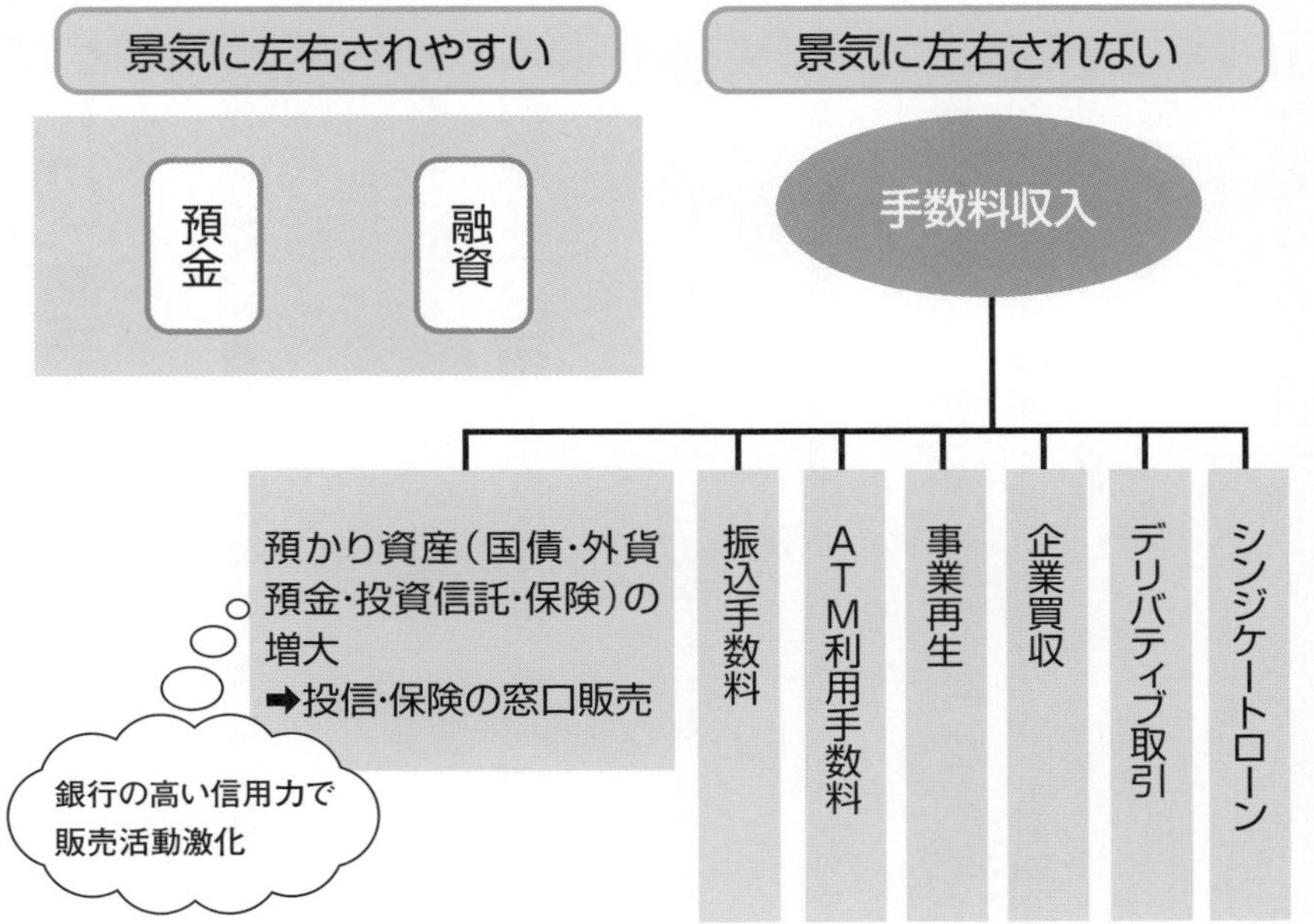

第2章　銀行業界の仕組みと仕事

5 それでも融資は銀行の重責

銀行の企業融資はこのところ低成長で推移していますが、銀行の使命が融資にあることに変わりはありません。

銀行の収益の源泉はいつの時代でも融資(貸出)にあります。融資に消極的な銀行はそもそも存在意義がないといっても過言ではなく、公共的性格の強い銀行の最も重要な仕事です。

しかし銀行も自己資本比率を維持したり、金融検査マニュアルに基づいて融資を実行したりしているので、**信用保証協会***融資などの制度融資を使って、より安全な貸付に傾斜する傾向が地域金融機関に見られます。

融資は銀行の「本分」といってもいい重要な業務ですが、長年堅持してきた担保第一主義は、一朝一夕には変わりません。ある都銀の幹部がこう話していました。

「設備投資資金を融資する際、企業が保有する工場を担保にしてもらうことが多いが、その場合、工場の地価の七割を担保価格と見なし、その価格の七割以内で貸していた」

都銀は大企業優先の市場連動型融資

融資とひと口にいっても、実行方法は異なります。都銀は取引先が大企業中心で、**プライムレート(優遇金利)**を各行が独自に設定して融資します。

また**TIBOR*(東京銀行間取引金利)**と呼ばれる、銀行間で資金を融通し合う際の金利を、一年以内の短期融資における基準金利として参考にしつつ融資するケースが多く、この場合のTIBORを基準金利として適用される融資をスプレッド貸出といいます。企業融資の伸び悩みから、個人ローンに注力しており、大手の銀行でもこれまで苦手としていた個人への融資をノンバンクとの保証提携で積極展開しています。

用語解説

***信用保証協会**　1953年にできた信用保証協会法により設立された公益法人。全国の都道府県に52カ所ある。信用力の低い中小企業が銀行などから融資を受ける場合の債務を保証する。銀行にとっては焦げ付きの心配がなく、借り入れる側も低利で融資を受けられるメリットがある。借入資金は該当する銀行から受け取る。

融資に消極的な銀行は存在意義なし

銀行の貸出金推移

（単位：億円、%）

	2017年度		2018年度		2019年度	
	貸出金		貸出金		貸出金	
		増減率		増減率		増減率
都市銀行	1,878,724	−1.4%	1,990,115	5.9%	2,021,184	1.6%
地方銀行	2,003,903	4.1%	2,091,402	4.4%	2,200,339	5.2%
第二地方銀行	523,858	3.1%	521,690	−0.4%	493,551	−5.4%
信託銀行	409,710	2.3%	340,301	−16.9%	335,486	−1.4%

出所：全国銀行協会預金貸出金速報

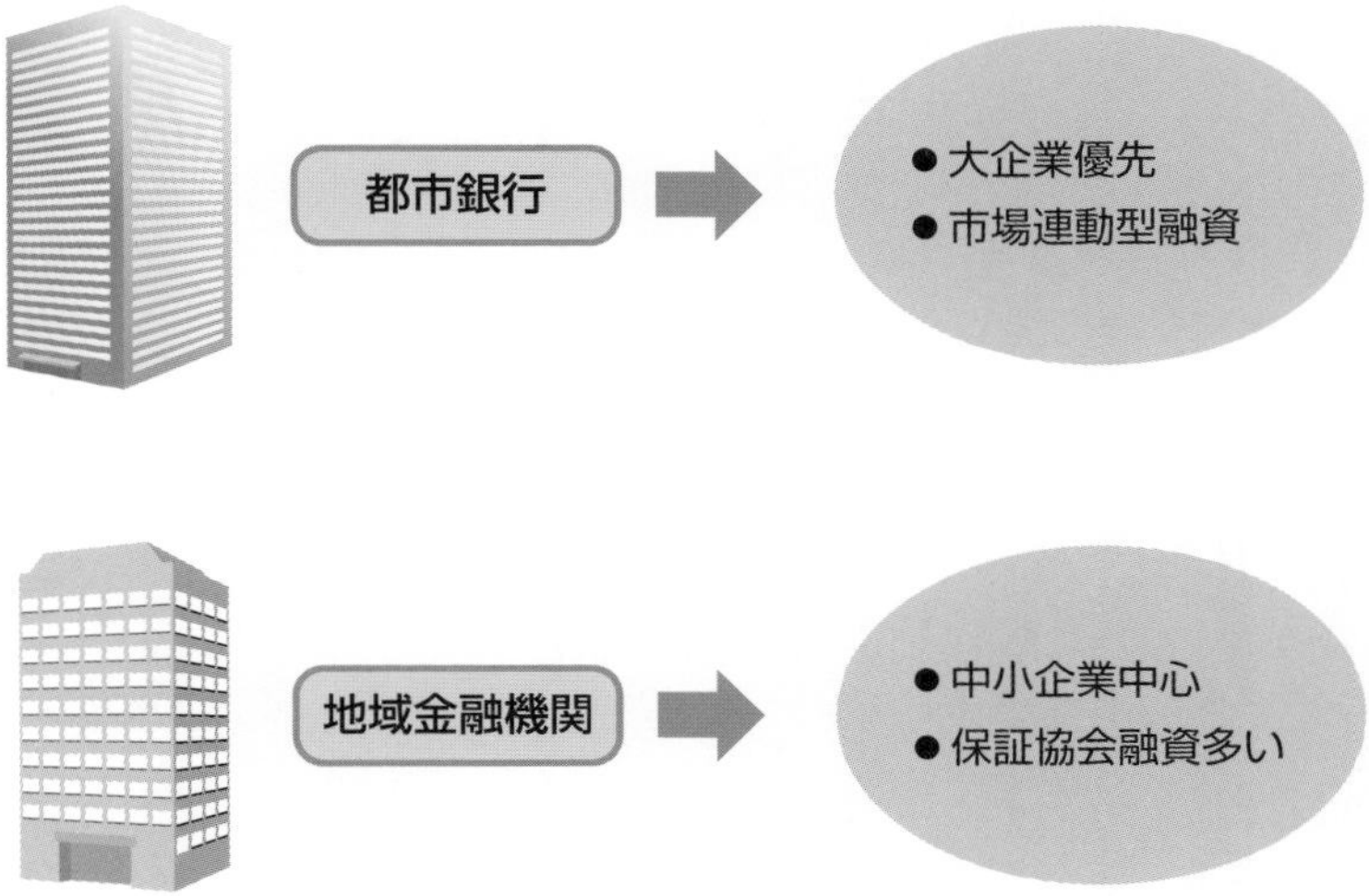

用語解説

＊TIBOR　Tokyo InterBank Offered Rateの略で、東京銀行間取引金利。「タイボ」などと呼ばれることが多く、営業日ごとに資金の融通を図る狙いがある。日本円とユーロ円の2種類があるが、日本円の場合、有力な15行が提示する金利の上位2行と下位2行の値を除いた単純平均で決まる仕組み。

6 ホールセールとリテール

銀行業務は企業取引と個人取引に分かれていますが、近年は企業融資の不振と長引く超低金利のため、個人取引に重点を置く銀行が増えています。

都市銀行、信託銀行など、大手銀行の基本的な経営戦略は大企業融資中心の法人第一主義です。都市部中心に営業活動を展開している大手銀行にとって、東京、大阪など大都市に本社を置いている大企業は極めて重要な取引先になっています。

大企業は設備投資に巨費を投じるため、銀行から多額の融資を受けます。売り上げも多いので、預金も巨額になります。何万人もの従業員を抱え、背後には多くの関連会社や取引先企業が控えています。融資や預金の大口取引先というばかりでなく、膨大な給与振込や顧客からの振込手数料を銀行にもたらしてくれます。その収益機会は個人取引とは比較になりません。だからこそ**法人取引（ホールセール）**を優先してきたのです。

都市銀行は、わが国特有の企業集団（旧財閥）の中でひときわ重きをなす中核企業に位置付けられています。三菱、三井、住友など**六大企業集団***の都銀は、それぞれグループ企業の銀行取引を独占し、揺るぎない営業基盤を維持してきました。

しかし、メガバンクが旧財閥の枠組みを超えた経営統合を成し遂げたため、他業界でも合併企業が数多く誕生しました。グループ企業は都銀をメインバンクとして取引するので、都銀同士の合併によって企業グループの異なる同業他社が必然的に合併したのです。大銀行の影響力の大きさを示しています。

リテール重視の傾向強まる

都銀は現在もホールセールに軸足を置いた営業活動を展開していることに変わりはありません。

用語解説

＊**六大企業集団**　日本経済をけん引する旧財閥系の企業グループのこと。三井、三菱、住友、富士、三和、第一勧業の旧大手都市銀行6行が集団の中核をなしている。

　しかし、証券市場で株式や社債を発行して資金を直接調達する機会が増え、企業の銀行離れはこの数十年で大きく進みました。景気は長期的に低迷しており、企業の設備投資意欲は減退傾向にあります。銀行は、これまで展開してきた「法人融資優先主義」から軌道修正せざるを得ない状況に陥っています。

　今後力を入れるべき**個人取引（リテール）**の戦略は、大きく変化しています。銀行は、資金運用の大きな柱である企業融資の不振と空前の低金利のために、預金活動には熱心ではありません。力を入れているのは、手数料ビジネスと個人向けの消費者ローンです。

　超低金利で銀行預金の魅力がなくなったことで、利用者を呼び込むには、預金の代わりとなる商品が必要になりました。投資信託や保険に加えて、外貨預金、国債などを販売して手数料を増やそうとしています。消費者ローンはノンバンクの信用保証を付けて取り扱っています。

　個人取引は法人取引に比べて事務処理が煩雑ですが、販売体制が整えば、取引量の増加が期待できます。

ホールセール優位の時代からリテール重視へ

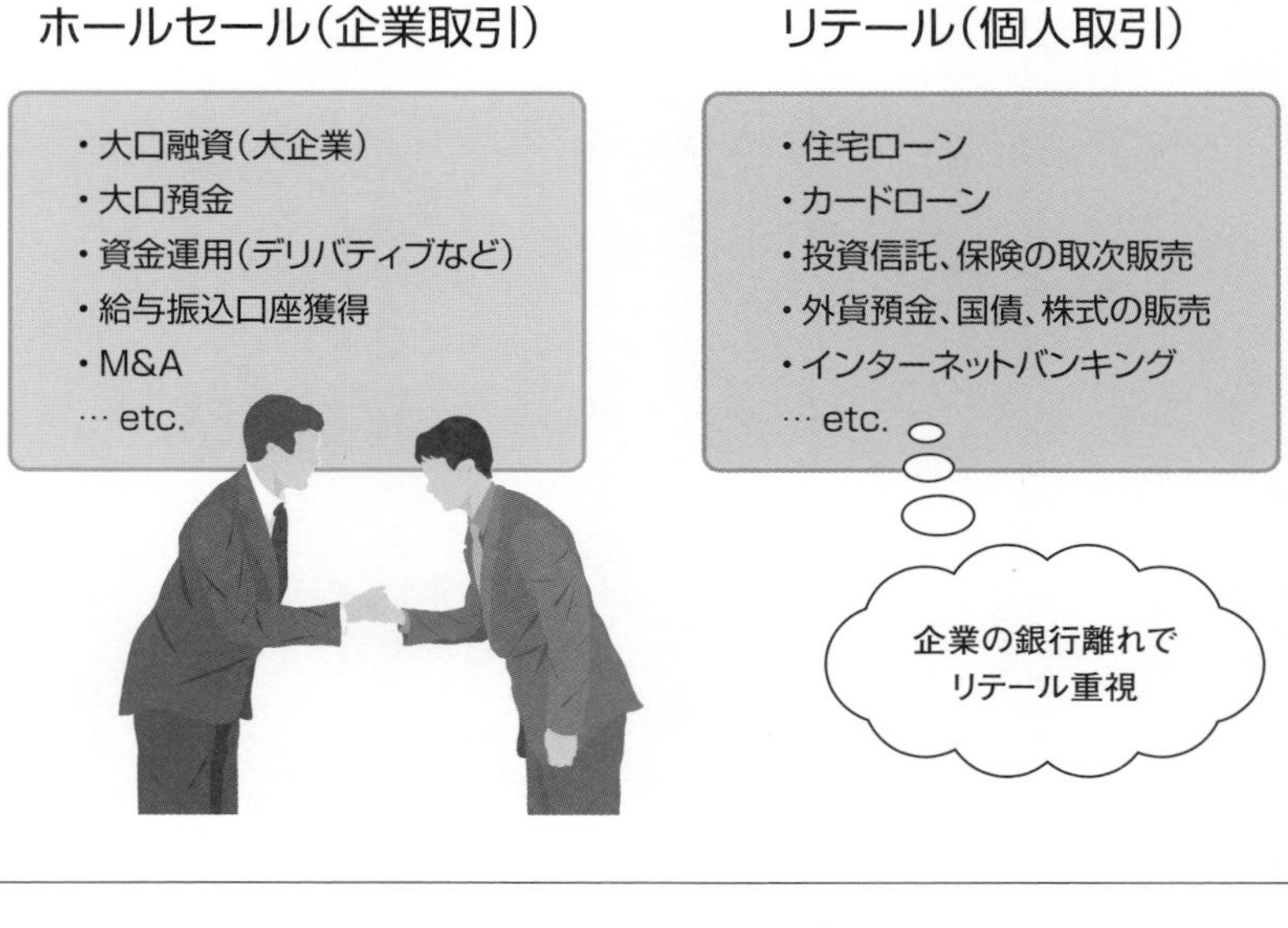

7 銀行決算の読み方

銀行の決算情報は複雑で理解しにくいものです。公共性の高い業務を担っているため、ガラス張りの健全経営を求められているからですが、わかりやすい情報開示が必要です。

銀行の決算情報は、年を追うごとに専門的になってきました。一九八〇年代以降、金融システム安定化のため健全経営を維持する指標としてディスクロージャー(情報開示)が重要視され、会計基準の国際統一化の流れとともに銀行の財務情報はより複雑になりました。わが国では、バブル崩壊後に発生した不良債権の存在が銀行の情報開示をより緻密なものにした側面があります。

バブル崩壊後、金融業界に対して「銀行には不良債権がどれくらいあるのかわからない」という素朴な疑問が向けられました。

大蔵省(当時)は一九九二年、初めて金融機関の不良債権額を公表しました。半年以上の延滞債権が大手二一行で七〜八兆円程度だという内容でしたが、海外では「日本の全銀行の不良債権額は二〇〜三〇兆円」との報道が飛び交い、その後の当局発表に大きな影響を与えました。九五年には「不良債権は全金融機関合計で三八兆円」とコメントするなど、監督官庁も迷走しました。

巨額の不良債権が明るみに出て金融業界が混乱するのを恐れた大蔵省の保身ともいえます。その半面、不良債権の定義があいまいで、数字が独り歩きするのを避けたいという行政の思惑もありました。

銀行のこうした不透明な経営情報を明確にするためには、銀行の帳簿を見ないとわからない――。そうした社会的要請が後押しして、銀行の決算は、より専門的になった側面があるのです。

決算書には多くの資料が含まれますが、通常は利益と費用が記載された**損益計算書(P/L)**を見れば、その会社が儲かっているかどうかがわかります。

広島銀行の2017年3月期決算の概況

損益状況【単体】　　　　単位：百万円

		2017年3月期	対前年比増減率
業務粗利益	1	86,360	−11.4%
（うちコア業務粗利益 1−25）	2	89,181	−4.6%
国内業務粗利益	3	80,071	
（うちコア業務粗利益）	4	78,950	
資金利益	5	63,200	−3.8%
役務取引等利益	6	15,541	−5.2%
特定取引利益	7	84	
その他業務利益	8	1,245	
（うち国債等債券関係損益）	9	1,121	
国際業務粗利益	10	6,289	
（うちコア業務粗利益）	11	10,231	
資金利益	12	8,235	
役務取引等利益	13	262	
特定取引利益	14	211	
その他業務利益	15	−2,421	
（うち国債等債券関係損益）	16	−3,942	
経費（除く臨時処理分）	17	54,714	1.9%
人件費	18	28,594	
物件費	19	22,190	
税金	20	3,929	
実質業務純益（24+23）	21	31,646	−27.7%
（コア業務純益　21−25）	22	34,467	−13.4%
一般貸倒引当金繰入額	23	−5,746	
業務純益（1−17−23）	24	37,392	2.6%
うち国債等債券関係損益	25	−2,821	
国債等債券売却益	26	8,988	
国債等債券売却損	27	11,809	
国債等債券償却	28	—	
臨時損益	29	5,839	
株式等関係損益	30	14,404	1231.2%
株式等売却益	31	15,138	
株式等売却損	32	723	
株式等償却	33	9	
（有価証券関係損益　25+30）	34	11,583	
不良債権処理額	35	8,506	
貸出金償却	36	—	
個別貸倒引当金繰入額	37	8,524	
貸出債権売却損等	38	185	
貸倒引当金戻入額	39	—	
償却債権取立益等	40	203	
（与信費用　23+35）	41	2,760	
その他臨時損益	42	−59	
経常利益（24+29）	43	43,231	−4.2%
特別損益	44	−1,235	
うち固定資産関係損益	45	−140	
固定資産処分益	46	6	
固定資産処分損	47	106	
減損損失	48	40	
本店建替損失引当金繰入額	49	−1,095	
税引前当期純利益	50	41,996	
法人税、住民税及び事業税	51	13,074	
法人税等調整額	52	−1,067	
法人税等合計	53	12,006	
当期純利益（43−53−44）	54	29,989	0.0%

融資が低迷して貸出金利息収入が減少

保険・投資信託の販売手数料が伸び悩む

システム投資により物件費が上昇した

本業の儲けを表す

株式を売って利益を出した

貸出リスクが上昇して与信費用が増加。利益を押し下げた

経常利益は「業務純益＋臨時損益」

金利収入が減り、株式などを売って稼いだが、不良債権処理費用が増加、最終利益は横ばいとなった

当期純利益は「経常利益－税金－特別損益」

業務純益＝業務粗利益－（経費＋一般貸倒引当金繰入額）
実質業務純益＝業務純益＋一般貸倒引当金繰入額
コア業務純益＝実質業務純益－国債等債券関係損益

　ところが銀行の場合、P／Lが二種類あるのです。「決算短信」のP／Lと、短信の後ろのほうに付属している「決算説明資料」（または「決算の概況」など）のP／Lです。

　決算説明資料は銀行が金融庁に提出する資料で、銀行の利益指標である「業務純益」は、こちらの資料だけに記載されています。

　新聞などで報道される銀行決算の記事も、決算説明資料をもとに伝えられる情報であることが多いようです。銀行の決算は、まず情報の所在自体がわかりにくいといえるのです。

決算説明資料を見る

　業務純益は、新聞などでは「本業の儲けを示す」と形容されることが多いです。主に融資で稼ぐ貸出金利息収入がもとになっている資金利益と、投資信託や保険の販売手数料から得る役務取引等利益から、人件費などの経費を引きます。

　業務純益は、もう二つあります。業務純益に、焦げ付きそうな融資に備えた準備金（一般貸倒引当金繰入額）を加えた**実質業務純益**、これに国債等の債権を売買して出た利益や損失を加えた**コア業務純益**です。

　前ページの表は、地銀業界第八位・広島銀行の一七年三月期決算（単体）の概況です。上から下へ順を追って眺めていくと、銀行決算の流れがわかります。

　本業の融資が不調で貸出金利息が減少したため、金利収入が減りました。株式などを売っていわゆる「益出し」をしましたが、不良債権処理費用が増加して最終利益は横ばいになりました。

　今後、銀行の本当の姿を見たいときは、決算短信ではなく、決算説明資料を見たほうがいいでしょう。

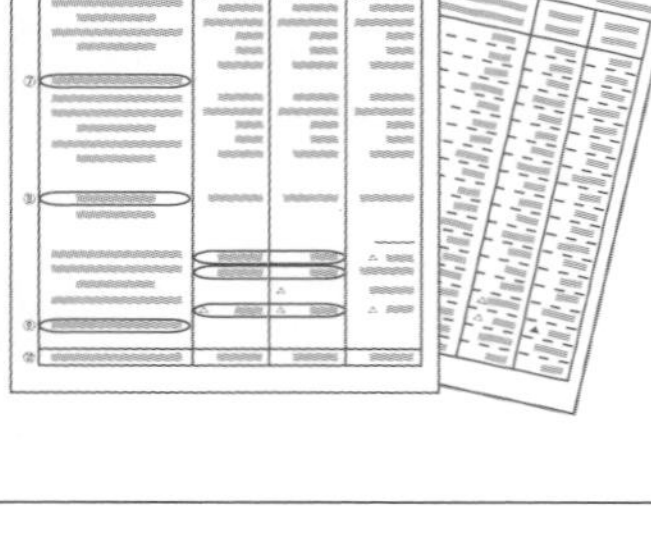

8 銀行支店の代替基地コンビニ

銀行の支店が減少し、コンビニエンスストアが取って代わっています。集客力のある小売業の店舗が金融サービスの提供基地になっています。

金融業界ではこの二〇年、店舗の閉鎖はあっても新規出店はないに等しい状況です。一定規模の企業は証券市場から資金調達するようになって銀行離れを起こし、中小零細企業は銀行がソッポを向きます。商慣習が大きく変化し、商業手形は電子債権に取って代わられつつあります。個人はインターネット銀行で用を済ます時代になりました。法人も個人も銀行に足を運ぶ必要がなくなっているのです。

金融機関がひしめく東京都内では、主要なターミナル駅にメガバンクの大型店舗が目立つ以外は、銀行の支店はめっきり少なくなっています。

「個人の顧客はコンビニで用を済ませるので、最近はテナントビルに法人融資の営業に特化した店舗を出すケースがある。少人数編成の営業所で、三年経っても成果が出なければ閉鎖する。ひっそり開店して、駄目なら音もなく閉める。昨今の銀行支店の重みのなさには隔世の感がある」（関東地区の地銀幹部）

小売りの現場で増える金融サービス

銀行店舗に人が集まらなくなっている一方、流通・小売りの世界で金融サービスが広がっています。最近はコンビニだけでなく、スーパーでもATMを設置しているところが多く、料金収納代行サービスや電子マネーなどを導入する動きも加速しています。

最近、ポイントカードと電子マネーを導入した関東地区の中堅スーパー幹部がこう話します。

「電子マネーは比較的若い世代の来店を狙ったものだったが、高齢者にも利用を勧めており、小銭を出す面倒が省けると好評だ。現金支払いで時間のかかっていたお年寄りが電子マネーを使うことで、レジの混雑緩和につながっている」

スーパーやコンビニなどの流通・小売業は、商品購入の現場であることから、決済機能のある金融と親和性が高いといわれてきました。クレジットカードの世界で流通系カードが強いのは、売り場で使われる頻度が高いからです。

一方、銀行店舗は、人口が増えたり企業が誘致されたりといった新たな需要がない限り、新規出店は困難です。例えば常磐新線（つくばエクスプレス）のような新規の交通路線でも出現しない限り、新店を出す地域は生まれません。

そうすると、新設開店を運命付けられている流通企業が、出店意欲のない銀行に代わり、個人向けの金融サービスをいままで以上に拡大することは自然な流れといえます。

国内で五万五〇〇〇店を超えるコンビニと、推定二万三〇〇〇店の金融機関店舗の格差は広がるばかりです。一九九九年にさくら銀行（現三井住友銀行）がエーエム・ピーエム（現ファミリーマート）に設置したのを契機に広まった**コンビニATM**は、二〇二〇年に開催される予定だった東京五輪での訪日外国人向けサービスの先兵役でもあります。

訪日外国人の多くは、五輪観戦だけでなく国内の観光地にも足を運ぶと見られます。このため各地で円貨の換金スポットが必要になると判断し、国はメガバンクなど主要行に多通貨を両替できるＡＴＭへの切り替え対応を要請しています。五輪対応では、店舗の立地条件で勝るコンビニ大手が一歩も二歩も先行しています。

ある研究では、人工知能など技術の進展で将来消えそうな職業のリストに銀行の窓口業務が入っています。

メガバンクでは二〇一五年から窓口に接客ロボットを導入しています。コンビニが金融機関の支店に取って代わり、銀行の支店では支店長を除けばみなロボット、という時代も遠い先の話ではないかもしれません。

ワンポイントコラム

【金融機関の店舗数】銀行の店舗数は2020年3月末現在で約1万4000。信用金庫は7237、信用組合は1614、労働金庫は614で、これらを加えると約2万3000。農漁協の7477、ゆうちょ銀行および郵便局の2万4000を足しても約5万4400で、コンビニの店舗数に及びません。

コンビニ大手２社の国内店舗数とATM台数の推移

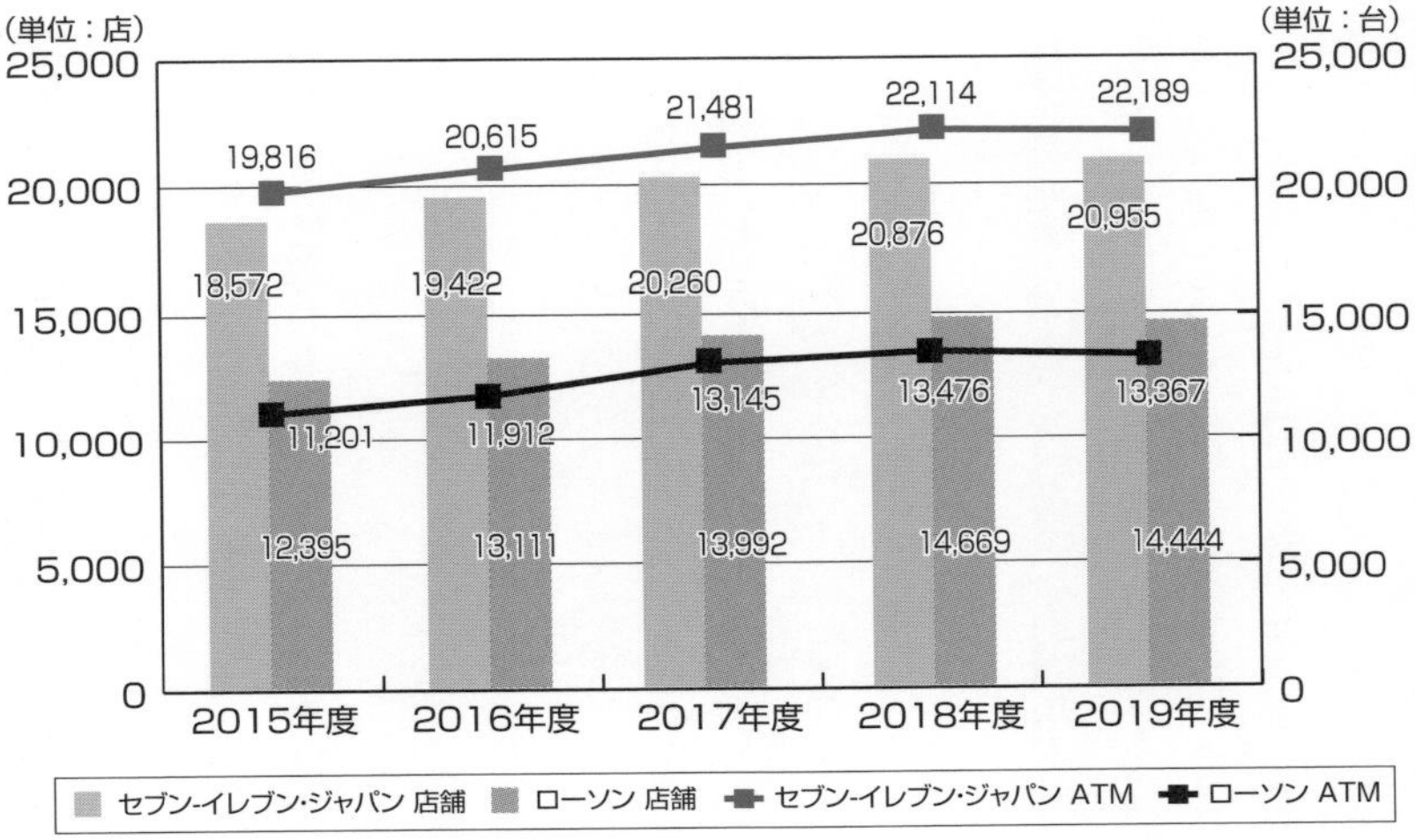

ローソンの料金収納代行業務の推移

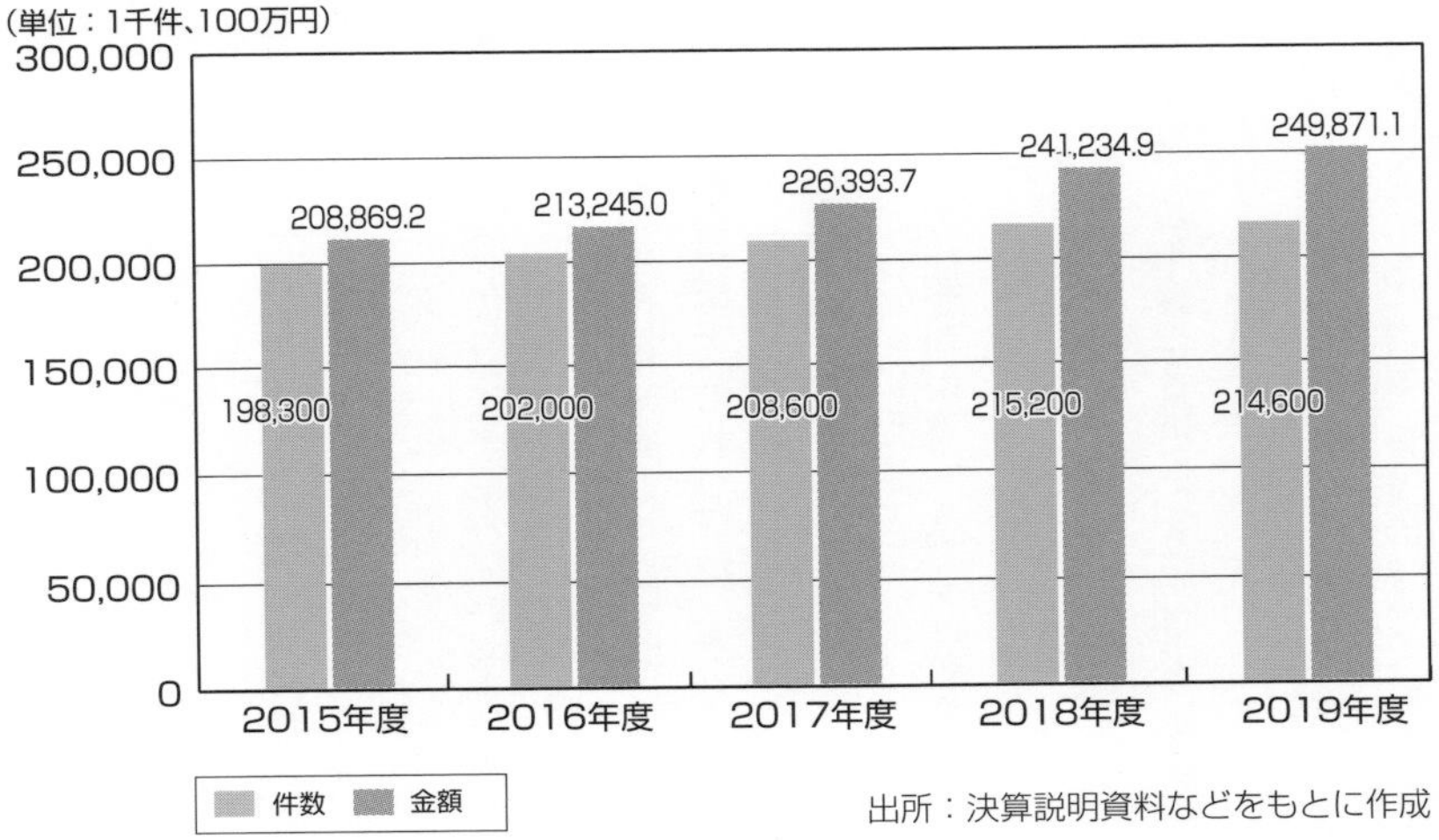

出所：決算説明資料などをもとに作成

9 終わらない再編統合

地銀・第二地銀の地域銀行は、地方経済に活気がないため業容が伸び悩んでいます。国は再編統合を推進しており、生き残りをかけた合併再編の動きが終息していません。

地方銀行、第二地方銀行は、営業地盤である地域の景気動向によって業績が大きく変化します。大企業が地方工場を海外に移転させたりリストラしたりすれば雇用率は下がり、職を求めて人口の流出が始まります。観光立県を自負していた地域では、安価な海外旅行に客を奪われて競争力をなくし、温泉街はゴーストタウンと化しました。地域銀行は地域立て直しに有効な手立てを打てなかったといわざるを得ません。

大手銀行は企業融資の不振で新規取引先を開拓するため地方進出を強めており、貸出を巡る争奪が続いています。

金利競争ではメガバンクなどの大手銀行に勝てないので、活路を見いだす狙いから隣県に進出していますが、それでも劣勢は否めず、経営効率の観点から経営統合をして規模の利益を求めるようになってきました。地域銀行の再編統合はこうした結果生まれています。

特に第二地銀は経営基盤が脆弱であり、狭域の営業エリアで強い地盤を持つ信用金庫と地銀の間に挟まれて、絶えず**地域再編の一番手***に名が挙がります。

金融庁が再編圧力

地域銀行は、地元に住む利用者にとって昔からなじみのある銀行です。合併を前提に持株会社を設立すれば顧客離れが起きかねないので、地元顧客の心理的影響を考慮し、統合を経て数年後に合併というプロセスを踏むケースが少なくありません。

金融庁は経営基盤が脆弱な地域銀行の合併を強く求めており、ことあるごとに再編・合併について言及しています。

用語解説

***地域再編の一番手**　20年前と比較(2021年5月現在)すると、地銀は62行と2行減、第二地銀は経営破たんや合併などで68行から38行へと約45%も減少している。「金融当局は県内合併のほか、隣県の地銀・第二地銀との再編統合を促進してオーバーバンキング状況を改善したいと考えている」(某金融記者)との指摘がある。

経営統合・合併で存続を賭ける

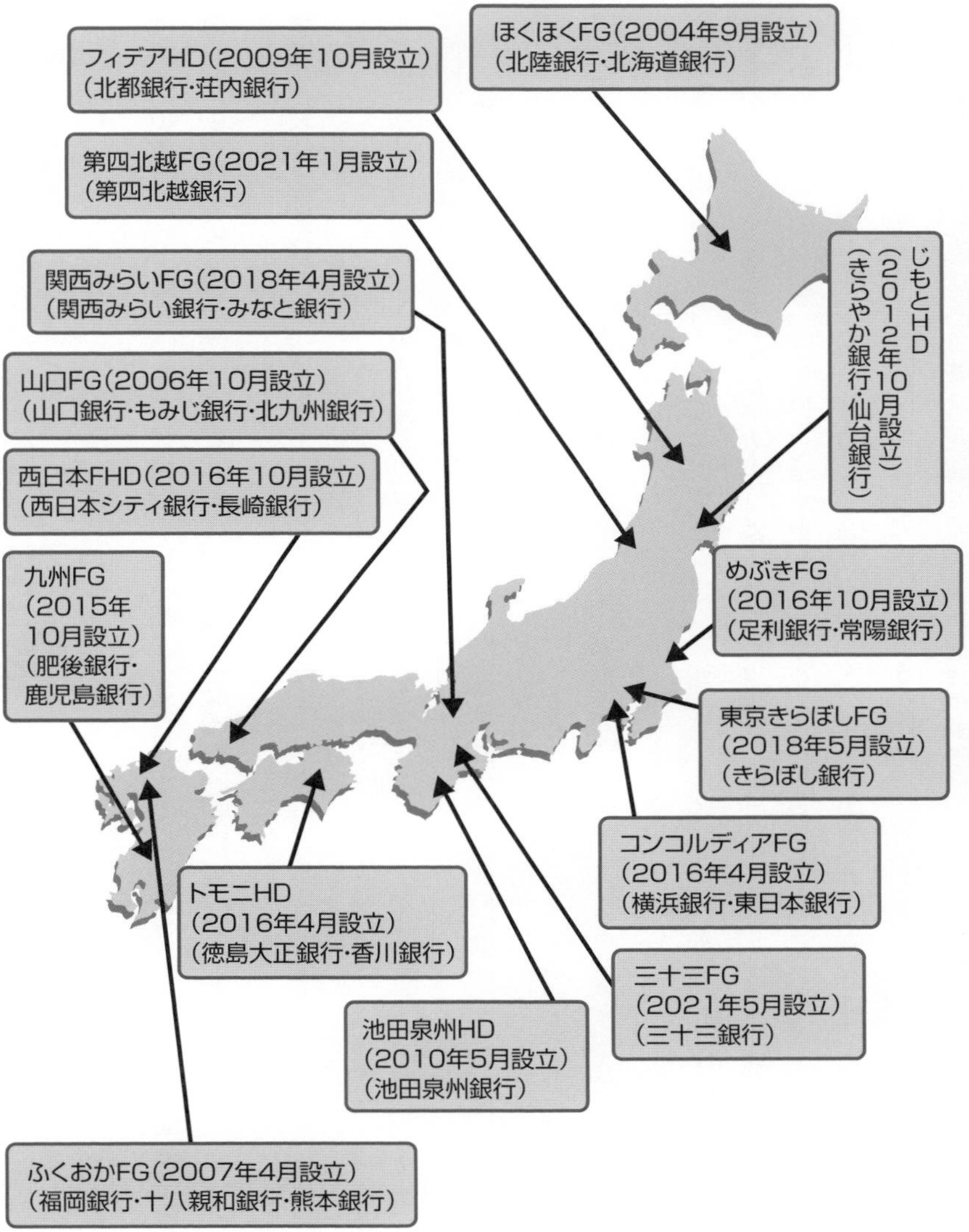

注：FG はフィナンシャルグループ、HD はホールディングス、FHD はフィナンシャルホールディングスの略

10

銀行の障がい者対策

公共性の高い銀行には、障がい者が利用しやすい環境の整備が求められます。これまで車椅子の対応など身体障がい者からの要望に応えてきましたが、一層の配慮が必要になっています。

金融機関は、社会生活を営むうえで不可欠の公共インフラです。しかし、銀行に来店し身体障害者手帳と印鑑を提示して口座開設申込書の代筆を頼んだところ、銀行の規則で自筆が原則だと断わられて泣く泣く断念した、などといった障がい者からの苦情が関係省庁や自治体に寄せられていました。

キャッシュカードの盗難や振り込め詐欺、麻薬取引におけるマネーロンダリング(マネロン、資金洗浄)などで、金融機関の本人確認が一層厳しくなっていることが、身障者に対する配慮のネックになっているとの指摘もあります。

障がい者が求めているのは、第一に来店しやすくすること。例えば視覚を失った人は、歩道から支店の入口まで誘導用の点字ブロックを設置しなければ、たどり着けません。支店内にも窓口やATMコーナーに誘導する点字ブロックを設けるべきです。また、銀行の内部規程を見直して障がい者への本人確認手続きを定め、行員または付添人による代筆を認めることが望まれます。

望まれるATM対応の強化

いまやほとんどの用事が済むATM(現金自動預け払い機)を改良することも重要です。ATMは画面を見てキー操作しますが、例えばその脇に点字を付けたり、音声ガイダンスを付けたりすることは技術的にも可能。弱視者向けにはタッチパネル式の画面や文字を大きくしたりすることで、使い勝手は改善できます。

銀行は**CSR**(企業の社会的責任)活動に力を入れているだけに、障がい者へのサービス向上を怠ることはできません。

ワンポイントコラム

【銀行の障がい者対策】車椅子用のスロープの設置や支店入口のバリアフリー化など、最大限取り組んできましたが、支店の立地条件が壁になって、必ずしも十分とはいえません。しかし、消費者保護に重きを置く金融庁は障がい者の金融取引における利便性向上を推進するよう求めています。

金融機関の障がい者対策

店舗設備（設置率）

業態	点字ブロック	音声誘導システム	スロープ	車椅子使用者用のローカウンター
主要行（10）	25.9%	0.1%	20.6%	11.1%
都市銀行（5）	40.9%	0.1%	32.9%	17.5%
信託銀行（5）	64.7%	0.0%	72.1%	33.1%
地方銀行（65）	21.2%	1.1%	57.3%	24.8%
第二地方銀行（38）	22.0%	1.5%	59.4%	30.0%
信用金庫（255）	25.7%	1.4%	66.5%	46.4%
信用組合（45）	19.4%	0.5%	57.4%	37.6%
労働金庫（13）	33.5%	2.9%	66.2%	37.2%
農漁協（846）	15.9%	0.9%	68.6%	51.4%
平均	29.9%	0.9%	55.7%	32.1%

ATM機能の充実状況

業態	文字拡大機能付ATM	画面のコントラスト調整機能付ATM	振込機能付視覚障がい者対応ATM
主要行	13.0%	0.0%	0.0%
都市銀行	20.9%	0.0%	0.0%
信託銀行	0.0%	0.0%	0.0%
地方銀行	29.8%	0.9%	1.6%
第二地方銀行	21.5%	0.0%	2.3%
信用金庫	62.9%	6.7%	4.9%
信用組合	51.0%	13.1%	6.8%
労働金庫	0.0%	0.0%	0.0%
農漁協	48.0%	16.4%	8.0%
平均	27.5%	4.1%	2.6%

インターネットバンキング

業態	音声案内対応	視覚以外で認知可能なパスワード等の提供
主要行	50.0%	40.0%
都市銀行	100.0%	80.0%
信託銀行	50.0%	50.0%
インターネット専業銀行（8）	12.5%	25.0%
地方銀行	13.8%	10.8%
第二地方銀行	10.5%	5.3%
信用金庫	0.8%	0.0%
信用組合	0.0%	1.2%
労働金庫	0.0%	100.0%
農漁協	86.2%	86.2%
平均	32.4%	39.9%

出所：「障がい者等に配慮した取組みに関するアンケート調査の結果について」（金融庁・2020年11月6日発表）をもとに作成

注：「都市銀行」は、みずほ銀行、三井住友銀行、三菱UFJ銀行、りそな銀行、ゆうちょ銀行の5行。あおぞら銀行、新生銀行、セブン銀行、シティバンク銀行、イオン銀行の5行を加えて「主要行」と呼ぶ。埼玉りそな銀行は地方銀行に分類

11 銀行で認知症サポーター増える

銀行ではCSR（企業の社会的責任）活動の一環で、高齢化社会を反映して認知症の人々を支援する取り組みが増えています。

銀行で認知症サポーターが増えている背景の一つには、企業のCSR活動としての社会貢献活動が利用者の銀行に対する評価基準の一つとして注目されていることがあります。振り込め詐欺防止策の意味合いもありますが、年金などの資産を持つ高齢者を支店に呼び込むというしたたかな一面もある、との指摘があります。

認知症サポーターとは、その症状のために日常社会から孤立しがちな**認知症**の人々を応援するため、所定の養成講座を受講し認定された人たちを指します。認知症の人やその家族を温かく見守る応援者として、地域社会で活動するボランティアです。

厚生労働省は二〇〇五年に、高齢化社会対策の一つとして「認知症サポーター一〇〇万人キャラバン」をスタートさせ、全国のNPO法人や自治体が同キャンペーンに共鳴しました。その結果、二〇年九月末時点では一二七七万人に達しています。一時間半程度の養成講座や「**メイト**」と呼ばれるサポーターの指導を受ければサポーターの認定を受けることができます。さらに、各自治体や企業がフォローアップ研修を独自に開いて、サポーターの技術向上に取り組んでいます。

メイン口座獲得との一石二鳥

企業の中で最も熱心な業種の一つが金融機関。各行合計のサポーター数（メイト含む）は、厚労省の集計（二〇年九月末時点）で二三万三〇〇〇人と、業種別では断トツ。熱心な取り組みで知られる三菱UFJ信託銀行や、大垣共立銀行には多くのサポーターがいます。社会貢献が銀行の評判を左右する時代では、顧客満足向上運動は重要な経営課題です。

銀行にとって認知症サポーターを養成する意義は、振り込め詐欺防止対策の観点からも重要です。

ある地方銀行の支店長は、「支店に足を運ぶ高齢の方は地域の人がほとんどで、銀行でも顔見知りの人が多い。近しい関係だから、振り込め詐欺ではないかと疑って振込の際などに『大丈夫ですか?』などと声をかけるのは失礼にあたる。しかし、認知症サポーターの資格を持った職員が応対すれば接客もスムーズにいく。水際でトラブルを防ぐことができる」と話します。

採用を手控えている銀行に、サポーターを独自に雇用する余裕はありません。しかし、主に高齢者である認知症の人々の多くは年金受給者。国から受け取る年金は二カ月に一回、受給者にまとめて振り込まれます。多い人だと一〇〇万円を超える人もいて、銀行にとっては大事な顧客。昔から年金獲得専門の行員も置いており、ライバル銀行との間で年金受給口座の争奪戦を繰り広げてきました。社会貢献の名のもとに有資格者を増やしている認知症サポーターですが、メイン口座獲得との一石二鳥が銀行の本音のようです。

社会貢献と口座獲得で一石二鳥

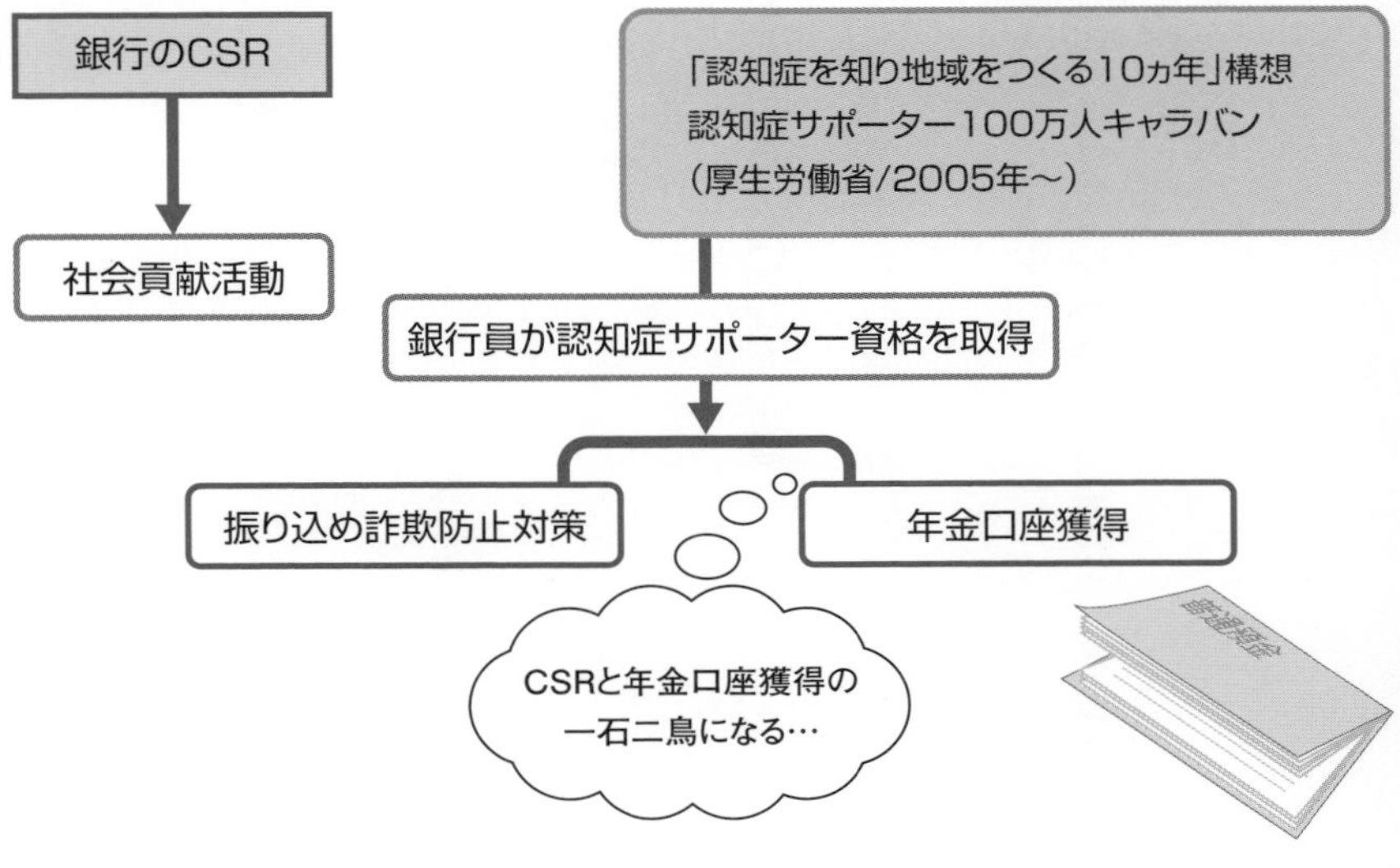

12 「コンプライアンス」の鐘が鳴る

銀行は公共性の極めて高い企業であり、事業を営むうえでの法律や規則などの法令を守るだけでなく、社会規範や企業倫理を守ることも強く求められています。

近年、銀行業界は**法令順守（コンプライアンス）**に対して特段の配慮をするようになりました。その背景はいくつかあります。

定期預金に代表される元本保証の金融商品だけを扱っていた時代から、外貨預金や**デリバティブ***商品、株式や投資信託など、元本割れの恐れがあるリスク商品を販売する時代に変わったことで、銀行は預金者に対する十分な説明義務を課せられ、預金者保護を強く要請されています。

二〇〇六年に施行された**金融商品取引法**で、投資性の高い商品に対する説明義務が定められました。このため各行は「金融商品に対する勧誘方針」をＷｅｂサイトなどに表示するようになりました。

また二〇〇五年にできた会社法で、大企業においては実効性の高いコンプライアンス組織体制（**内部統制システム**ともいう）の構築が義務付けられているため、大手銀行ではコンプライアンス体制の整備が必要不可欠になっています。

個人情報保護法が拍車

こうした法令順守の動きが顕著になったのは、企業の法令違反が相次いだためです。二〇〇一年に起きた雪印食品の牛肉偽装事件や、二〇〇四年に発覚した西武鉄道の有価証券報告書の虚偽記載問題など、大企業の不祥事が続きました。

これらの企業は廃業または解体、上場廃止となり、法令違反は企業存続の危機をもたらす重大事だとの認識が広がり、法制化されました。

用語解説

***デリバティブ**　債券や外国為替、株式などの変動相場で生じるリスクを回避するために開発された金融商品のこと。金融派生商品と訳される。

金融業界では一九九八年以降、大手銀行が公的資金の導入を受けて経営健全化計画を履行してきました。しかしその過程で、当局から求められていた計画の達成率が遅れたり、中小企業融資に消極的だと判断されて業務改善命令を受けたりしました。こうしたケースも法令違反となります。

コンプライアンス重視の経営スタンスには、二〇〇五年にスタートした**個人情報保護法**も大きな影響を与えています。銀行は膨大な個人情報を保有していますが、こうした情報が外部に流出する事件が相次ぎ、そのたびに再発防止策を強化していきました。システムトラブルや融資先へのデリバティブ販売強要で独占禁止法違反に問われた大手銀行があったほか、行員による横領・着服などもあり、残念ながら銀行の不祥事はいまもなくなりません。金融庁でも金融機関に対する監視・監督の目が最近シビアになっています。

大事なのは、処分発覚による信用失墜を恐れて法令順守体制を構築するのではなく、「公共性」という自らの特性と社会的な存在意義を銀行が忘れずに、適正な業務を実行することに尽きます。

コンプライアンスは当然の行動規範

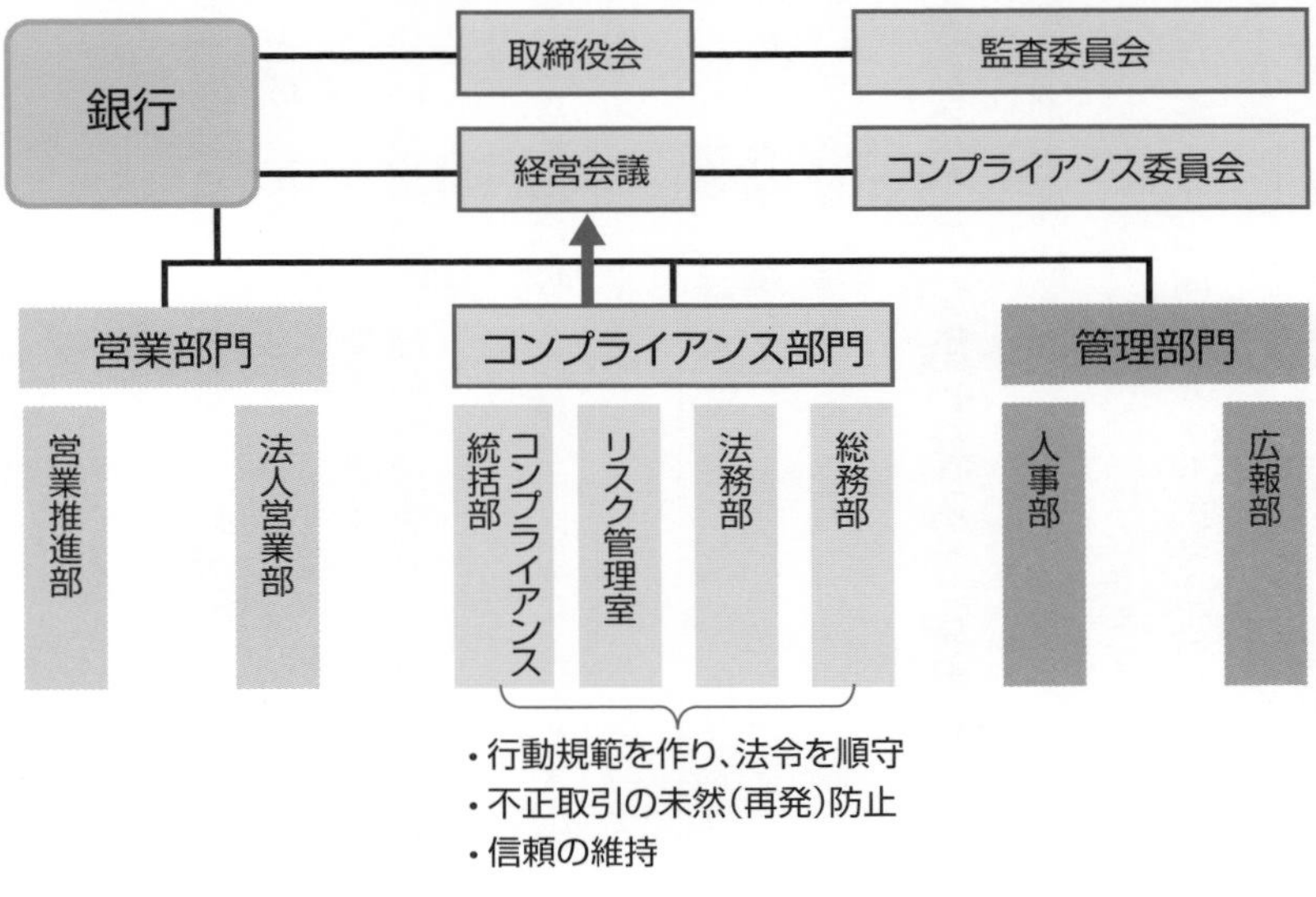

ワンポイントコラム

【牛肉偽装事件】2001年からBSE(狂牛病)対策事業の一環として国が実施した国産牛肉買い取り事業を悪用し、複数の食肉卸業者が輸入牛肉を国産と偽って補助金をだまし取った事件のこと。雪印食品はこの事件で2002年に廃業に追い込まれました。以後、「食の安全」(トレサビリティ)が叫ばれるようになりました。

13 反社排除でデータベース活用

銀行業界は反社会的勢力排除を強化する狙いで、警察庁と情報共有をしています。新規融資を受ける個人が暴力団関係者であるかどうか確認できるホットラインとなります。

二〇一七年に稼働を開始した「反社会的勢力データベース照会システム」は、預金保険機構を経由して警察庁の反社データベース（DB）を専用回線でつないだもので、住宅ローンなど新規融資を申し込んだ人が暴力団関係者であるかどうか確認する際に活用されます。

照会対象となるのは、新規の個人向け融資に限られ、預金口座開設や法人融資は対象外です。

「法人融資は反社かどうかの判定が難しいので、通常審査で対応するしかない。個人預金口座開設は、本人確認で身元が判明するので、照会の必要性はあまりない。預金であれ融資であれ、いまは約定書に反社排除条項を盛り込んでいるので、DB照会が個人の新規融資に限定されるのは妥当な判断だ」（関東地区地銀関係者）

反社排除条項は、取引継続中でも反社と確認された時点で取引を解約できるという強い効力を持っています。また金融機関は毎月、管轄の財務局に「疑わしき取引」に関する報告書を提出する義務を課せられています。例えば預金口座の開設で来店した顧客で、自宅の住所と支店の所在地が離れている場合、勤務先を聞いてもあいまいな人は報告対象になります。

産業界全体での取り組みが重要

銀行は、都市部で飲食店などが多い地域に新規出店する場合、最寄りの警察署に挨拶に行きます。「生活安全課の担当者に新規開拓のリストを見せると、『ここはダメ、ここもマル暴』とチェックしてくれる。銀行では、例えば日銭が千円単位で数多く入金されてくる個人口座など不審な取引にフラグが立つ市販の不正取引防止ソフトも使っているが、個人事業主や小規模法人の融資では管轄の警察署で生の情報をもらうのが最も価値がある」（関東地区地銀幹部）と話しています。

金融界がこれまで警察庁の反社ＤＢとの接続に消極的だったのは、たとえ反社会的勢力の関係者でも、人権を盾に取られると支店の現場で一律に取引を拒絶するのは難しいのではないか、との懸念があったからです。銀行支店の現場では、反社関係者の家族の口座も拒絶されるケースがあり、子息の授業料振込ができないために苦情が持ち込まれることもあります。

「反社排除の姿勢は間違っていないが、銀行としてはトラブルにならなければ多少は目をつぶる。反社を一律に排除しないで、グレードを設けて対応すればいいのではないか」（同）

反社排除は銀行業界だけで解決できる問題ではなく、産業界全体が反社排除に真剣に取り組まなくては意味がありません。

反社排除推進で情報共有

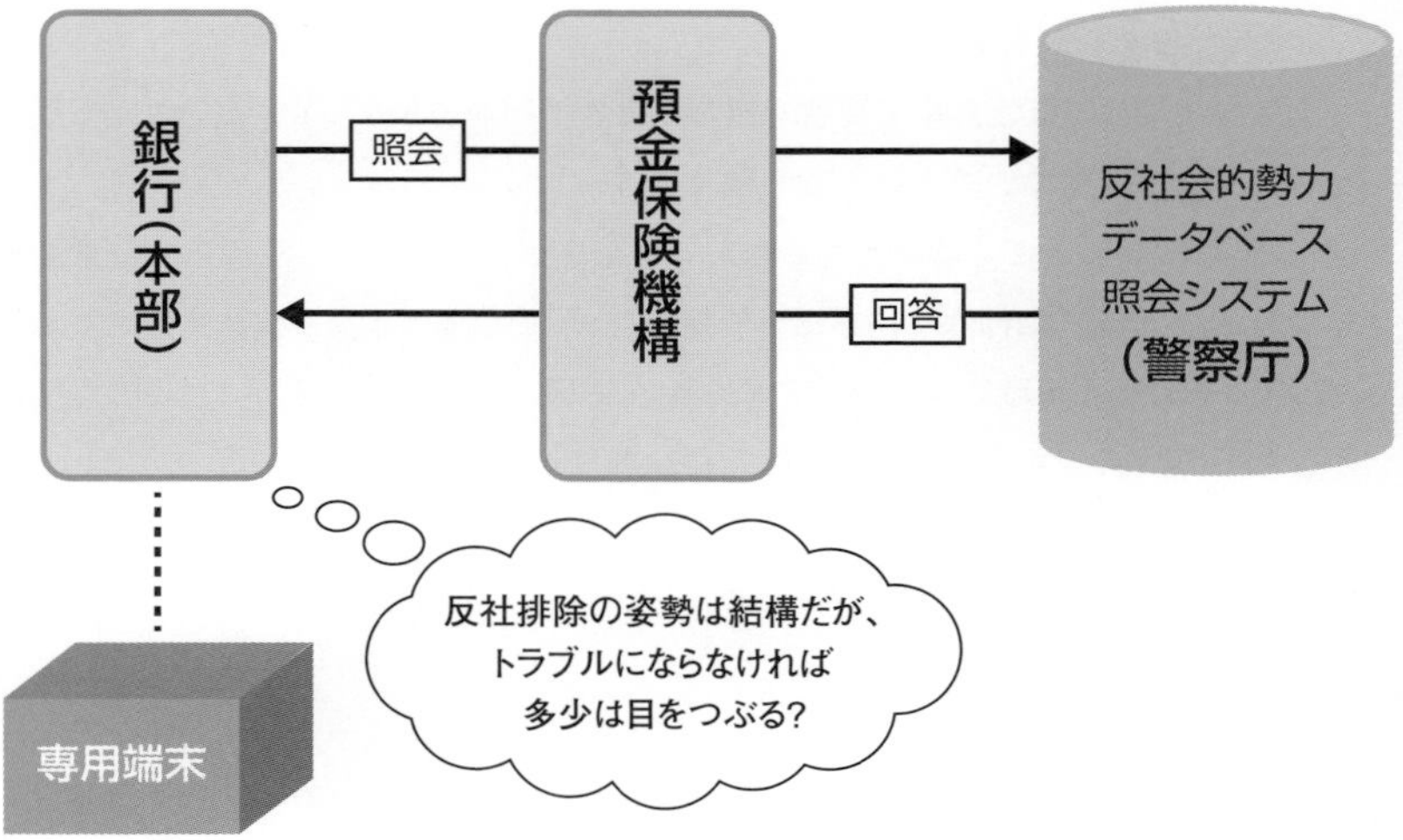

column

銀行と反社会的勢力

銀行業界は、反社会的勢力排除に昔から頭を痛めていますが、金融機関には守秘義務があるので、銀行間で顧客情報を交換することはできません。反社情報は個々の銀行が蓄積していますが、当然、門外不出。では、銀行業界が保有する反社情報はどんなものかといえば、全国銀行協会が新聞報道で公表された反社情報を収集し会員各行に還元しているだけという情けないレベルの代物だ、との指摘もあります。

反社情報の系統的収集にいち早く着手したのは、証券業界でした。

2009年に株券の電子化が始まりました。現物の株券を手に脅迫するようなことができなくなり、反社勢力が株券電子化によって身動きが取れなりました。しかし、これまで以上に企業に不当な要求を突き付けるようになることを懸念して、情報収集能力を高める必要があると判断し、不当要求情報管理機関を設立したのです。この機関を利用すれば、全国各地にある暴力追放運動推進センターが持つ情報を入手できるというメリットがあります。銀行も遅ればせながら、証券業界並みの対応を取ろうとしています。

しかし、こんな話もあります。

金融庁が業界に反社対応で要望を出したとの情報がありました。足を洗って堅気になった元ヤクザについてというから驚きです。

「彼らは就職などできないから、個人で事業を始める。そこで銀行に開業資金を借りに来るが、当然、銀行は前科を嫌って貸さない。そうすると彼らはまたヤクザに戻っていく。そのへんを勘案して融資に取り組んでほしいと言われたが、当局の意図がわからなくて戸惑っている」(関東地区地銀幹部)

第3章

銀行業界で必要な法律知識

新たな資金決済の担い手が登場するなど、金融の世界ではプレーヤーの参入が相次いでいます。それに合わせて、縦割りの規制をなくして「横串」の法律ともいうべき「金融サービス提供法」ができました。資金決済法とともに、今後の金融動向に大きな影響を与えそうです。

1 金融環境の変化に即応

銀行法

銀行業は極めて公共性の高い業種で、原則として国の認可を受けた者だけが営むことができます。銀行法も時代の変化に対応し、業務革新の動きがあればそのつど改正されています。

銀行法は、こんな文章で始まります。

「銀行の業務の公共性にかんがみ、信用を維持し、預金者等の保護を確保するとともに金融の円滑を図るため、銀行の業務の健全かつ適切な運営を期し、もって国民経済の健全な発展に資することを目的とする」(第一条「目的」)

銀行法は一九二七(昭和二)年に制定され、現在に至るまで幾度も改正されています。金融の自由化や不良債権処理、金融持株会社など、法制定から九〇年以上もの間、金融の世界潮流が刻々と変化するのに対応してきました。特に二度にわたる金融制度改革(一九九三・九八年、九八年は**日本版金融ビッグバン**といわれた)により、銀行法とその関連法規は規制緩和に大きく舵《かじ》を切ったものになりました。

しかし、変わらないのは、銀行業参入のハードルの高さでしょう。

銀行法は金融業界の「バイブル」

銀行が持つ高度な公共性のため、新たに銀行を開業するには内閣総理大臣の認可が必要であり、財産的基礎(資本金二〇億円以上)や業務を担う職員の資質も厳格に審査されます。膨大な開業目論見書を提出して予備審査を受けたのち、本認可のために免許申請をしなければなりません。その間、一年程度の準備期間は優にかかります。以前、IT関連企業が銀行と提携してインターネット銀行を設立する構想を断念したのも、参入障壁の高さに嫌気したからだといわれています。

銀行法は、金融業界の「バイブル」であり「コーラン」。

ワンポイントコラム

【高度な公共性】かつての大蔵省から現在の金融庁まで、金融当局は「許認可行政の省庁」です。このため銀行は銀行免許の維持に最大限の努力を惜しみません。当局は、銀行が提供する金融サービスは国民のライフラインであるとの認識から、厳しい監視が必要だと考えているのです。

業務を営むための全般的な規定が網羅されており、違反すれば**業務改善命令**＊が出されて行政処分を受けます。特に九〇年代中盤の銀行破たんとその後の不良債権処理以降は、経営の健全性が銀行経営上で大きなウエートを占めるようになり、経営の健全性を巡る行政処分件数は年々増しています。

旧大蔵省時代から金融当局の権限は絶大で、その論拠はこの銀行法にあるといっても過言ではありません。「あらゆる業界の業者法の中で、役員の解任権を明記しているのは銀行法だけだ」（大手銀行幹部）といわれるように、公共性の高い業種である銀行は、違法行為をすれば厳しい処分が待ち構えています。定期的に当局の立ち入り検査を受けていますが、以前は抜き打ち検査でしたので、役員や担当者は戦々恐々としていました。

かつて**MOF担**（大蔵省担当者）といわれた大手銀行の企画エリートたちは、九章六六条に上るこの銀行法を熟知するよう、徹底的に叩き込まれていました。いまでも銀行にとって、銀行法は犯すべからざる業界の憲法なのです。

金融業界のバイブル「銀行法」

第1章	総則	第1条―第9条
第2章	業務 （2）子会社等	第10条―第16条
第3章	経理	第17条―第23条
第4章	監督	第24条―第29条
第5章	合併、会社分割又は事業の譲渡若しくは譲受け	第30条―第36条
第6章	廃業及び解散	第37条―第46条
第7章	外国銀行支店 （3）株主 ②銀行主要株主に係る特例 ③銀行持株会社に係る特例 （4）銀行代理業 ⑤所属銀行等	第47条―第52条
第8章	雑則	第53条―第60条
第9章	罰則	第61条―第66条
附則		

用語解説

＊**業務改善命令**　違法行為やシステムトラブル、財務内容の悪化を引き起こした金融機関に対して、金融庁が下す行政処分のこと。

2

信託業法

財管業務を大幅緩和

信託銀行は大手銀行の一角を占める有力な業態ですが、店舗が少ないうえに「信託」の意味が一般に理解されにくいため、なじみがない人も少なくありません。

信託銀行は、銀行業務と信託業務を営む金融機関で、信託業務は顧客の財産を管理・運用する仕事です。近年の金融業界で最も重要な金融サービスの一つである**債権流動化**＊において、信託の果たす役割が大きくなっています。

信託はもともと「信託会社」と呼ばれ、第一次世界大戦（一九一四年）後に迎えた好景気の時代に数多く設立されました。しかし当時は信託の法整備が遅れており、信託に関する概念や業務内容も規定されていませんでした。

そこで信託の概念を明確にし、信託制度の健全な発展を図ることを目的として、一九二二年に信託法と信託業法が制定され、翌年に施行されました。信託法、信託業法の制定によりわが国の信託制度が確立され、信託業界の発展が本格化していきます。

業務範囲と担い手の拡大

信託業法は二〇〇四年、八〇年ぶりに改正されました。改正の要点は、①受託可能財産の範囲の拡大、②信託業者の担い手拡大――の二点です。

これまでの信託業法は、顧客から預かって管理・運用する財産管理業務の範囲を規定していましたが、これを大幅に緩和しました。特に知的財産権（知財）を含めたのは、著作権など知財に対する権利保護意識の高まりに呼応した現実的な対応といえます。

担い手の拡大は、債権流動化など信託の果たす役割が多様化する一方、信託の普及がまだまだ進んでいない現状を示すものだといえます。

用語解説

＊**債権流動化**　ローン債権など、銀行などが保有する債権を証券化すること。当初は自己資本比率向上のための資産減らし策だったが、不動産を証券化して不良債権処理を促進するなど一定の役割を果たしている。

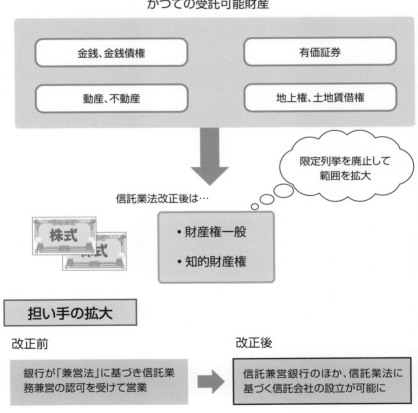

業務範囲と担い手の拡大

信託法、信託業法の推移	
1923（大正12）年	信託法、信託業法が施行。
1943（昭和18）年	「兼営法」により、信託会社の統合が加速し、戦後に専業信託会社は7社となる。
1948（昭和23）年	銀行に転換し、兼営法による信託銀行となる。
1993（平成5）年	金融制度改革法施行で、銀行、証券、信託の相互参入始まる。
2004（平成16）年	信託業法改正。

業務範囲の拡大

かつての受託可能財産

- 金銭、金銭債権
- 有価証券
- 動産、不動産
- 地上権、土地賃借権

限定列挙を廃止して範囲を拡大

信託業法改正後は…

- 財産権一般
- 知的財産権

担い手の拡大

改正前

銀行が「兼営法」に基づき信託業務兼営の認可を受けて営業

改正後

信託兼営銀行のほか、信託業法に基づく信託会社の設立が可能に

3

金融商品取引法

金融市場の健全化と投資家保護

株式市場をより健全で開かれたものにするための、市場関係者に対する法律です。しかし、法令を順守せずに違反を犯す大手企業があとを絶ちません。

二〇〇六年九月に施行された**金融商品取引法**は、それまでの「証券取引法」を改正し、金融先物取引法など投資商品に関する多くの法律を統合したものです。

金融商品取引法では、「証券」という名称は原則として「金融商品」に置き換えられました。銀行法や信託業法、保険業法などの業者法も、金商法で定めた販売・勧誘規制を盛り込む形で同時に一部改正されました。

金商法施行の主なポイントは、①投資リスクのある金融商品を幅広く対象とした横断的な制度の整備、②公開買付(TOB)に関する開示制度や株式の大量保有報告制度の整備に対する規制、③四半期報告制度の導入、④財務報告に関する内部統制の強化、⑤開示書類の虚偽記載およびインサイダー取引の罰則強化——です。

証券市場は信頼できるのか?

金商法は様々な市場取引のルールを集大成した証券取引法に代わるものですから、未完成の部分が多く残っています。〇九年にはサブプライムローン問題で、安易な格付けをした格付け会社の規制や有価証券の売り出し行為規制が盛り込まれました。

金商法は証取法を踏襲し、市場のプレーヤーに対する業務規制と罰則を盛り込んだ証券市場の刑法です。しかし、証券市場に対する信頼を著しく損なう違反事件があとを絶ちません。

典型的な事例は、有価証券報告書虚偽記載です。二〇〇四年、西武鉄道(東証一部)は筆頭株主で創業家の堤一族が支配するコクド(非上場)の西武鉄道持ち株比率を四

○％台と虚偽記載し、東京証券取引所の少数株主基準に抵触しないよう名義を偽装。結果的に西武鉄道は上場廃止に追い込まれ、西武グループは再編されることになりました。○六年には、新興のIT企業・ライブドア社が売上高を不正計上して元社長らの有罪が確定。一一年には一〇〇〇億円超の含み損を隠ぺいするため海外ファンドに「飛ばし」をした容疑で経営陣らの有罪が確定。いずれも金商法（証取法）違反として大きく報道されました。

　最近では、二〇一八年一一月に起きた日産自動車のカルロス・ゴーン会長に対する嫌疑も金商法違反です。同氏は役員報酬を過少申告して有価証券報告書に虚偽記載をしたとの容疑がかけられており、起訴・保釈中の国外逃亡という異様な事態に発展しています。

　投資家は、上場企業が定期的に公開する経営情報を参考に投資判断をします。金商法が開示を義務付けている有価証券報告書や四半期報告書でウソの報告が開示されれば、投資家は取り返しのつかない損失を被り、証券市場はその存在意義を失います。こうした違反事例がなくならない限り、市場に対する投資家の信頼が高まることはありません。

繰り返される金商法の「改正」

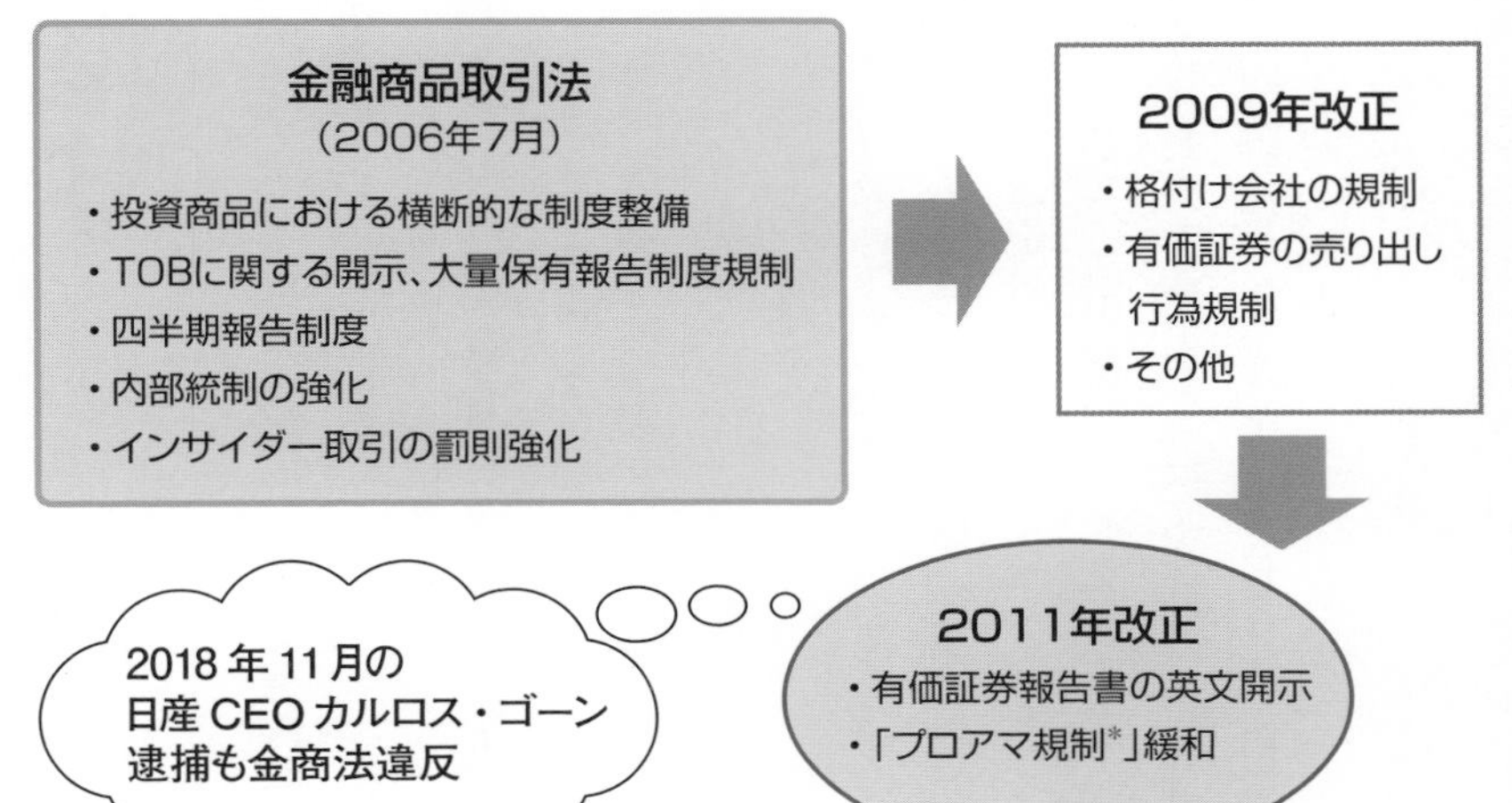

金融商品取引法
（2006年7月）
・投資商品における横断的な制度整備
・TOBに関する開示、大量保有報告制度規制
・四半期報告制度
・内部統制の強化
・インサイダー取引の罰則強化
2009年改正
・格付け会社の規制
・有価証券の売り出し行為規制
・その他
2011年改正
・有価証券報告書の英文開示
・「プロアマ規制*」緩和
2018年11月の
日産CEOカルロス・ゴーン
逮捕も金商法違反

用語解説

＊**プロアマ規制**　市場取引の経験が長い銀行や商社、自治体は投資家の「プロ」と見なし、投資運用会社とプロ投資家の取引機会が増えるよう、運用会社の最低資本金を引き下げるなど規制を緩和した。

4

保険業法

ドル箱事業で重要性増す

保険業法は、保険業に携わる者が順守しなければならない業者法です。取次（窓口）販売で保険を取り扱っている銀行は仲介業者として適用対象となり、近年はその重要性が増しています。

銀行と保険会社はこれまで金融業界で棲《す》み分けていましたが、二〇〇一年に銀行の窓口で一部商品を販売することが認められ、〇七年に全面解禁されました。

近年はプライバシー保護の機運が高まり、個人情報保護法も強化されたことで生命保険の外務員販売が下火になり、保険代理店の販売と銀行での保険販売の需要が一段と高まっています。保険には、契約期間の長い生命保険と、一年ごとに契約を更新する損害保険に加えて、その中間に位置する傷害保険や医療保険があります。

銀行関係者が保険業法の中で注意すべき点は、販売する際の商品説明です。生命保険の商品内容は複雑でわかりにくいといわれています。保険を販売しようとする場合、顧客に対して保険契約の内容や商品の特徴などを十分に説明することが求められています。

そのうえで、販売する商品の内容を顧客が理解・把握したことを確認することも義務付けられています。

こうした販売方針を維持するために、銀行は保険販売に必要な販売員教育を施し、保険募集人の資格を取得させなければなりません。

保険業法では弊害防止措置として、銀行は一部の保険商品に関して法人融資先への販売は一定額に制限され、融資と保険販売の担当者を分離することも定めています。銀行による地位濫用の恐れがあるからです。

銀行では、長引く低金利局面の中、保険、投資信託、国債などの金融商品を販売して手数料を稼ぐ**預かり資産ビジネス**に注力しています。とりわけ手数料が高い生命保険商品は銀行にとってもドル箱。それだけに保険業法は最も注視すべき法律の一つです。

保険の分類

	生命保険（第一分野）	損害保険（第二分野）	障害保険・医療保険など（第三分野）
保険取り扱い	生命保険会社	損害保険会社	生保および損保
保険事故	人の生存・死亡	偶然の事故	障害・疾病など
保険金支払い	定額払い	実損払い	定額および実損

出典：日本損害保険協会

保険業法と銀行

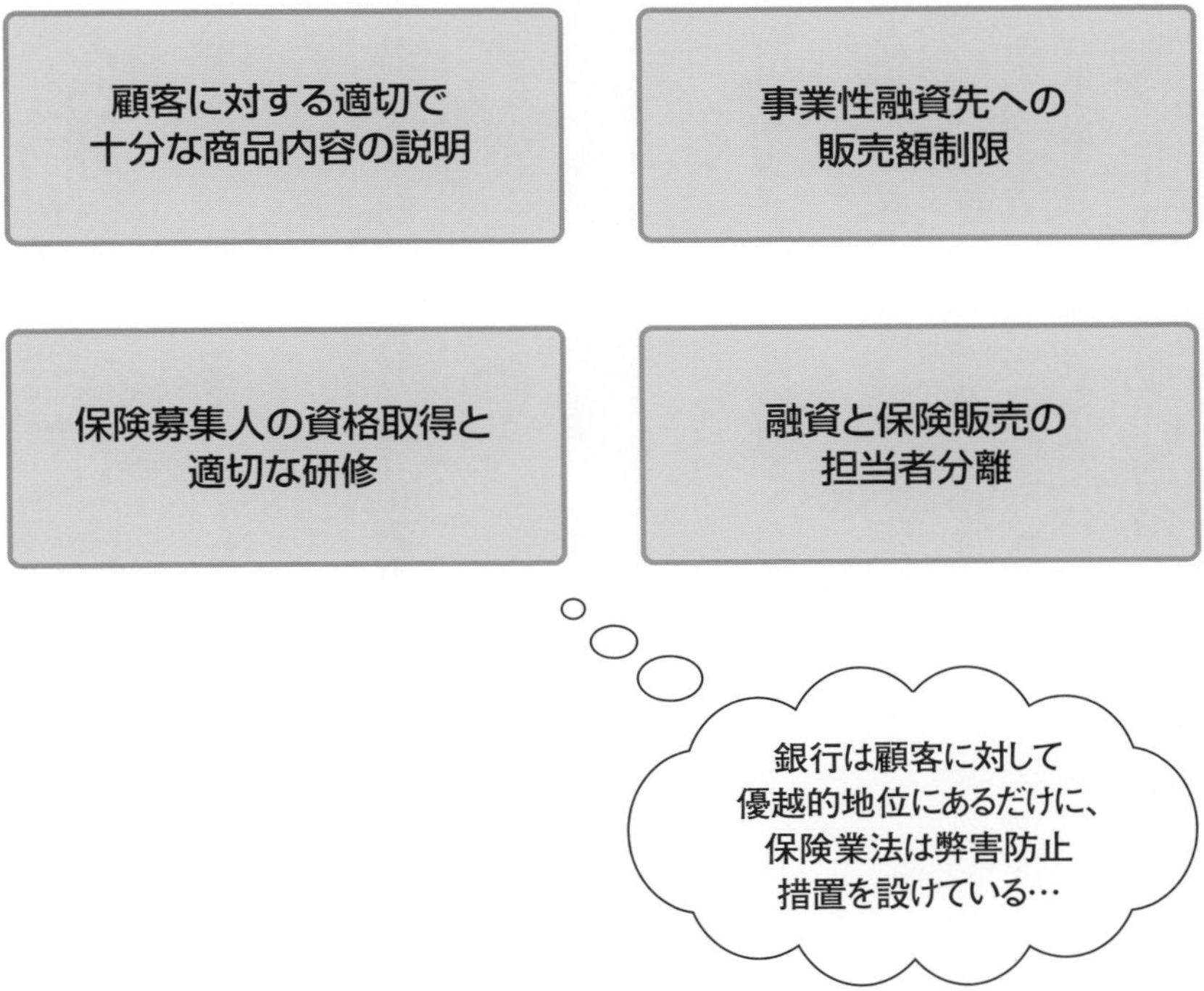
顧客に対する適切で十分な商品内容の説明
事業性融資先への販売額制限
保険募集人の資格取得と適切な研修
融資と保険販売の担当者分離
銀行は顧客に対して優越的地位にあるだけに、保険業法は弊害防止措置を設けている…

5

新たな資金決済業者に対応

送金や口座振込などは金融機関の固有業務でしたが、電子マネーなどの台頭で資金決済の新たな担い手が登場したためにできた法律です。

資金決済法

資金決済法は二〇一〇年に施行された比較的新しい法律です。プリペイドカードや電子マネー、さらに暗号資産など、ITの進展で資金決済の手段が多様化し、これらをビジネスとする業者が続々と登場しています。

しかし、資金の移動にはリスクも伴います。消費者の資金を安全に保護するための規制が必要で、金融機関以外の**資金決済業者**に対しては、少額（一〇〇万円以下）の送金サービスに限定されています。

資金決済法は、①資金移動、②前払式支払手段、③資金清算、④暗号資産――の四種類の事業に区分けされています。対象となる商品・サービスは、金券、商品券、プリペイドカード、電子マネー、暗号資産（仮想通貨）、ポイントサービスなど。対象業者は、こうした商品・サービスを取り扱うすべての業者で、SNSの大手や流通大手の電子マネーを取り扱っているカード会社のほか、既存のクレジットカード会社なども含まれます。

銀行などの金融機関は送金や口座振替などの為替業務を従来から行っているので、資金決済業の認可を得る必要はありません。しかし、銀行の子会社などが資金決済業を展開する場合は必要になります。資金決済業の認可は登録制です。

二〇二〇年に改正があり、仮想通貨の呼称が暗号資産に変更。また、暗号資産を売買する取引所も同法の適用対象になりました。二〇一八年に流出事件を起こしたコインチェック社の不祥事を契機に、呼称も見直しがあり、さらに取引所も監視のチェックを受けることになりました。暗号資産がマネーロンダリング（資金洗浄）の温床になりかねないとの懸念が生じたからです。

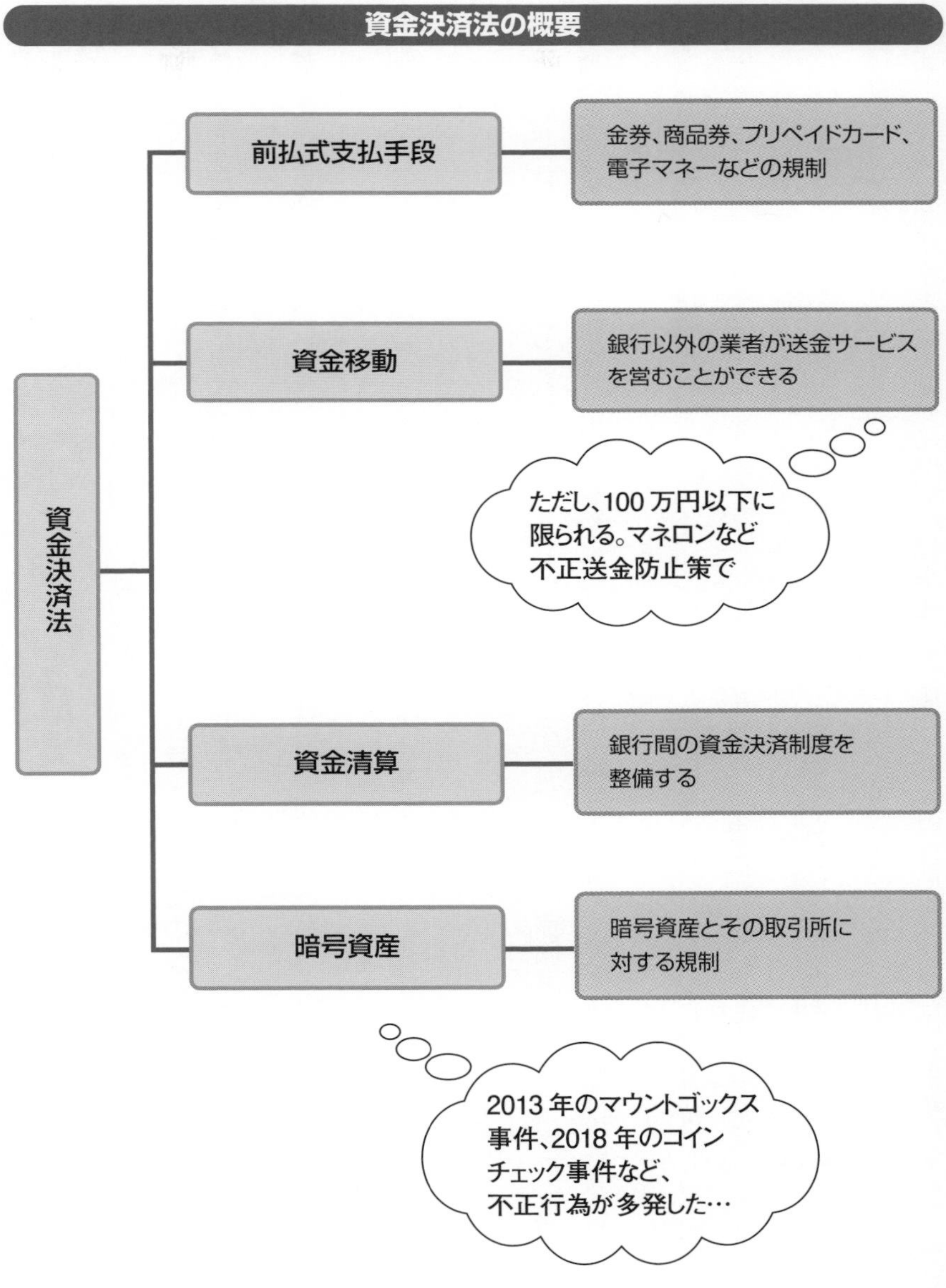
資金決済法の概要
資金決済法
前払式支払手段
金券、商品券、プリペイドカード、電子マネーなどの規制
資金移動
銀行以外の業者が送金サービスを営むことができる
ただし、100万円以下に限られる。マネロンなど不正送金防止策で
資金清算
銀行間の資金決済制度を整備する
暗号資産
暗号資産とその取引所に対する規制
2013年のマウントゴックス事件、2018年のコインチェック事件など、不正行為が多発した…

6 縦割り規制なくし仲介業認可

金融サービス提供法

これまで業態ごとに区別していた銀行・証券・保険の商品・サービスの業務認可を一元化し、利用者にワンストップで提供できる仕組みを整える新しい法律です。

金融サービス提供法は、銀行、証券、保険などの業者が金融商品を販売する際に商品の様々なリスクの説明を義務付ける「金融商品販売法」を改正したもので、二〇二〇年六月に公布されました。一年六カ月以内に施行される予定です。

一九九六年に**日本版金融ビッグバン***による規制緩和策で業態間の業務規制が緩和され、銀行・証券・保険の相互参入が活発になりました。銀行の窓口で投資信託や保険商品の取次販売が解禁されるなど、業態間の垣根は低くなっていました。

しかし、こうした業務を行う場合はあくまで「本家」の名代として認められるに過ぎませんでした。例えば、銀行が投信や株式・社債の販売を行う場合、証券会社の業務全般ににらみを利かせている金融商品取引法の「金融商品取引仲介業者」としての規制を受けます。金商法が定める販売方法上の厳格さや販売人の金融知識の習得などを求められます。保険を売る際には、保険業法における「保険募集人」「保険仲立人」に準じる資格要件が必要になるのです。

逆に、証券会社や保険会社が銀行業務を展開する場合は、銀行法に定められた「銀行代理店」の契約を当該銀行と結ばなくてはなりません。こうした規制は、業態ごとの縦割り規制および仲介業者が特定の金融機関に所属していることが原因としてあります。

縦割り規制と所属制なくす

こうした縦割り規制と所属制の影響を受けると、金融サービスの提供者は一向に増えません。そのことは利

用語解説

*日本版金融ビッグバン　「フリー・フェア・グローバル」を合言葉に、市場の透明性・信頼性を確保し、大胆な規制の緩和・撤廃を実施した金融市場改革のこと。金融システム改革とも呼ばれている。

用者に対するサービス低下を招きかねません。

また近年の金融業界では、銀行・証券・保険がそれぞれ得意とする伝統的な業務のほかに、電子マネーや家計簿アプリなど、資金決済や資金移動にまつわる新たな業務が続々と登場しています。

このため、金融サービスを提供する「金融サービス仲介業」を創設し、既存のどの業態にも属さないで金融サービスをワンストップで業務展開できるようします。これにより、業態横断的な金融業者が新たに誕生し、画期的な法律ができることになります。

ただし、金融商品販売法の一部は継承されます。販売時における商品リスクなど重要事項の説明や顧客情報の適切な取り扱いを求めています。また、銀行・証券・保険の各分野の業者法で定めている仲介規制も適用されます。銀行分野では情実融資の禁止、証券ではインサイダー規制、損失補てんの禁止、保険では不適切な乗り換え募集の禁止などです。

この法律は、新たな金融サービスが今後も誕生することを見越して制定されたもので、二年後の施行までに細目が決まると見られます。

金融サービス仲介業の概念図

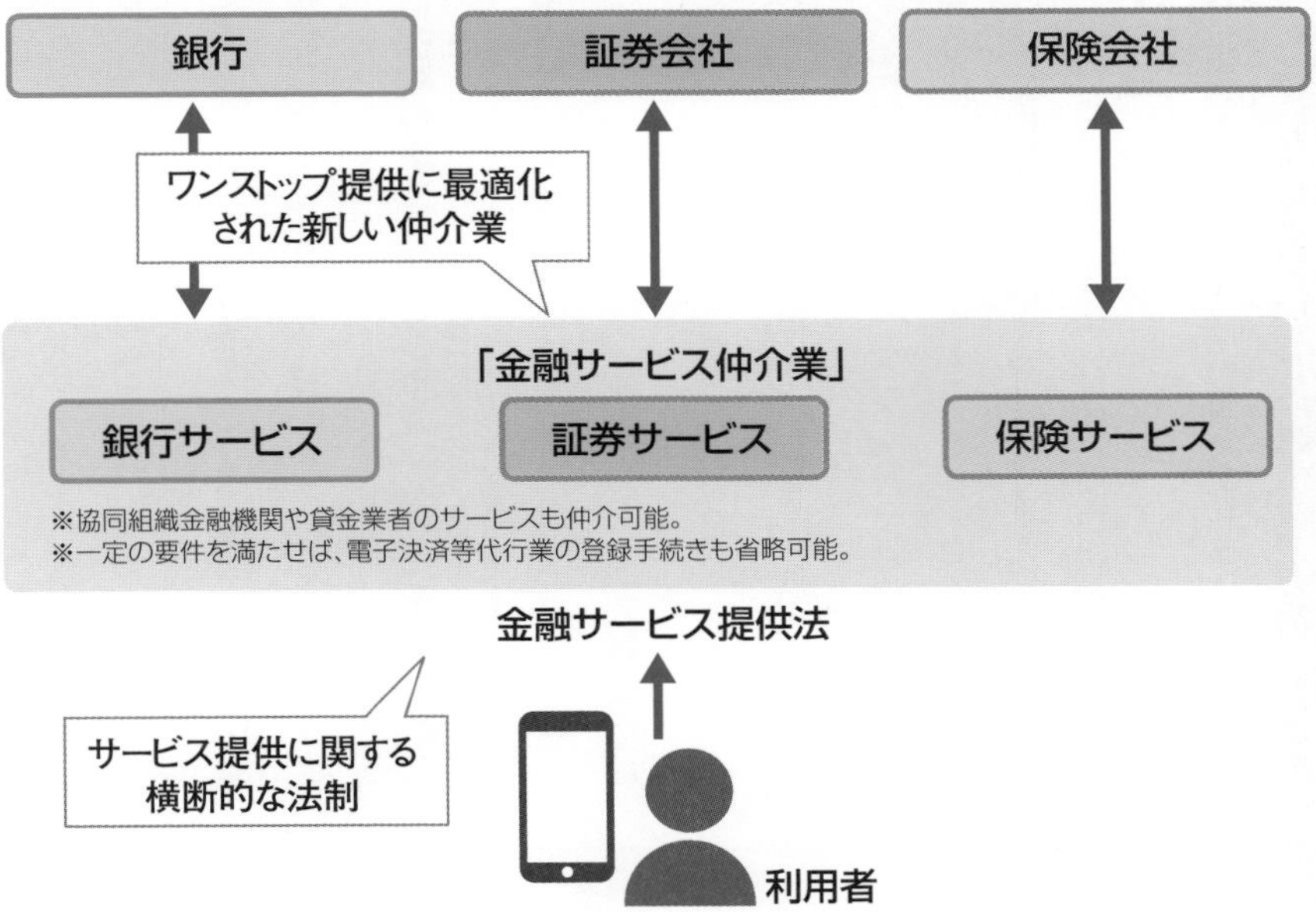

出典：金融庁「金融サービス仲介業 説明資料」（2020年3月）

7 有事に備える保険料

預金保険法

預金保険法は、金融機関の破たんに備えて預金者の資産を保護する目的の法律で、預金保険機構が業務にあたっています。近年は銀行破たんが減少し、保険料は毎年のように引き下げられています。

預金保険法は、銀行や信用金庫などの金融機関が支払う預金保険料を預金保険機構が基金として預かり、万が一、金融機関が破たんした場合に、一定額を基金から拠出して利用者の預金を保護する制度を定めた法律。一九七一(昭和四六)年に制定されました。

同機構は国や日銀、民間金融機関が出資した認可法人です。保険料は、前年度の預金量に応じて毎年機構に納付します。

保護される預金の種類は元本保証の預金で、全額保護が原則でしたが、相次ぐ銀行破たんで預金保険機構の基金は底を尽き、二〇〇二年四月から**ペイオフ**(元本一〇〇〇万円とその利息)までを限度とする「預金保護の限度化」が部分的に始まり、〇五年四月には完全解禁されました。

預金保険料率は二〇二〇年度で一般預金が〇・〇三一%と、制度発足時と比べて五倍に増えています。一兆円の預金残高がある銀行は年間三億円の保険料を支払っている計算になります。銀行にとって軽い負担ではありません。

二〇一五年度に初の料率引き下げ

しかし、銀行破たんが減り、保険料を原資にした積立金(責任準備金)が順調に増えて、一九年度末時点では四兆三〇〇〇億円まで積み上がっています。

一九九四～九六年には第二地銀、信用組合の破たんが相次いだため、一九九六年から二〇〇一年までは通常の保険料に加えて特別保険料が加算されました。

しかし、その後はメガバンクの誕生などの業界再編や不良債権処理が進み、金融機関の財務体質は強化されました。〇八年のリーマン・ショック時にも大型破たんは起こらず、国内での経営破たんは一〇年の日本振興銀行が最後で、その後は金融安定化が続いています。

こうした状況を受け、銀行業界では自己資本の充実を図るため手元資金を積み上げたい銀行と、万が一のときの備えとして料率を維持したい預金保険機構との間で料率引き下げを巡ってここ数年、水面下で綱引きが起きていました。

一四年七月、機構は有識者や銀行業界代表などで構成される「預金保険料率に関する検討会」を設置して、保険料率の引き下げの是非について検討を始めました。

その結果、実効料率は一五年度に初めて〇・〇八四％から〇・〇四二％へと半減され、二〇年度は〇・〇三三％に引き下げられました。

一〇年以降は金融機関の破たんがなく、預金保険の積立金が増えていることから、料率を引き下げても今後に影響がないと判断。保険料を納める金融機関の負担は年々減少しています。

金融安定化で保険料は毎年引き下げられている

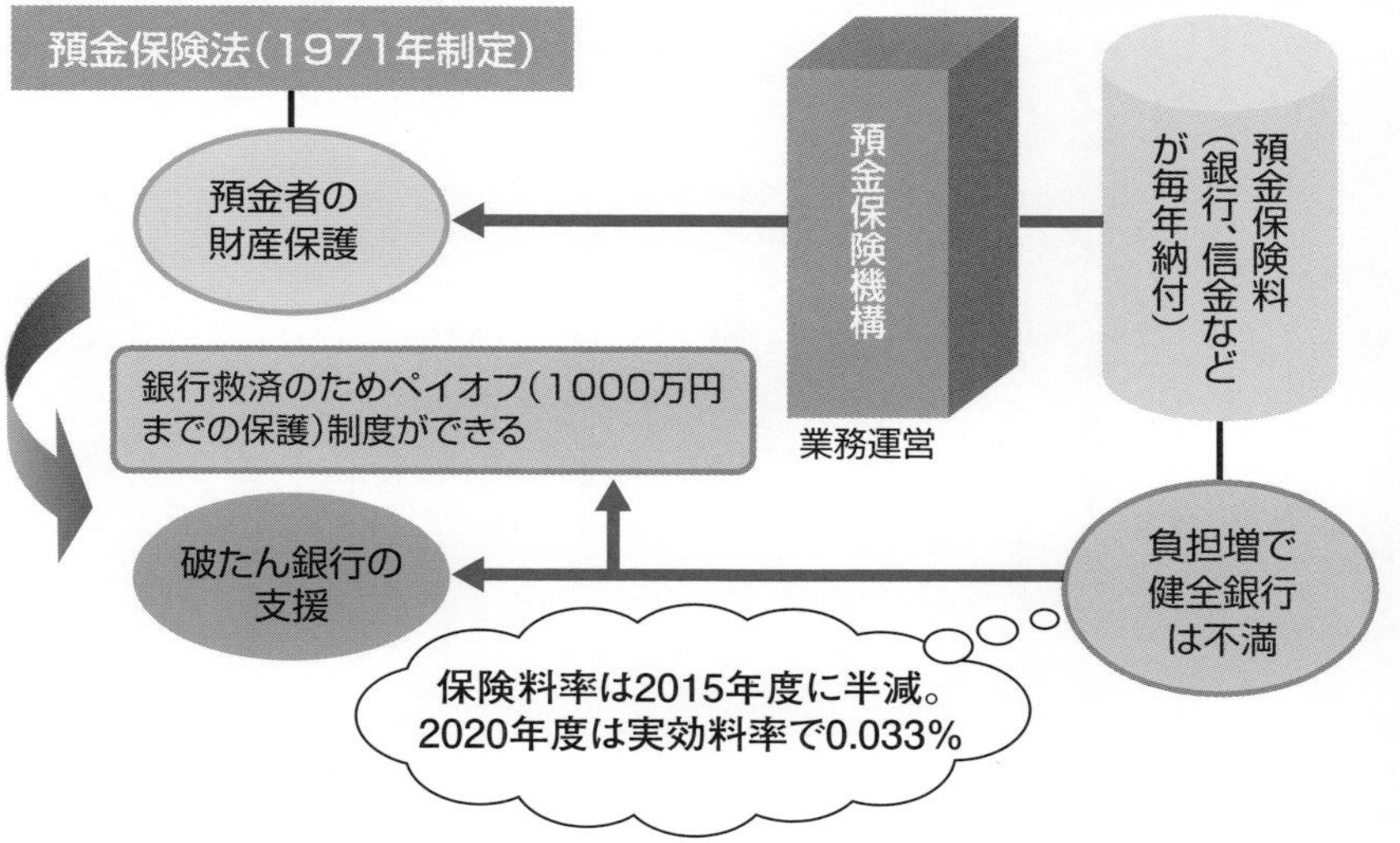
預金保険法（1971年制定）
預金者の財産保護
預金保険機構
業務運営
預金保険料（銀行、信金などが毎年納付）
銀行救済のためペイオフ（1000万円までの保護）制度ができる
破たん銀行の支援
負担増で健全銀行は不満
保険料率は2015年度に半減。2020年度は実効料率で0.033％

ワンポイントコラム

【第二地銀・信用組合の破たん】1994年に東京協和、安全の2信組が戦後初の破たん、1995年には兵庫銀行、木津信組が8月29日に同時破たんしました。兵庫銀行、木津信組はいずれも当時は第二地銀、信組業界のトップで、その後、業界の相次ぐ破たんの引き金になりました。

8 コロナ影響で四度目の延長

リーマン・ショックを受けて二〇〇八年に復活した金融機能強化法は、一一年の東日本大震災で二三年までに再延長され、コロナ禍で四度目の延長になりました。

金融機能強化法

金融機能強化法は、地域金融機関にとって困難な資本増強策への道筋を付けるために制定された、〇八年三月末までの時限的制度でした。

ところが、〇八年九月に起きた**リーマン・ショック**で株式市場が低迷し、金融機関が保有する株式の株価が急落して自己資本比率が低下。地域金融機関の経営不安が再び高まり、国は緊急経済対策の一環として同年一二月に金融機能強化法を改正して復活させ、一二年三月までの時限立法としました。

改正法の狙いは銀行救済ではなく、景気対策としての中小企業融資拡大にあります。銀行の体力が脆弱になれば、貸し渋りが起きて地域経済に悪影響を与えるとの懸念からです。公的資金を申請しやすいようにするため経営責任を問わず、また前回の二兆円から一二兆円に公的資金枠を拡大しました。

一一年三月に東日本大震災が発生。被災地区の金融機関では太平洋沿岸部の支店が大津波にのみ込まれ、甚大な被害を受けました。被災した中小企業や個人への金融サービス提供が困難な状況に陥り、地場企業は操業再開のメドが立たないばかりか、銀行融資の返済も不可能に近い状態でした。

被災地の金融機関は、地元中小企業などの復興に対して支援していますが、借り入れている人たちが返済できなければ、銀行は不良債権を抱えることになり、財務基盤が弱体化しかねません。

このため、国は資金支援を広げるため一一年六月に金融機能強化法を改正。**仙台銀行***、筑波銀行は改正金融機能強化法に基づいて同年九月に公的資金を導入。東

用語解説

***仙台銀行**　1951年「振興無尽」設立。翌年、振興相互銀行となり、相銀の普銀転換で仙台銀行に改称。業界41行中、第25位。同21位の「きらやか銀行」と2011年10月に経営統合する予定だったが、地域の復興支援を最優先させるため1年延期し、12年10月、きらやか銀とともに「じもとホールディングス」の傘下に入った。

北太平洋沿岸に接する信用金庫、信用組合を中心に一四の金融機関が導入しました。

一六年には、地域金融機関の中小企業融資を引き続いて支援するため、時限立法である金融機能強化法はさらに一七年から五年延長されました。

コロナ禍で二六年三月まで公的資金申請可能

ところが二〇年に入り、世界各地で感染が拡大した新型コロナウイルスにより、国内の中小企業や個人事業主の資金繰りが悪化。金融機関は低利融資や返済猶予などで支援していますが、地方の経済は疲弊しており、地域金融機関の経営にも波及しかねない事態になりました。

このため、貸し渋りなどを起こさないよう国は地域金融機関からの公的資金導入の申請を受け付けることとし、二二年三月までとしていた申請期限を四年延長して二六年三月までに再々延長。経営責任の明確化など従来定めていた申請用件や、一五年以内としていた返済期限をなくし、保証枠も三兆円増やして一五兆円とするなど制度を緩和しました。

コロナで４回目の延長となった「公的資金」注入法

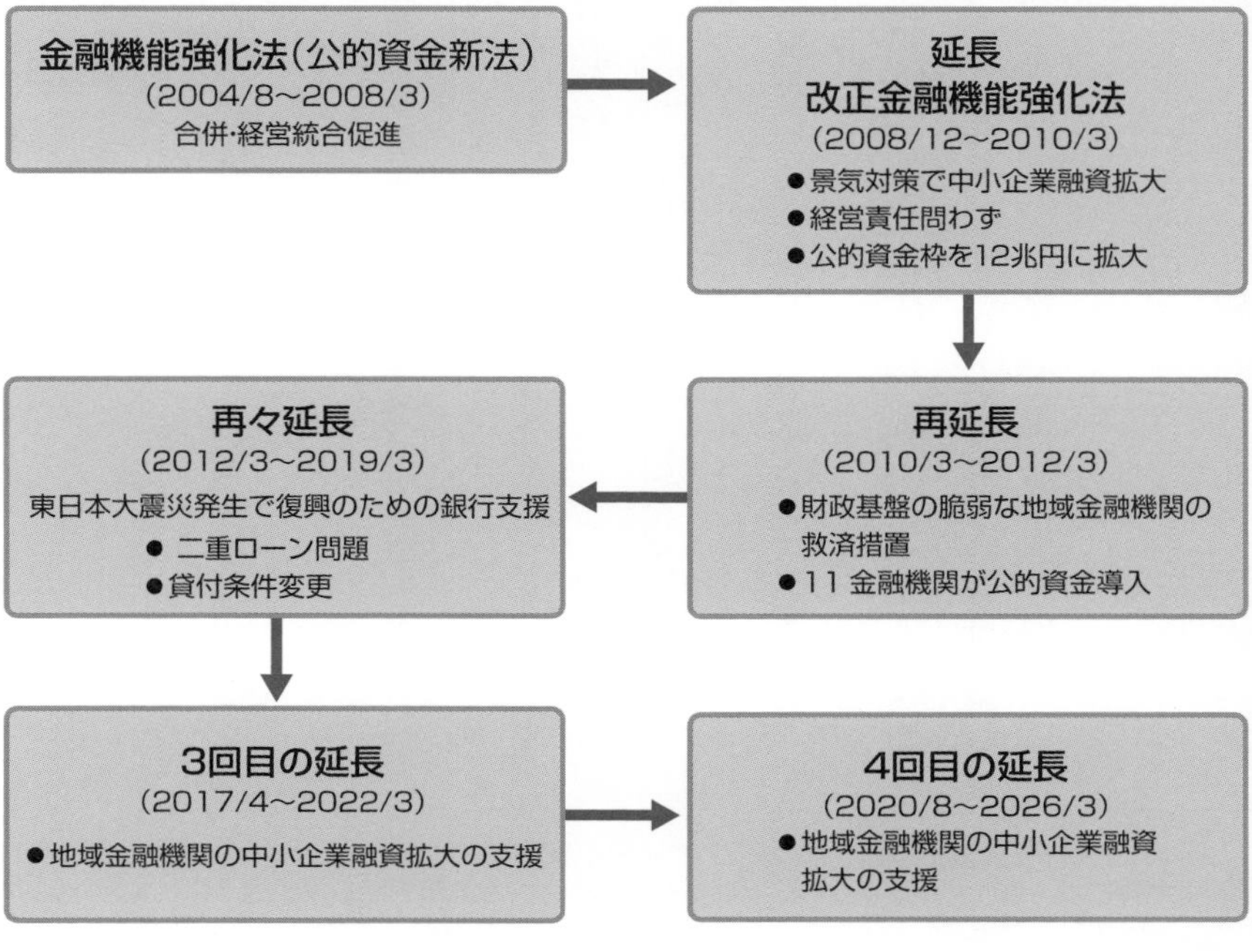

9

ネットワークの陥穽《かんせい》

振り込め詐欺に遭った人の財産的被害を迅速に回復するため、犯罪に利用された口座に残る預金の支払手続きを定めた法律です。

振り込め詐欺救済法

振り込め詐欺の代表的な手口である**オレオレ詐欺**は、高齢者に対して子息や孫など親族を装い、「事故に遭った。入院費をいますぐ振り込んでほしい」などとだまして送金させる手口です。類似の手口としては架空請求詐欺、融資保証金詐欺、還付金詐欺などがあり、犯罪はますます巧妙化しているのが実情です。

警察庁によると、一九年における振り込め詐欺など特殊詐欺の被害件数は一万六八五一件で前年度から九九三件減、被害総額は三一五億円でピークだった一四年から二四九億円減と減少傾向ですが、二人以上で役割を分担するなど劇場型犯罪はますます巧妙化しています。

高度な振込ネットワークの落とし穴

振り込め詐欺救済法は、二〇〇八年六月に施行されました。被害が発覚したら振込先口座の停止を申請し、残った現金を被害者たちで分ける法律です。犯罪口座に現金が全額残っていれば被害額は全額返金されますが、その保証はありません。

銀行業界では、高齢者らをＡＴＭに誘導し、携帯電話で操作を指示して現金をだまし取るケースが多いことから、ＡＴＭコーナーでの携帯電話の使用を自粛するよう利用者に呼びかけています。また、ＡＴＭでの預金引き出しや振込、**デビットカード***決済における利用限度額を五〇万円までに下げる銀行も増えています。被害に遭ったら一刻も早く銀行や警察に届け出て、振込先口座の利用停止を求めることが必要です。

振込を使った悪質犯罪は、高度に発達した送金(振込)ネットワークが生んだ弊害といえます。

用語解説

***デビットカード**　即時決済ができる機能を持ったキャッシュカードのこと。デビットカードが使える加盟店には専用の決済端末が設置されており、キャッシュカードの暗証番号を入力する。2000年に導入された当初は伸び悩んだ。クレジットカードとの一体化が進んで利用者が増えたが、電子マネーの台頭で再び活気をなくしている。

あとを絶たない振り込め詐欺

被害金支払いの流れ

被害の申告
被害者は金融機関、警察に
被害を申し出る。
口座の利用を停止

→

犯罪口座の告知と確認
預金保険機構が犯罪利用口座をHPで公表。
被害者はHPで振り込んだ口座かどうかを確認

↓

被害金支払い受付
預金保険機構は
被害金受付をWebサイトで告知

←

被害金額の申請
被害者は振込先金融機関に
支払いを申請

↓

被害金支払い
金融機関は被害金を支払う

留意点

- 法律は施行前に起きた被害に対しても適用される。
- 支払手続きには90日以上かかる。
- 犯罪利用口座の残高が被害金の総額より少ない場合、金融機関は被害金の補てんはしない。
- 被害者が複数の場合、犯罪利用口座の残高の分配はだまされて振り込んだ金額に応じて行われる。

ワンポイントコラム

【還付金詐欺】旧社会保険庁や税務署などの職員を装い「年金、税金の払い戻しがあります」などと、お金が返還されるかのように偽り、現金をだまし取る手口。銀行やコンビニエンスストアのATMに誘い出し、指定された電話番号へ電話をさせて操作を指示します。社会保険庁の年金記録漏れ問題などを逆手に取ったものと思われます。

10

カード被害は銀行が弁償

預金者保護法

偽造キャッシュカードによる不正な預金引き出しに対して、預金者の被害救済のために銀行が補償することを明記した法律です。ただし、預金者の過失の程度によっては必ずしも全額の補償はされません。

ATM(現金自動預け払い機)の登場により、比較的小額の入出金や振込は、窓口ではなくATMで済むようになり、待ち時間が短縮されて利便性が増しました。しかし、キャッシュカードの盗難や偽造による不正な引き出し事件が起きて社会問題化しました。

特に、キャッシュカードの磁気記録情報を不正に読み出してコピーを作成し悪用する**スキミング犯罪**が多発しました。また、二〇〇五年には、銀行のATMに小型カメラを設置し、カード挿入口と操作画面を盗撮する事件が発生するなど、キャッシュカードは受難の時代を迎えています。

こうしたカードの不正使用に対して〇六年二月、「偽造・盗難カード預金者保護法」(**預金者保護法**)が施行されました。

預金者にも一定の注意義務を課す

預金者保護法は、銀行や信用金庫、郵便局などのキャッシュカードでATMから不正に引き出された預貯金が対象になります。また、銀行に盗難を届け出た日から三〇日前までの被害が補償範囲となり、被害に遭ってから二年以内に請求しなければ補償を受けられません。

盗難や偽造被害を受けても必ず全額を補償されるわけではありません。①暗証番号を他人に知らせる、②暗証番号をカード自体に記入する、③カードを安易に他人に渡す——などはキャッシュカードを所有する人の重大な過失と認定されて、全額の補償はされません。

盗難カードでは、暗証番号を書いたメモをカードと一緒に携帯して盗まれたときや、暗証番号を生年月日にし

ワンポイントコラム

【スキミング犯罪】「スキマー」と呼ばれるカード情報の読取装置を使って、カードに入っている情報をコピーし不正使用する犯罪で、クレジットカードでの被害が多いです。スキミングの怖い点は、カード内の情報だけを盗むことにあり、カード自体は盗まれていないため、カード会社からの請求があって初めて被害に気付くことになります。

ていて、生年月日がわかる書類と一緒にキャッシュカードを保管していた場合などは、預金者に軽度の過失があると認定されて、被害額の七五%が補償対象額となります。二五%は預金者の不注意によるものとして減額されるのです。金融業界では、法施行以来、ATMで暗証番号の変更ができるようにシステムの開発をしています。また、入力画面や操作キーの盗み見を防ぐためのミラーや目隠しパッドを置くなど、暗証番号を見られないような工夫を施しています。

全国銀行協会は〇八年二月、銀行の通帳を盗まれたりインターネットバンキングを不正に利用されたりして預金が引き出されることで生じる損害も銀行が負担し、預金者は負担しなくてよいことを決めました。

預金者は普段から、通帳を他人に安易に渡したり盗まれたりしないよう注意する、インターネットバンキングのIDやパスワードを他人に悟られないよう定期的に変更するなど、適切に管理することが求められています。

預金者にこうした管理上の過失や重大な過失がある場合には、補償額が二五%減額されたり、補償が受けられない場合もあります。

預金者の過失の程度

盗難通帳	無過失	軽過失	重過失
	100%補償	75%補償	0%補償
インターネットバンキング	無過失	軽過失	重過失
	100%補償	個別対応*	

＊被害に遭った預金者の状況を加味して判断

過失例
重過失→他人に通帳を渡した場合
軽過失→印章を通帳とともに保管していた場合

出所：全国銀行協会HP「消費者・預金者保護の仕組み」から引用

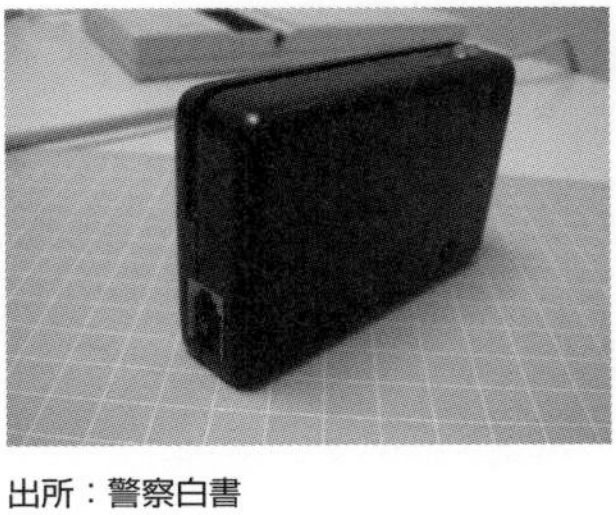

◀磁気情報読取装置（スキマー）

出所：警察白書

11

犯罪収益移転防止法

疑わしき取引

麻薬取引やテロ資金の発生を防止する「犯罪収益移転防止法」の改正法が二〇一三年四月に施行されました。国際的なテロ対策という世界の潮流が金融業界に本人確認の強化を迫っています。

FATF＊（Financial Action Task Force＝金融活動作業部会）が二〇一〇年、日本に対して法の不備などを指摘したのを受けて、警察庁は麻薬取引の**資金洗浄（マネーロンダリング）**＊やテロ資金の発生を防止する**犯罪収益移転防止法**の法改正の成立を急いでいました。法律の対象となる業者は銀行、クレジットカード会社のほか弁護士、司法書士、宅地建物取引業者、貴金属業者などです。

FATFの二〇〇三年の勧告を受けて以降、警察当局が金融業界と議論を重ねたうえで、〇八年に本人確認法を包含する形で犯罪収益移転防止法が施行されました。しかし、以後もFATFは資金移動におけるわが国のマネロン・テロ対策が不十分との認識を持っていました。

「日本の金融機関は顧客保護の観点から、口座名義者のプライバシーや取引内容に強く踏み込むことはしてこなかった。その結果、海外から『**マネロン天国**』という不名誉なレッテルを貼られていた」（大手銀行関係者）

一六年改正、顔写真での本人確認に厳格化

警察庁は今回、新たな本人確認事項として①取引目的、②職業、③事業内容、④代表者の代理権の確認——などを列挙しました。

そのうえで、過去に取引があった利用者でも「なりすまし」やその疑いがあったり、マネロン対策が不十分な国に居住したりしている顧客に対して、資産や収入状況を再度確認するよう要請。変更の可能性がある顧客の住所・連絡先などを常に把握しておくよう、属性情報の更

用語解説

＊**FATF**　1989年にフランスで開催された主要国首脳会議（アルシュサミット）の経済宣言を受けて設立された、麻薬犯罪に関する金融取引の防止を主目的に活動を始めた部会。2001年の「9・11」テロ以降は、テロ資金対策が加わっている。

新を求めました。

法改正により、銀行の窓口では法人取引において企業の名称や本社の所在地、来店者の氏名・住所・生年月日を確認することになりました。

代理人が来店した場合、免許証など本人確認書類のほか、口座開設者の代理人であることを証明する委任状や社員証も提示することが必要になり、銀行・顧客双方にとって面倒な手続きが発生します。

口座開設だけでなく、二〇〇万円を超える現金取引や一〇万円を超える現金振込、融資取引でも同様の本人確認をしなければなりません。

こうした事務負担を軽減するため、一部の高リスク取引者に限定すべきとの意見もありますが、「高リスクの基準をどう決めるのか難しいのではないか。既存顧客は除外し、新規口座を開設する利用者に適用すべき」（銀行関係者）との声が出ています。

一六年一〇月の法改正では、健康保険証など顔写真のない本人確認書類を提示した場合は公共料金の領収証や住民票の写しといった確認書類の追加を求める、などの厳格化がなされています。

「マネロン天国」日本も世界の潮流に勝てず

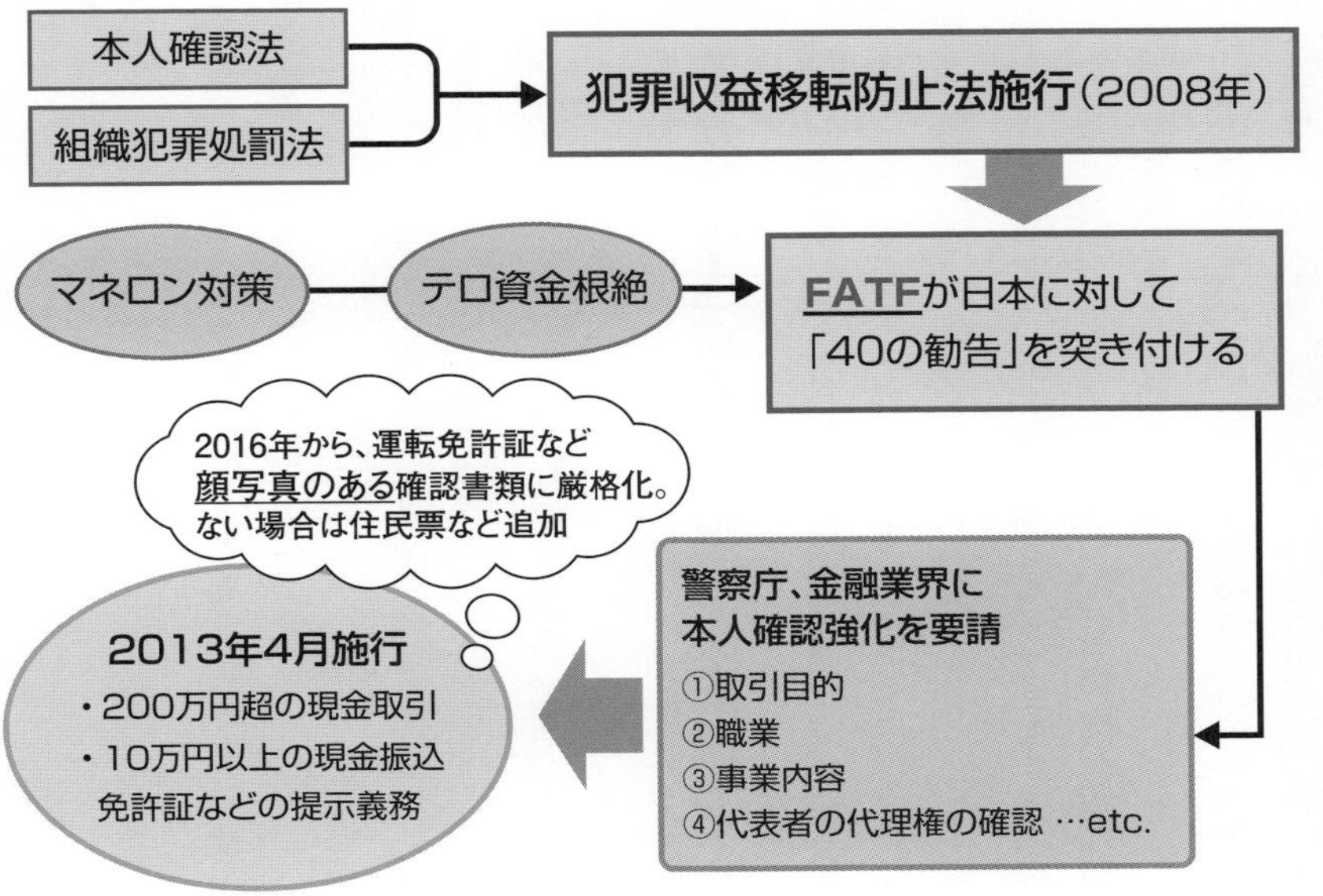
本人確認法
組織犯罪処罰法
犯罪収益移転防止法施行（2008年）
マネロン対策
テロ資金根絶
FATFが日本に対して「40の勧告」を突き付ける
2016年から、運転免許証など顔写真のある確認書類に厳格化。ない場合は住民票など追加
警察庁、金融業界に本人確認強化を要請
①取引目的
②職業
③事業内容
④代表者の代理権の確認 …etc.
2013年4月施行
・200万円超の現金取引
・10万円以上の現金振込
免許証などの提示義務

用語解説

＊**資金洗浄（マネーロンダリング）**　麻薬取引で得た資金（マネー）を複数の架空または実在する会社の口座に次々と移転させて、資金の出所の痕跡を洗い流す（ロンダリング）こと。世界各国に散在する麻薬取引組織がつながっているため、取り締まるのは容易ではないとされる。

12 プライバシー保護の厳格化

銀行は行政機関と並んで、個人情報を数多く保有する組織の一つ。ITの進展とともに個人情報が外部に流出する危険性も高まっており、いま銀行が最も神経を使う法律の一つです。

個人情報保護法

個人情報保護法は二〇〇三年五月に成立、〇五年四月に全面施行されました。一九七〇年代にコンピュータが発達し大量の個人データが迅速処理されるようになったことで、プライバシー保護の観点から欧米各国が法律を制定しました。

しかし、国ごとに法律の内容や基準が異なるとビジネス交流に支障をきたす恐れがあり、一九八〇年に**OECD**＊(経済協力開発機構)が加盟各国の個人情報に対する保護・管理レベルを一定にするためのガイドラインを作成しました。このとき定めた個人情報に関する取り扱いの原則をOECD八原則といいます。

一九九五年、EU(欧州連合)は、「EU域外でも十分な個人情報保護をしない場合は、個人情報の移転を禁止する」という**EU指令**を出します。このため世界各国は早急な対応を求められました。米国が〇一年にEU指令に同調する政策を取ったことで、日本も共同歩調を取る必要に迫られ、〇三年に個人情報保護法が制定されたのです。

一七年改正法が全面施行、保護強化へ

個人情報を五〇〇〇件以上保有する事業者は個人情報取扱事業者と認定されます。事業者が個人情報を漏らし、監督官庁への適切な対応や報告を怠った場合、刑事罰が課せられます。銀行は都銀で数千万、中小金融機関でも数万の口座があり、ほとんどの金融機関が**個人情報取扱事業者**になります。

同法の施行により、銀行は個人情報やそのデータを安全に管理し、預金者から情報開示の要請があった場合は

用語解説

＊**OECD**　経済協力開発機構の略。先進国が自由な意見を交わすことで、経済成長や貿易自由化、途上国支援というOECDの三大目的に貢献することを目的にしている。パリに本部があり、日本は1964年に加盟、加盟国は現在37カ国。

速やかに応じること、問い合わせや苦情に対して誠実に対応するための相談窓口を設置することが義務付けられました。また、銀行の関連会社や個人信用情報機関で利用者の個人データを使う場合は、あらかじめ文書やＷｅｂサイトなどで告知することが必要です。

皮肉なことに、個人情報保護法の施行後は、銀行の情報漏えい事件がマスコミをにぎわせました。事件を隠ぺいしたり公表を遅らせたりすれば、一時営業停止などの業務改善命令が待ち構えているからです。

二〇一五年に一〇年ぶりの法改正が行われ、準備期間を経て一七年五月から全面施行されました。「五〇〇〇件以上」という個人情報の保有件数による制限がなくなり、小規模事業者も法律の対象になりました。個人情報を取得する場合は事前に利用目的を明示し、第三者に提供する場合は事前の本人の同意が必要です。

二〇年六月、クッキー（Cookie：Ｗｅｂサイトを閲覧した者の情報）使用の本人同意義務や企業への罰金強化など規制強化を盛り込んだ改正法が成立。二年後に施行されます。

個人情報保護法は輸入品？

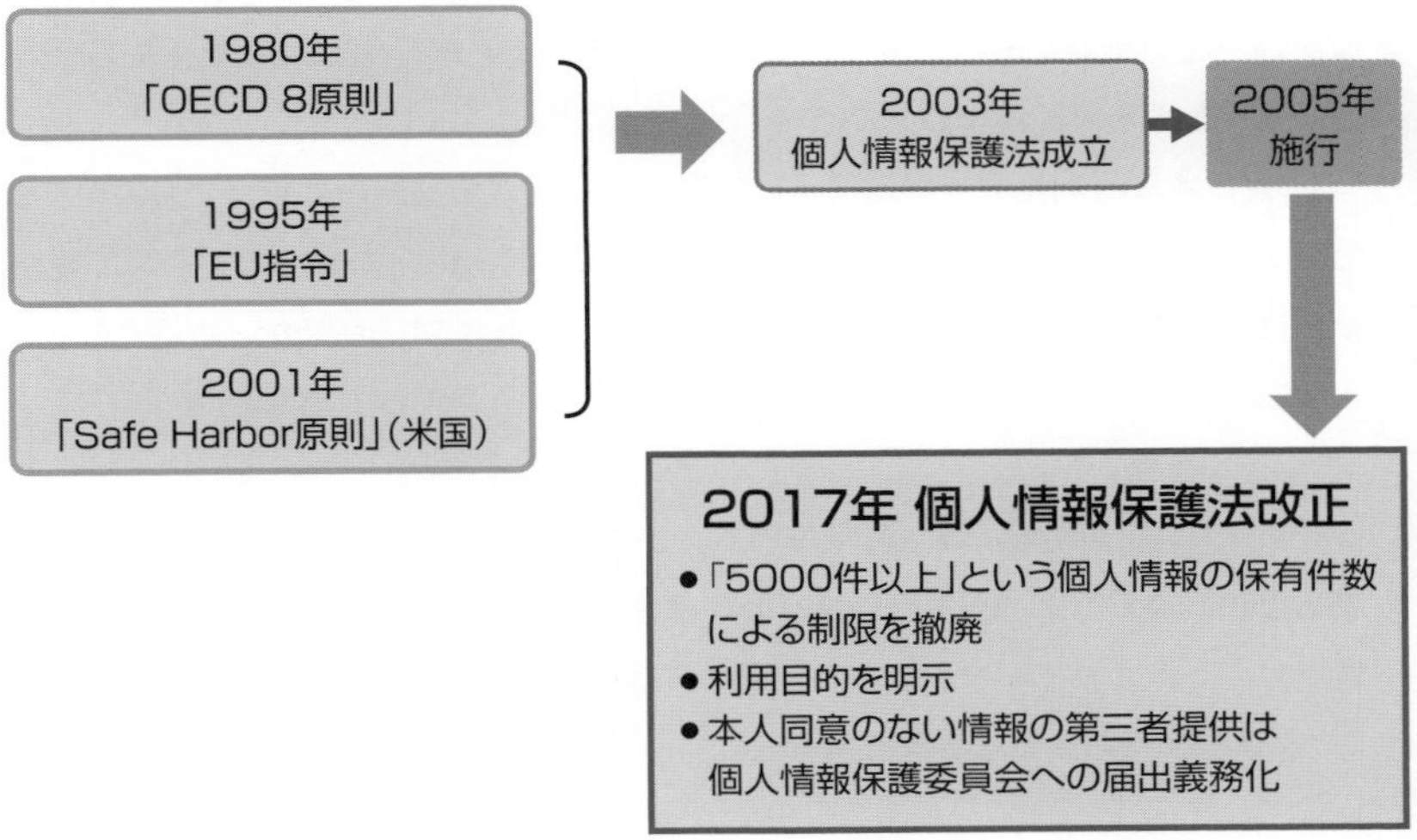
1980年
「OECD 8原則」
1995年
「EU指令」
2001年
「Safe Harbor原則」（米国）
2003年
個人情報保護法成立
2005年
施行
2017年 個人情報保護法改正
●「5000件以上」という個人情報の保有件数による制限を撤廃
●利用目的を明示
●本人同意のない情報の第三者提供は個人情報保護委員会への届出義務化

column

法改正で増える個人情報のビジネス利用

個人情報保護法が施行10年を経て初めて改正され、2017年から適用が始まりました。インターネットの隆盛で膨張し巨大化したビッグデータを目の前にして、我々のプライバシー保護意識は埋没し、希薄になっているようにも見えます。

個人情報保護のハードルを下げるのは、それが商売のタネになるからです。法改正の契機になったともいわれているのが、2013年に起きたJR東日本による日立製作所への個人情報販売騒動。ICカード乗車券「Suica（スイカ）」の乗降履歴を、利用者に無断で販売していたことが明るみに出て利用者の反発を買い、社会問題化しました。JR東が日立に販売した情報には、利用者の過去2年分あまりの乗降駅や性別、年齢、日時などの利用履歴が盛り込まれていましたが、本人の氏名や住所など個人を特定できるデータではありませんでした。

しかし利用者の中から、日立が転売するのではないか、特定情報が漏えいするのではないかとの不安が出たため、JR東日本は販売中止を申し出た人のデータを除外したうえで販売を再開しました。

JR東日本は、「利用者を特定するには至らない個人情報だから売ってもよい」と判断しましたが、買ったほうの日立は、この件を機に個人情報保護に関する第三者委員会を社内に立ち上げました。個人情報を売買する企業の対応が分かれたことで、法改正の機運が出てきました。

一見すれば、法改正は規制強化にも見えますが、実質は利用目的を幅広にするなど規制緩和の改正です。05年の法施行時には個人情報が氾濫し始めていたことから保護に力点が置かれていましたが、今回は商用目的での利用を容易にする法改正でした。ときの移ろいを感じざるを得ません。

第4章

銀行業界の問題点

メガバンクグループは、銀行・証券・信託の三位一体で金融サービスを提供し、グループ利益の極大化にまい進しています。地域銀行は地元経済の地盤沈下にもかかわらず、地域密着型金融を求められ苦しい経営環境が続いています。第4章では地銀再編に関してページを割いて詳しく取り上げています。

強まる大手銀行グループへの自己資本規制　1

メガバンクなどの大手銀行グループは海外を含めて広範に事業展開しており、国際的な金融の枠組みに合致した経営体制の構築を求められています。

二〇〇八年に起きたリーマン・ショックを契機に国際的な金融危機を回避する観点から、各国の主要な金融機関には、高度な財務の健全性と経営の透明性が求められています。主要国の銀行監督当局で構成する**国際決済銀行**（**BIS**）は一五年、経営健全性の国際的な指標である自己資本比率規制の新たな指針、いわゆる「**バーゼルⅢ**」で、主要な金融機関に対して自己資本の上積み（資本バッファー）を求めました。

上積みの対象になる金融機関は、グローバルなシステム上重要な銀行（**G-SIBs**＝Global Systemically Important Banks）と、国内のシステム上重要な銀行（**D-SIBs**＝Domestic Systemically Important Banks）の二種類に分けられています。

BIS内の組織である**金融安定理事会**（**FSB**）が二〇年に発表したところによれば、わが国では三つのメガバンクグループがG-SIBsに指定されています。

一九年三月には、BIS規制とは別にFSBが独自に導入した「**総損失吸収力**（TLAC）＊**規制**」を主要金融機関に適用する制度がスタートしました。

これはリーマン・ショック後、欧米の主要金融機関が公的資金で救済されたことを受けて、G-SIBsのような巨大金融グループが経営破たんに瀕した場合でも公的資金を受けずに傘下の銀行の負債を親会社が負う規制で、三メガバンクグループは、より高い自己資本比率が求められています。

収益力が低下しているメガバンクグループ

国内では低金利局面が長期化し、景気の低迷とともも

用語解説

＊**総損失吸収力（TLAC）**　TLACはTotal Loss-Absorption Capacityの略。金融機関が経営破たんした場合に、公的資金を導入しないで、株主や債権者、預金者など利害関係者が救済資金を負担するために必要な資産保有の能力を指す。

に収益力は低下しつつあります。

例えば、三菱ＵＦＪフィナンシャル・グループの収益力について、収益性を測る指標の一つであるＲＯＥ(株主資本利益率)で見ると、二〇年三月期は対前年度比二・六ポイント下がって三・八五%。目標の七～八%を大きく下回っています。

大手銀行グループは、銀行・証券・信託という三つの金融業態を抱えて総合的な金融サービスをワンストップで提供しています。しかし、各業態が相互に補完してグループ利益を高めるという経営戦略が必ずしも結果に結び付いていないのが実情ではないでしょうか。

二一年三月期は、新型コロナウイルスの感染拡大で、融資の焦げ付きに備えた与信関連費用が積み上がっています。

コロナ禍は世界中の金融機関で想定外の経営リスクをもたらしており、収束するまでの危機管理の徹底が求められています。大手銀行グループは、国際的な自己資本規制を順守し経営リスクに備えることが不可欠です。

自己資本比率の上積みを求められる金融グループ

資本バッファー	対象金融機関
	＜グローバルなシステム上重要な銀行＞
1.5%	三菱UFJフィナンシャル・グループ
1.0%	みずほフィナンシャルグループ
	三井住友フィナンシャルグループ
	＜国内のシステム上重要な銀行＞
0.5%	三井住友トラスト・ホールディングス
	農林中央金庫
	大和証券グループ本社
	野村ホールディングス

2019年3月にはBIS規制に加えてTLAC規制がスタートした。より高い自己資本比率の達成が求められている…

2 大手銀行で進むリストラ

メガバンクグループなど大手銀行は、店舗や人員の縮小をはじめとしたリストラを進めています。低金利局面で利益が減り業務縮小を余儀なくされているからです。

三菱ＵＦＪ銀行は二〇一七年一一月、二四年三月末までに六〇〇〇人の従業員を削減する計画を明らかにしましたが、二〇年四月に削減数を二〇〇〇人上乗せして実施するとの報道が出ました。店舗も二三年度までに四割削減する計画を立てています。

みずほフィナンシャルグループは二〇年六月に週休三日・四日制の導入を表明し、労使で協議したのちに、銀行・信託・証券など約四万五〇〇〇人のグループ社員を対象に新たな週休制の希望者の募集を始めました。

経済の低迷と長引く低金利局面を背景に、銀行の収益構造は大きく変化しています。大手銀行の大きな収益源である企業貸付は、企業の設備投資意欲が減退して不振が続いています。個人消費も伸びず、個人ローンも低調。非正規雇用が増えて個人の所得も低空飛行にあり、このところ頼りにしていた預かり資産(保険・証券などの取次販売)の残高も伸びが鈍化しています。

ITの進展でインターネットバンキングは堅調な動きを示していますが、銀行サイドから見れば、業務の効率化には貢献しているものの、利益貢献は大きくありません。フィンテック(金融とITの融合)が注目されていますが、銀行収益を改善するほどの力はないのが実情です。

銀行は構造不況業種か？

企業も個人も銀行を積極的に利用しないとなれば、支店が減少するのは必然です。個人に対する業務はATM(現金自動預け払い機)やインターネットバンキングで代行できます。個人向けのローンはAI(人工知能)を駆使すればスコアリング（与信審査）が可能です。

しかし、企業融資はＩＴで補完できるほど容易なものではありません。大手の銀行は企業に資金を貸し付けて成長してきました。ここで儲けることができなければ、存在意義を失います。企業に対するアプローチを「融資」に限定していたことが致命傷になっていたのかもしれません。

銀行の企業融資に対しては、「提案力」や「コンサル能力」を求める声がありました。しかし銀行は融資以外で対応能力を磨くことに熱心ではありませんでした。そうこうしているうちに、企業の側が銀行から離れていき、やがて景気低迷で銀行不要論が現実になりつつあります。

現在はコロナ禍で企業貸付の貸し倒れリスクが増大しており、大手銀行の収益構造はますます脆弱になっています。コロナが収束し経済が活況を呈する日を待つという姿勢では、銀行は不況業種になります。大手銀行は企業融資の見直しが最優先事項です。

銀行は不況業種になったか？

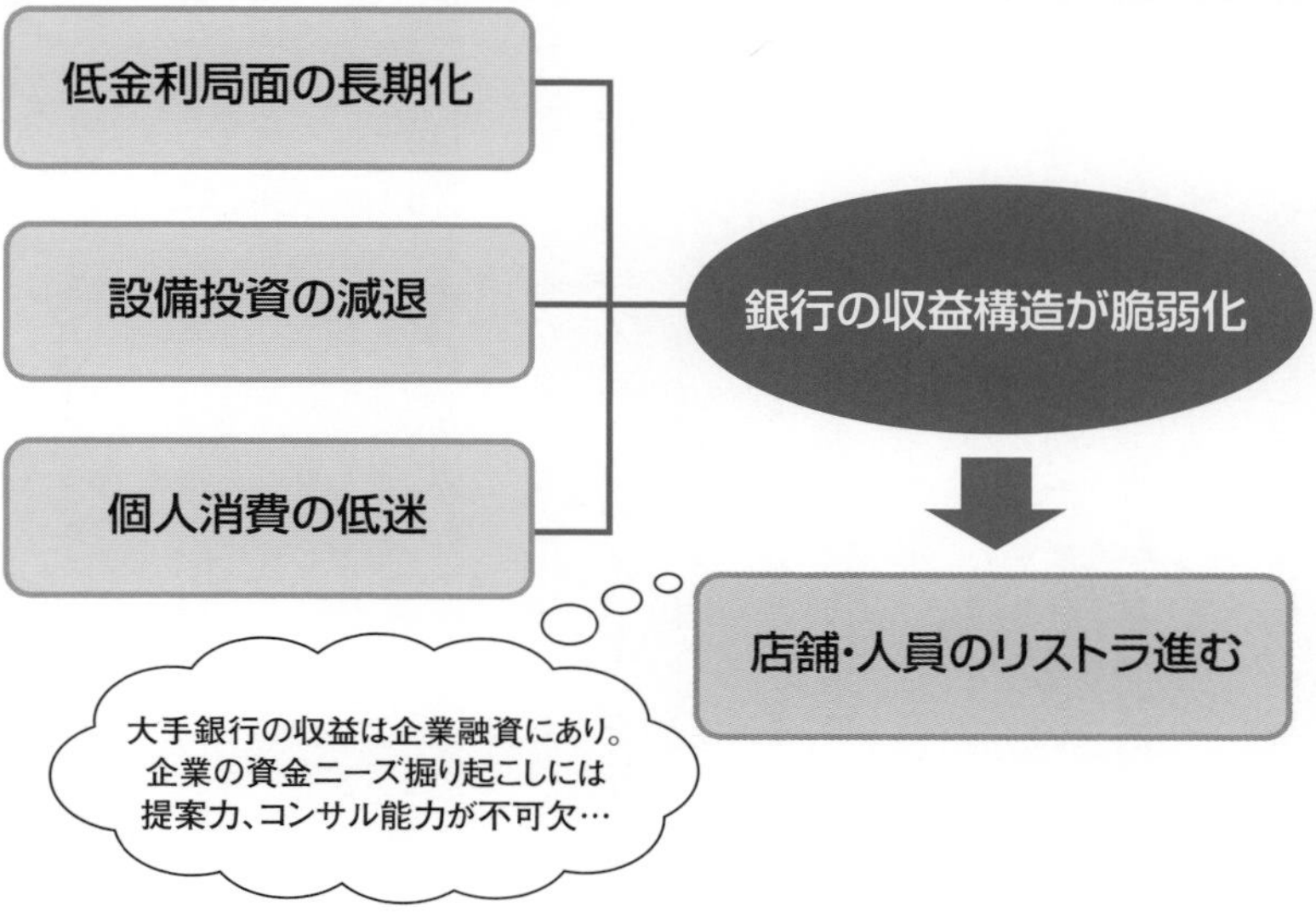
低金利局面の長期化
設備投資の減退
個人消費の低迷
銀行の収益構造が脆弱化
店舗・人員のリストラ進む
大手銀行の収益は企業融資にあり。企業の資金ニーズ掘り起こしには提案力、コンサルタント能力が不可欠…

3 中計「再創造イニシアティブ」に取り組む

三菱ＵＦＪＦＧ①

国内最大の金融集団である三菱ＵＦＪフィナンシャル・グループ（三菱ＵＦＪＦＧ、ＭＵＦＧ）。二〇一八年度からの中期経営計画に取り組み、持続的な成長を目指しています。

三菱ＵＦＪＦＧは、国内の金融業界をけん引する最大のメガバンクグループです。その強みは銀行・信託・証券の三位一体型経営を軸にした総合力にあります。

しかしここに来て、巨大なるがゆえの壁に突き当たっているようにも見えます。二〇一九年三月期に本業の儲けを示す業務純益で初めて三メガトップの座を三井住友フィナンシャルグループに奪われました。翌年度に奪い返しましたが、グループ一体経営に陰りが出ているのです。

そこでＭＵＦＧは二〇一九年三月期から、銀証信の機能分担を進める一方、デジタルを積極活用して事業変革を進めることを主眼にした中期経営計画「再創造イニシアティブ」を掲げ、一段の成長を図ることにしました。信託銀行の法人融資を銀行に一体化したり、投資信託業務を投信子会社から移管するなどしました。

課題は国内事業の底上げ

子会社の収益を見ると、グループの全貌がよくわかります。銀行部門が収益の三割を占め、法人融資を移管した信託は健闘していますが、証券部門の収益が低いのが目立ちます。部門別シェアでは海外部門が銀証信の収益に匹敵しており、特にリーマン・ショック後に出資した米国の名門投資銀行モルガン・スタンレーの貢献度が群を抜いています。またアユタヤ銀行など東南アジアでの銀行買収も奏功。収益を押し上げています。

国内では低金利局面が続き、企業融資も伸び悩む中、海外ビジネスに的を絞る作戦は成功していますが、国内での収益拡大が経営課題。中計の成否は国内事業の底上げにかかっています。

MUFJの業績

●MUFJの業績推移

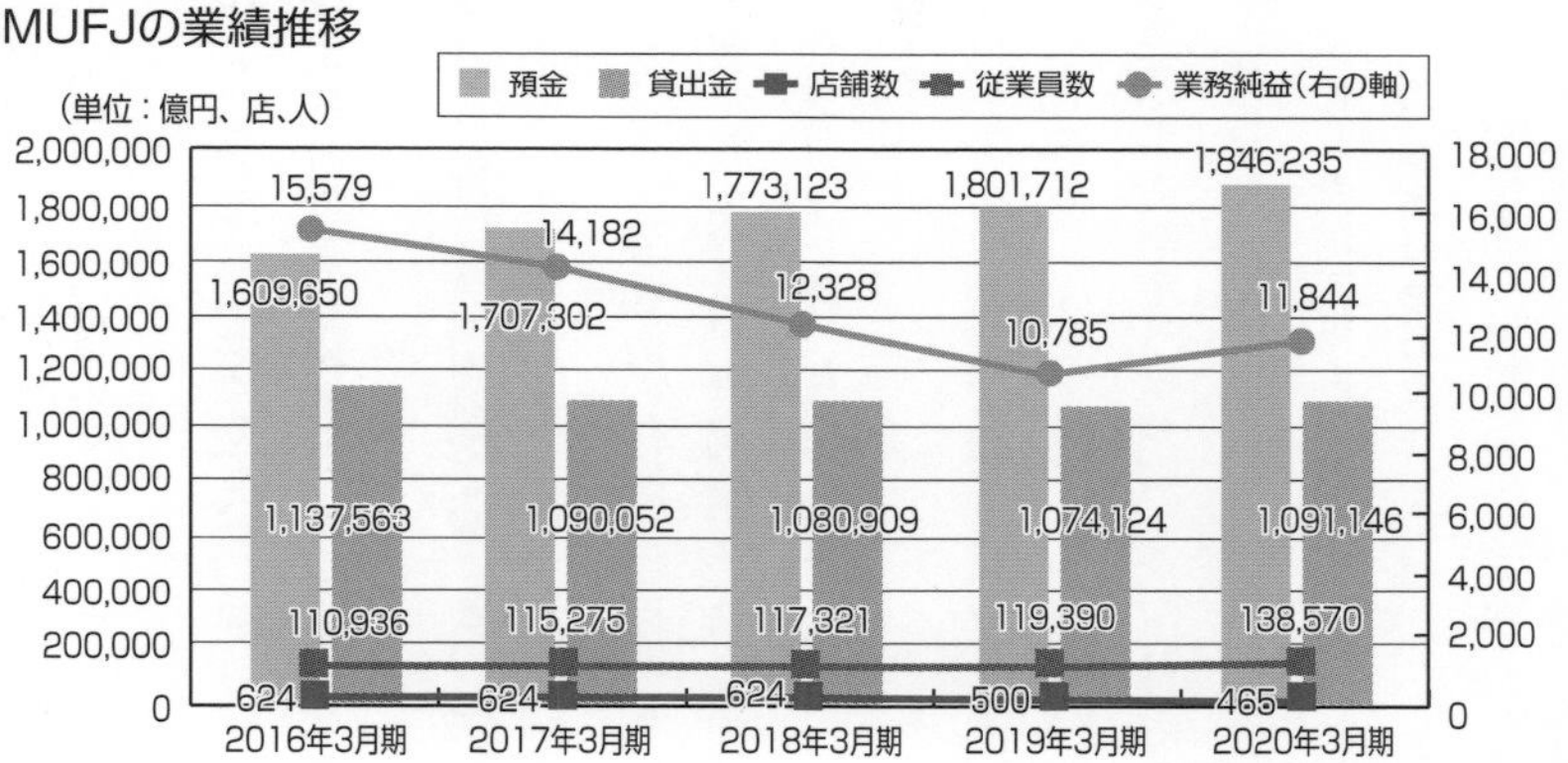

注：店舗数は国内銀行の本支店

●子会社別収益（2020年3月期当期純利益）

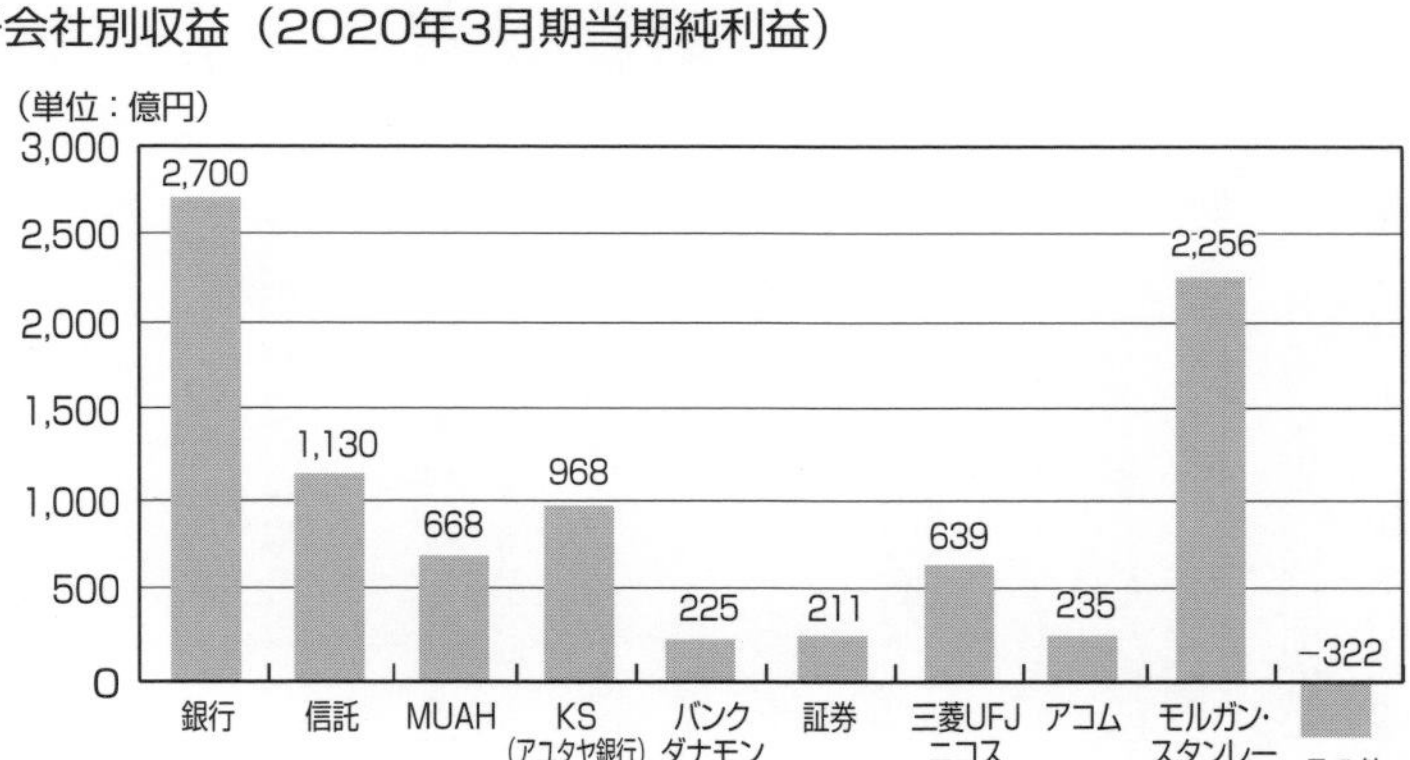

●部門別収益シェア（2020年3月期当期純利益）

出所：決算説明資料などをもとに作成

4 銀行トップに一三人抜きの常務昇格

三菱UFJFG②

MUFGの中核である三菱UFJ銀行の頭取に二〇二一年四月、半沢淳一常務が昇格しました。デジタル化に舵を切る銀行が若返り人事を断行したと受け止められています。

三菱UFJ銀行は、「組織の三菱」といわれる旧財閥グループの中でもトップ人事に厳格な企業として内外に知られていました。頭取の任期は二期四年。この原則は長年踏襲され、大蔵省(現金融庁)と全国銀行協会の担当部長を歴任した東大出身の副頭取がその座を射止めてきました。

ところが一七年五月、前年に就任した小山田隆頭取の退任と三毛兼承(みけ・かねつぐ)副頭取の昇格を発表。銀行業界に激震が走りました。三毛氏は慶大出身で国際畑。大蔵省や全銀協の担当もなく、周辺からは「任期半ばで退任した前頭取のピンチヒッター」(銀行業界関係者)との声がありました。

そして今回は半沢常務が入行年次で九年、一三人を追い抜く異例の昇格で銀行頭取に就任しました。半沢氏は大蔵省、全銀協の担当を経験した正統派。報道では若返りを強調する向きが多いですが、小山田氏の早期退任と三毛氏の就任がむしろ異例の人事。半沢氏の昇格は「組織の三菱がトップ人事の原点に戻った」(同)と見るのが妥当でしょう。

銀行主導鮮明、「半沢三菱」が始動

ただ、入行年次を重視し官僚機構並みに幹部育成を図ってきた三菱UFJ銀行が、九年の年次を飛ばして半沢氏を押し上げたのには、それなりの理由があります。

それは、ITの隆盛が続く中で不況業種化しつつある銀行ビジネスの抜本的な改革です。超低金利と経済の低成長、電子マネーなどの新たな資金決済の台頭、国際的な金融規制、さらにはESGに代表される新機軸の投資

スタンスの普及といった状況の中で、世界を股にかけるメガバンクグループは、日々進化を遂げていかない限り、世界で展開される金融競争に生き残ることはできません。

　そのためには、これまでの知見を有しながらも未知の世界（デジタル戦略）に踏み入れるだけの野心のあるトップが、グループの稼ぎ頭である都市銀行部門に不可欠だと判断したのです。巨大金融集団とはいえ、他のメガも含めて、その中核で司令塔の役割を果たすのは、いつの時代でも都銀なのです。店舗や行員を減らしてもその座は揺るぎません。

　一八年度から掲げている中計「再創造イニシアティブ」で、信託銀行から法人融資を移管させました。この年に「東京」の二文字を削って「三菱ＵＦＪ銀行」としたのも、より強く銀行主導を打ち出すための意志表明にほかなりません。

　二一年一月、ＮＴＴドコモと三菱ＵＦＪ銀行が金融事業で包括的な業務提携を結ぶ方針、との報道が出ました。ＭＵＦＧはスマートフォンを使った金融ビジネスの分野で他のメガの後塵《こうじん》を拝しているだけに、半沢氏の就任を機に遅れを取り戻したい意向があるようです。

13人抜きのトップ人事、半沢常務が銀行頭取に

正統派の新頭取、
強い都銀を目指す？
三菱UFJフィナンシャル・グループ
MUFG

5 SMBCグループに呼称変更

SMBCグループ①

三井住友フィナンシャルグループ（SMFG）は二〇一八年にグループの呼称を変更、二〇年には経営理念を新たに策定するなど、時代の変化に対応しています。

金融業界では、旧住友銀行に対する「剛腕」の残像から、三井住友銀行を中核とするSMFGのブランドに対しても堅いイメージがありました。しかしメガバンク誕生から二〇年経過し、三グループ鼎立《ていりつ》が定着したことで、新たな差別化戦略を打ち出す時期に入ったと判断しました。

そこで一八年四月、対外的なグループ呼称を**SMBCグループ**に変更。SMFGは持株会社の社名として使用していくことにして、ブランド戦略を展開することにしました。SMBCグループは三メガの中でも都市銀行主導の色彩が最も強く、三井住友銀行（SMBC）のブランド価値を高めてグループ収益を拡大させてきました。

経営理念の改定にも踏み込みました。顧客・株主・従業員に対するコミットメント（関わり方）は維持しながらも、「社会課題の解決を通じ、持続可能な社会の実現に貢献する」の一文を加えました。**SDGs**（持続可能な開発目標）や**ESG**（環境・社会・ガバナンス）に対する関心の高まりを意識したもので、この改定もSMBCグループのブランド価値向上の一環とも思われます。

グループの収益構造は銀行・証券・信託の本流ビジネスが七割強を占めており、三井住友銀行のけん引ぶりが目に付きます。国際カードブランド「VISA」の最強メンバーである三井住友カードと、収益力の高い消費者金融プロミスを持つのも強み。リースや資産運用会社をノンバンクと見れば、都銀とノンバンクで成り立っているメガバンクグループということもできそうです。

ワンポイントコラム
【剛腕のイメージ】旧住友銀行の元頭取である磯田一郎氏が語ったとされる「向う傷は問わない」や、西川善文元頭取の「カミソリ西川」など、強気の銀行経営を推進してきた銀行トップの存在が、強気な経営を伝統とする印象として定着してきた感があります。

三井住友FGの業績

●三井住友FGの業績推移

●子会社別収益（2020年3月期当期純利益）

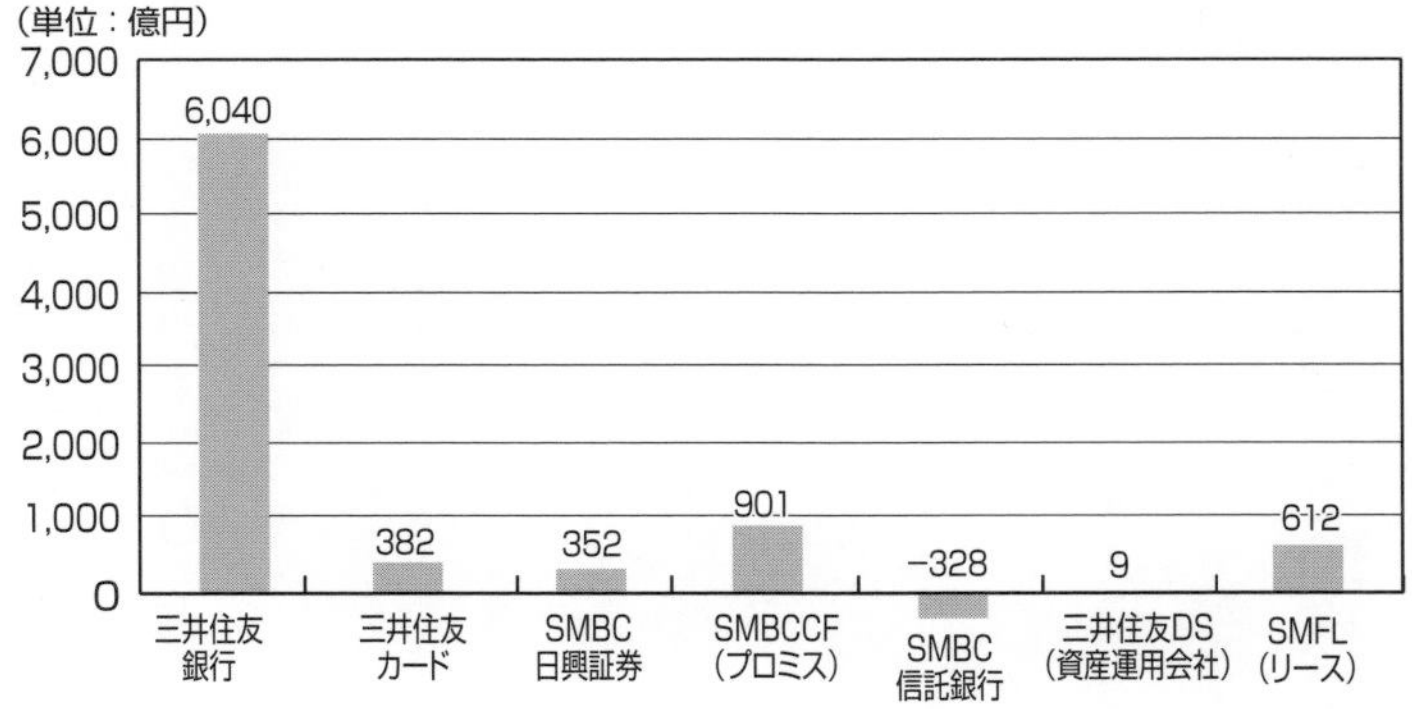

●部門別収益シェア（2020年3月期当期純利益）

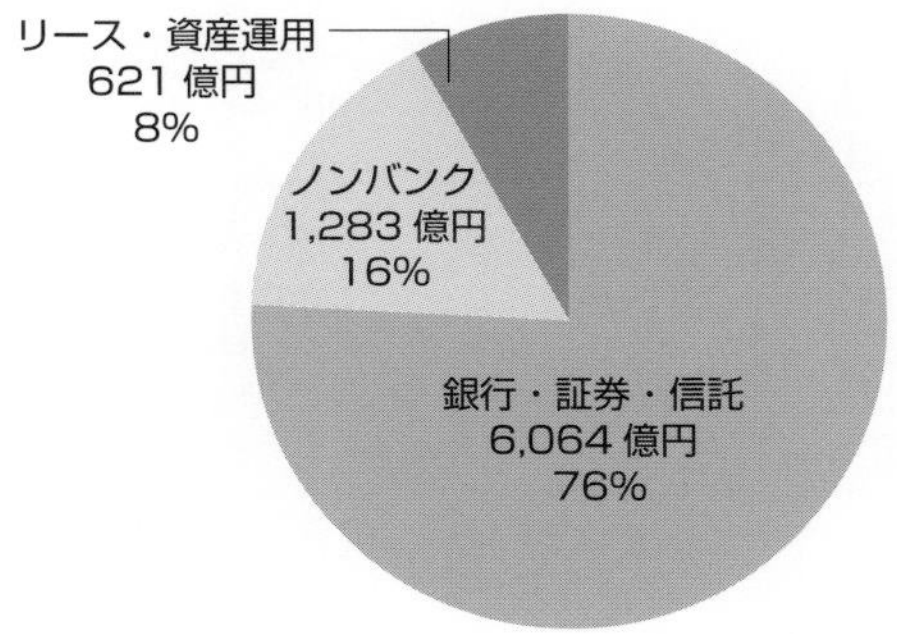

出所：決算説明資料などをもとに作成

第4章　銀行業界の問題点

SMBCグループ②

SBIHDと資本業務提携 6

SMBCグループは二〇二〇年七月、SBIホールディングス（HD）と資本業務提携を結びました。スマホによる金融サービスなどデジタル分野の強化に取り組む方針です。

メガバンクグループは、デジタル化を将来の有望な金融サービスとして強化していく姿勢を見せています。いわゆるフィンテック（金融とITの融合）にも積極的に関与していますが、ビジネス上の成果を上げているわけではありません。法人・個人を合わせて数千万の口座を有するメガバンクにとって、今後拡大すると思われる有力な事業とはいえ、既存の取引を継続しながら進出するには、まだ多くのリスクがあると判断しています。

そこで選択するのが、デジタル戦略で先行するプレーヤーとの業務提携。他の業者と手を結んで新ビジネスを進めていけば、仮に奏功しなくても撤退のリスクは最小限で済みます。手ごたえをつかめば、提携で得たノウハウを土台に自前で事業を展開できる道筋も見えてきます。SMBCグループに必要なデジタル金融における事業領域はインターネット証券です。SBIHD傘下のSBI証券はネット専業証券の世界で独走しており、格好の相手といえます。

一方、SBIHDにとってSMBCグループは唯一のメガバンクとの提携対象です。というのも、みずほFGはSBIHDの親会社だったソフトバンクグループのメインバンクで、両者はすでに**スマホ金融**で提携関係にあり、三菱UFJFGはauカブコム証券、auじぶん銀行を傘下に持っています。SBIHDが組むメガバンクの対象はSMBCグループに限られていたのです。

地方創生で同床異夢？

提携の柱は両者の顧客基盤の拡大です。その中核になるのが、SBIが一九年四月に設立したスマートフォン専用のインターネット証券「**SBIネオモバイル証券**」。若年層の顧客が中心のスマホ証券と三井住友銀行との間で、相互に商品・サービスを紹介して顧客を拡大する狙いです。ネオモバイル証券は二一年一月に早くも五〇万口座を突破、Tポイントを使った少額の株式投資などで人気を高めています。SMBCグループはネオモバイル証券の二〇％の株式を取得して関係強化を図る予定です。

また、SBIが全国の地方銀行の支店で展開しているリアル店舗の「SBIマネープラザ」に対し、SMBC日興証券が対面証券ビジネスを提供する意向です。

これはSBIHDが推進している地方創生関連ビジネスに呼応するものです。三井住友銀行は他の都銀に比べて関西地区を除いて地銀との関係が昔から弱く、メガバンクグループとしての地方戦略が見劣りしていました。一時期、メガバンクは資本構成の観点から地銀の株式保有を減らしてきましたが、SBIHDが目指す地方創生事業に着目。いわば同床異夢を描いているのかもしれません。

デジタル強化でSBIホールディングスと手を組む

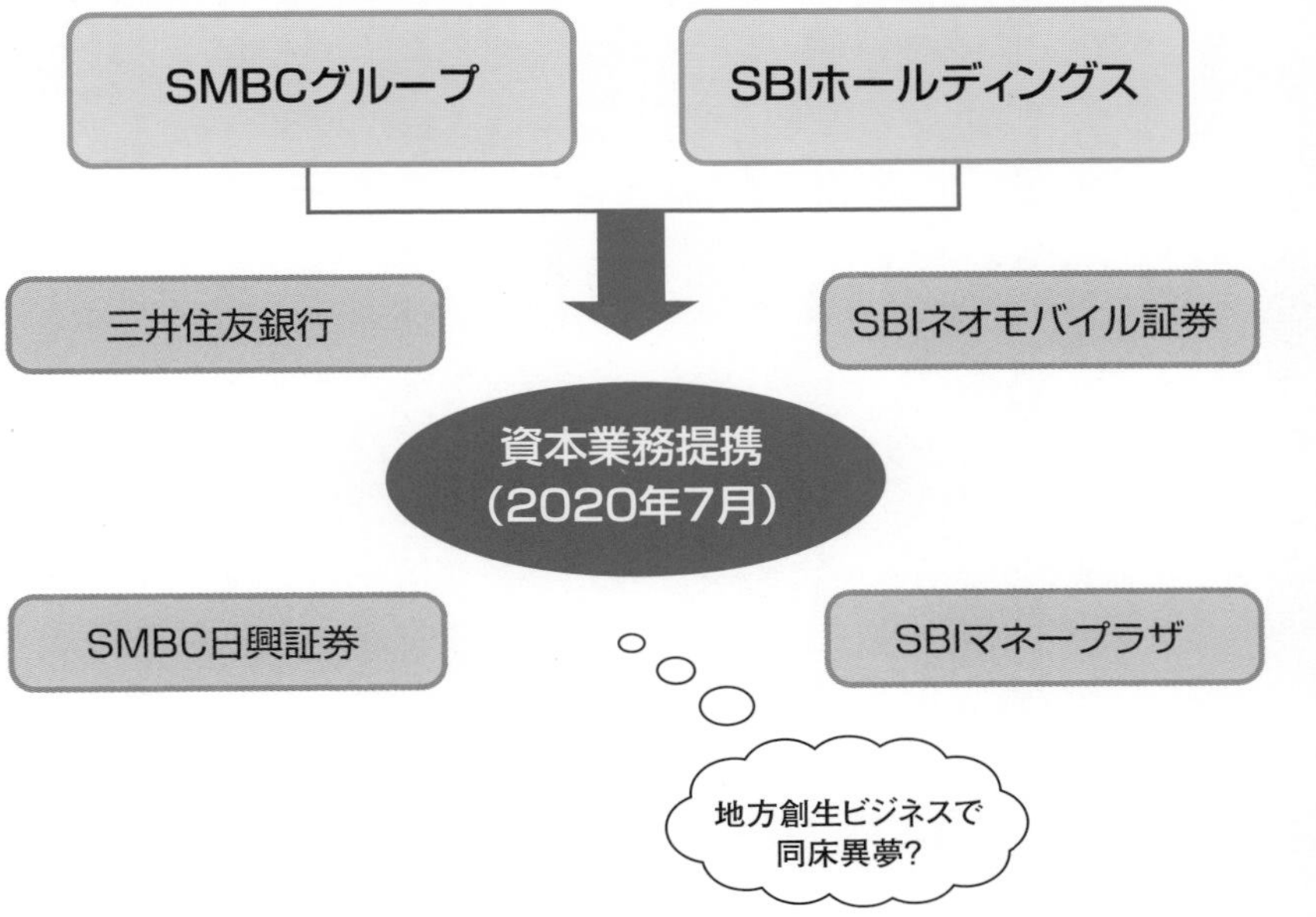

7

みずほFG①

生き残りの五カ年計画

メガバンクグループで「万年三位」のレッテルが定着したのがみずほフィナンシャルグループ（FG）。二〇二〇年三月期から「次世代金融への転換」を掲げ、生き残りを賭けています。

強引ともいえる三行統合（第一勧業・富士・日本興業）が引き起こした二度の大規模システム障害とその後の二行合併で、みずほFGはこの二〇年絶えず業績不振にあえいできました。とりわけ経営の屋台骨を揺さぶった基幹システムの立て直しは最重要課題で、この問題に一応のケリを付けた二〇年三月期から、五カ年の経営計画を始動させせました。

銀行業界では「合併時の弊害や動揺が終息するには最低でも二〇年はかかる」（都銀幹部）と昔からいわれてきました。異なる企業文化のもとで育った従業員の融和は、システム化が進んだとしても生身の人間同士の職場で一朝一夕に成し遂げられるものではなく、その弊害にいまだに苦しんでいます。

これは大規模再編を経たメガバンクに共通する課題ですが、みずほFGでは三行を再編して二行に移行した統合初期から始まっています。二〇一三年にみずほ銀行とみずほコーポレート銀行が合併して、ようやく統合への前向きな姿勢が出てきたのです。他のメガに比べて一〇年以上、再編の効果が遅れていたわけです。

五カ年計画の基本方針に「経営資源配分などのミスマッチを解消」という文言があります。みずほFGは他の二メガに比べて経費率で大きく見劣りしています。上場企業の七割と取引関係にありながら収益が少ないのは、効率経営が徹底されていない証拠です。子会社収益を見ると、銀行・証券・信託の本流ビジネスが大部分を占めています。グループの事業見直しを進めてスリムになった半面、選手不足が否めません。次世代に向けてどんな手を繰り出すのか、行く手は決して楽観できません。

みずほFGの業績

●みずほFGの業績推移

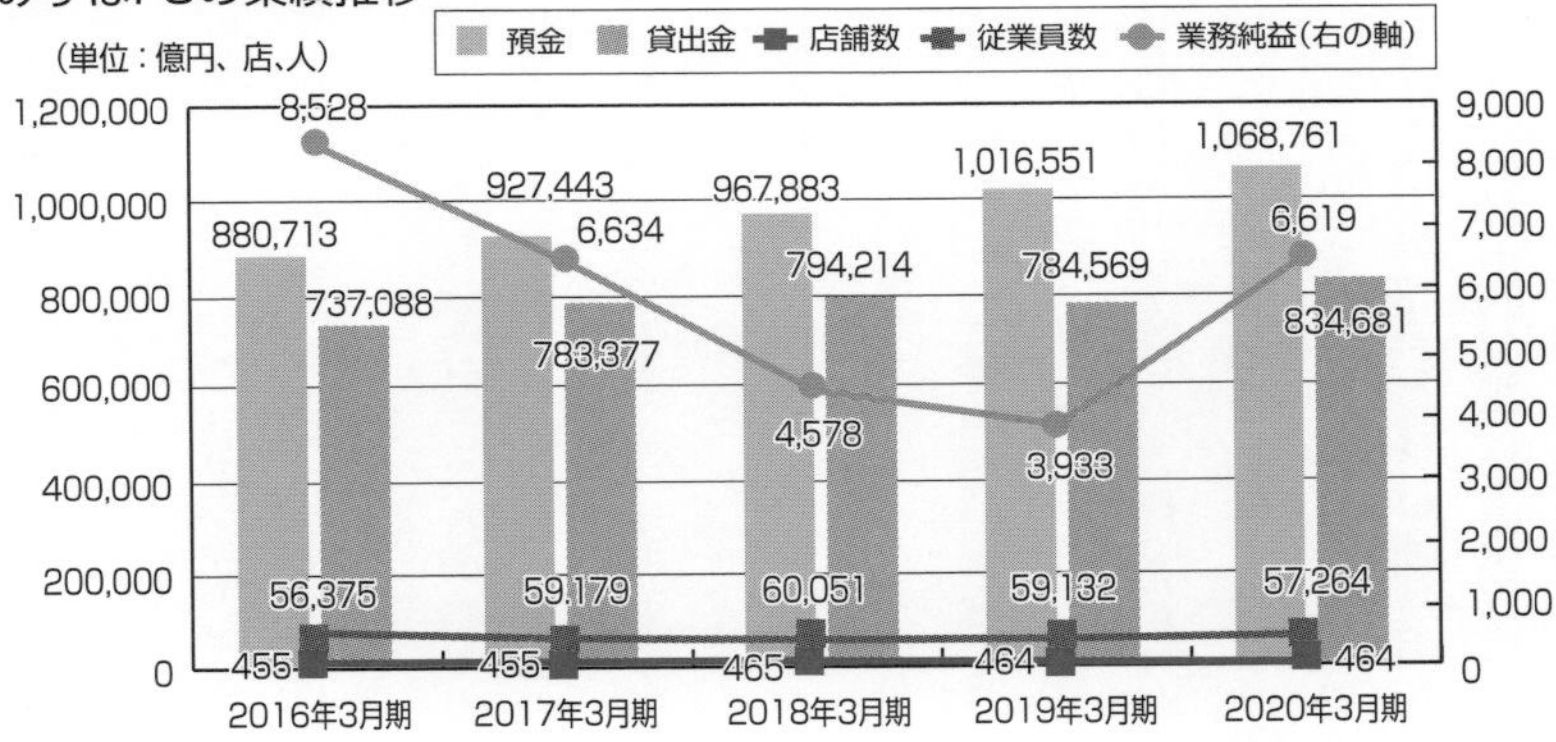

●子会社別収益（2020年3月期当期純利益）

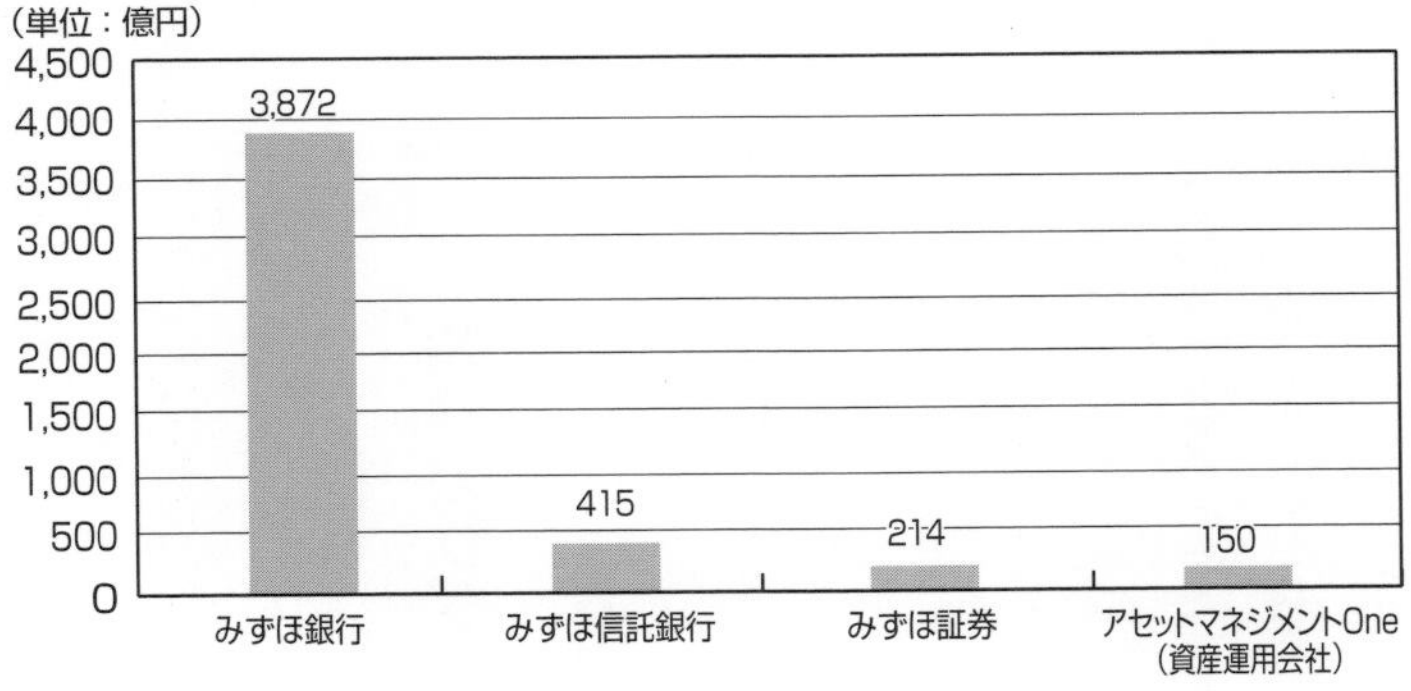

●部門別収益シェア（2020年3月期当期純利益）

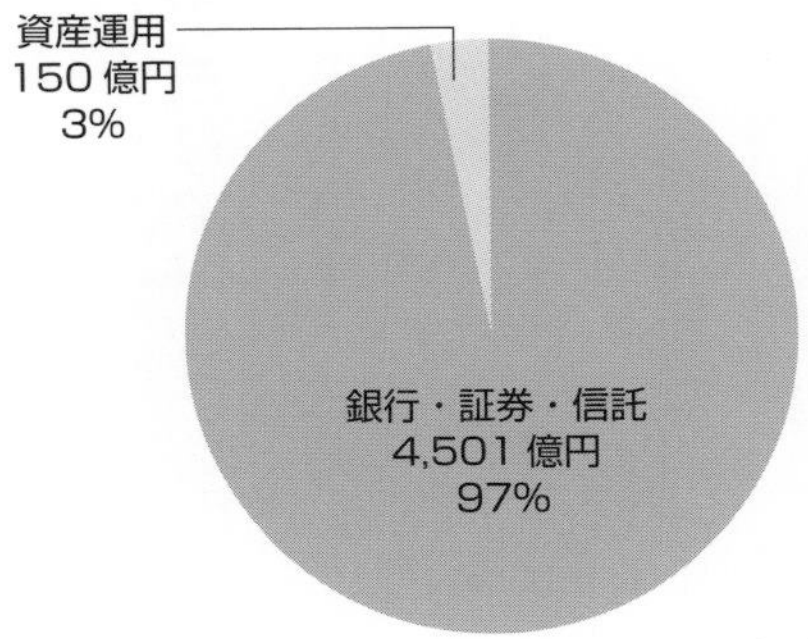

出所：決算説明資料などをもとに作成

8

みずほFG②

新システムへの移行が完了

最大の懸案事項だった新勘定系システムの完全移行が二〇一九年七月に完了。経営統合から二〇年を経て、ようやくメガバンクグループとしての出発点に立ちました。

みずほFGは、三行統合時に各行の基幹系システムをつないで温存するリレーコンピュータ方式を採用。これが〇二年と一一年の二度にわたる大規模システム障害の要因になりました。

東日本大震災の発生直後に起きた二回目のシステムトラブルを契機に新勘定系システムの構築作業が始まり、三五万人月、四〇〇〇億円超の資金をつぎ込んでついに一九年七月、新勘定系システムが全面稼働しました。

みずほFGのシステムは、第一勧業銀行が一九八八年に稼働させた富士通の「STEP」と呼ばれるレガシーシステムが源流。経営統合時に片寄せ方式を主張する日本IBMユーザーの富士銀行、単独運用を唱える日立製作所ユーザーの日本興業銀行が鋭く対立した結果、メガバンクに適合したシステムの構築が遅れたのです。

IT業界のサグラダファミリア

新システムは「MINORI」と命名されています。旧みずほ銀行、旧みずほコーポレート銀行、みずほ信託銀行の三行の勘定系システムを一本化し、老朽化したシステムと決別しました。

従来、支店は利用者から受け付けた申込書類の処理を支店で完結させなければならず、事務センターなどでの一括処理ができませんでした。支店の業務改善が進まないために、新商品や新サービスの導入が遅れていました。例えば、他行が積極的に推進したポイント制度などの導入が遅れたのは、システム対応の遅れが原因でした。「MINORI」の全面稼働により、他のメガバンクと同じ土俵で競争ができるようになりました。

新システムが最も威力を発揮するのは、対外接続ではないでしょうか。前述したポイント制度導入の遅れなどは、基幹システムが対応できないのが原因でした。今後は異業種との業務提携を幅広く展開できるものと思われます。幸いなことにフィンテックは、銀行業界ではまだ緒に就いたばかりであり、取り組みの遅れを取り戻すことは十分可能です。

ただ、巨費を投じただけにコスト回収と会計処理は頭痛のタネになります。四〇〇〇億円にも及んだシステム構築費の処理のため、一九年三月期、固定資産約五〇〇〇億円を減損損失として計上。五年から一〇年程度で減価償却して経費率の上昇を回避しました。

みずほＦＧは二〇年六月に日本ＩＢＭとの共同出資で新たなシステム運用会社「ＭＩデジタルサービス」を設立。ＭＩＮＯＲＩの運用とシステム運用受託を展開します。「ＩＴ業界のサグラダファミリア」とまで揶揄《やゆ》された苦闘のプロジェクト。そのノウハウをもとにいくらかでも巨費を回収する意向です。

みずほFGの新勘定系システム「MINORI」

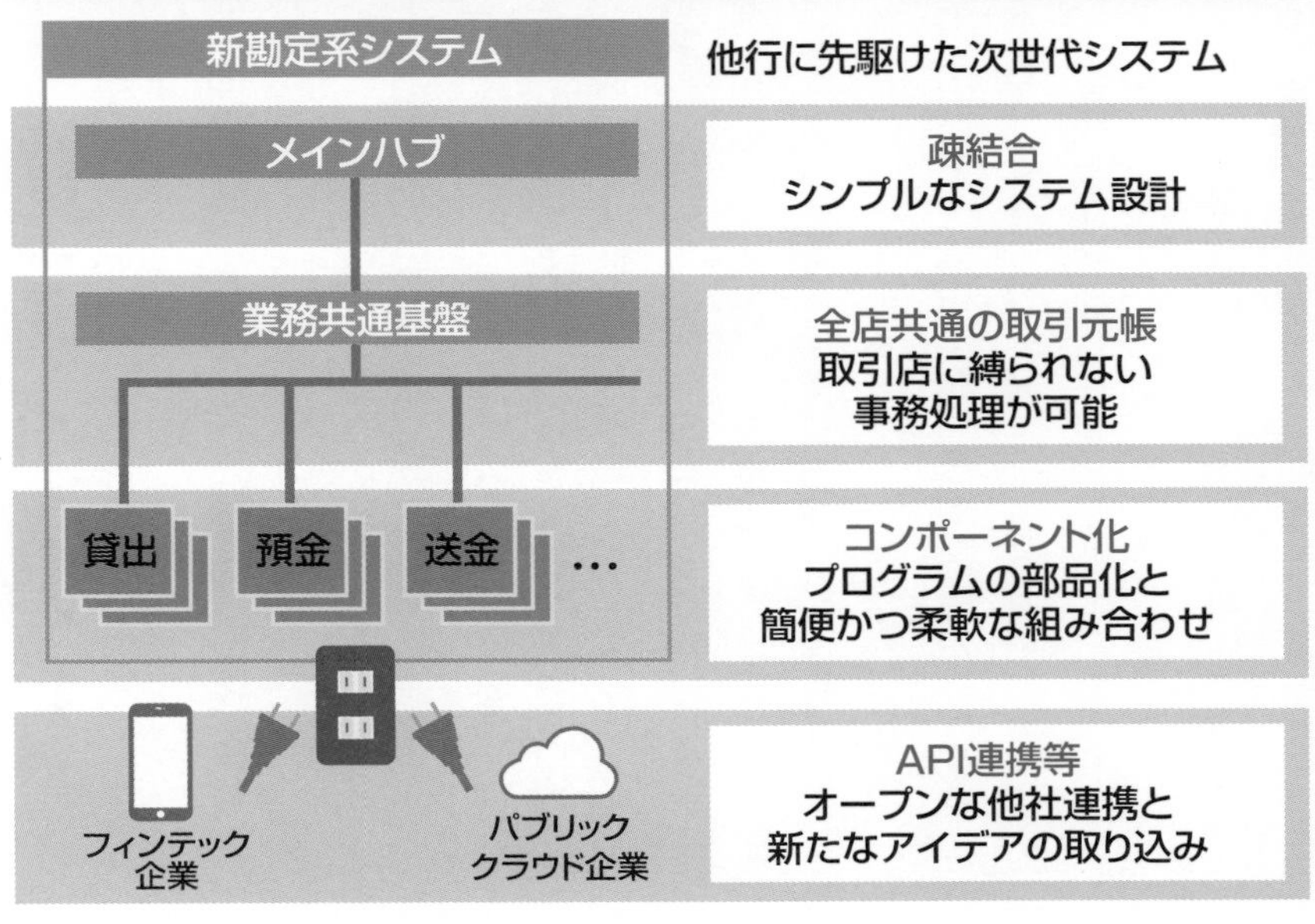

出所：同社Webサイト「IT戦略」

9 「地域メガ」りそなホールディングス

りそなホールディングス（HD）は、関東と関西の二拠点に旧都市銀行と地方銀行、第二地銀を子会社に持ち、業界内でも独特の立ち位置を占める銀行グループです。

りそなHDは、都銀下位行だった**協和銀行***と埼玉銀行、大和銀行などによる幾度かの合併と経営統合を経て誕生しました。他のメガバンクグループと異なり、二〇〇一年の設立以降も地銀・第二地銀を糾合しながら、現在もなおグループ再編の動きを止めていません。

持株会社のもとで、大和銀・協和銀の流れをくむ「りそな銀行」が東西に地盤を持ち、埼玉銀が源流の「埼玉りそな銀行」が埼玉県のトップ銀行として圧倒的な取引シェアを堅持しています。このうち大和銀時代から引き継いでいる店舗では、同行が信託を併営していたことから信託業務を展開しています。

さらに一八年には中間持株会社「関西みらいフィナンシャルグループ」を設立し、傘下に関西みらい銀行、兵庫県を地盤とする「みなと銀行」という地域金融機関を従えています。関西みらいFGは、関西みらい銀行の前身である二行（関西アーバン銀行、近畿大阪銀行）の親会社が三井住友FG、りそなHDだという背景から生まれた中間持株会社で、利害調整のため便宜的に作られた会社です。

都銀の営業地盤が東西に分かれているうえに、埼玉県では群を抜いたシェアを持つ一方、地銀・第二地銀はメガバンクグループとの主導権争いがいびつな形で残り、地銀二行の合併の行方も不透明のままになっているなど、その結束力に対して業界で疑問視する向きが少なくありません。

二〇一五年に公的資金の返済を完了し、「スーパーリージョナルバンク」を標ぼうしてきましたが、メガバンクグループに次ぐ金融グループとしての将来像は鮮明ではありません。

用語解説

***協和銀行**　1945年に国内の9つの貯蓄銀行が合併してできた日本貯蓄銀行がその前身。1948年に普銀転換して協和銀行と改称。1991年に埼玉銀行と合併して協和埼玉銀行になり、その後、大和銀行との間で再編を行い現在に至る。

りそなホールディングスの業績

●りそなホールディングスの業績推移

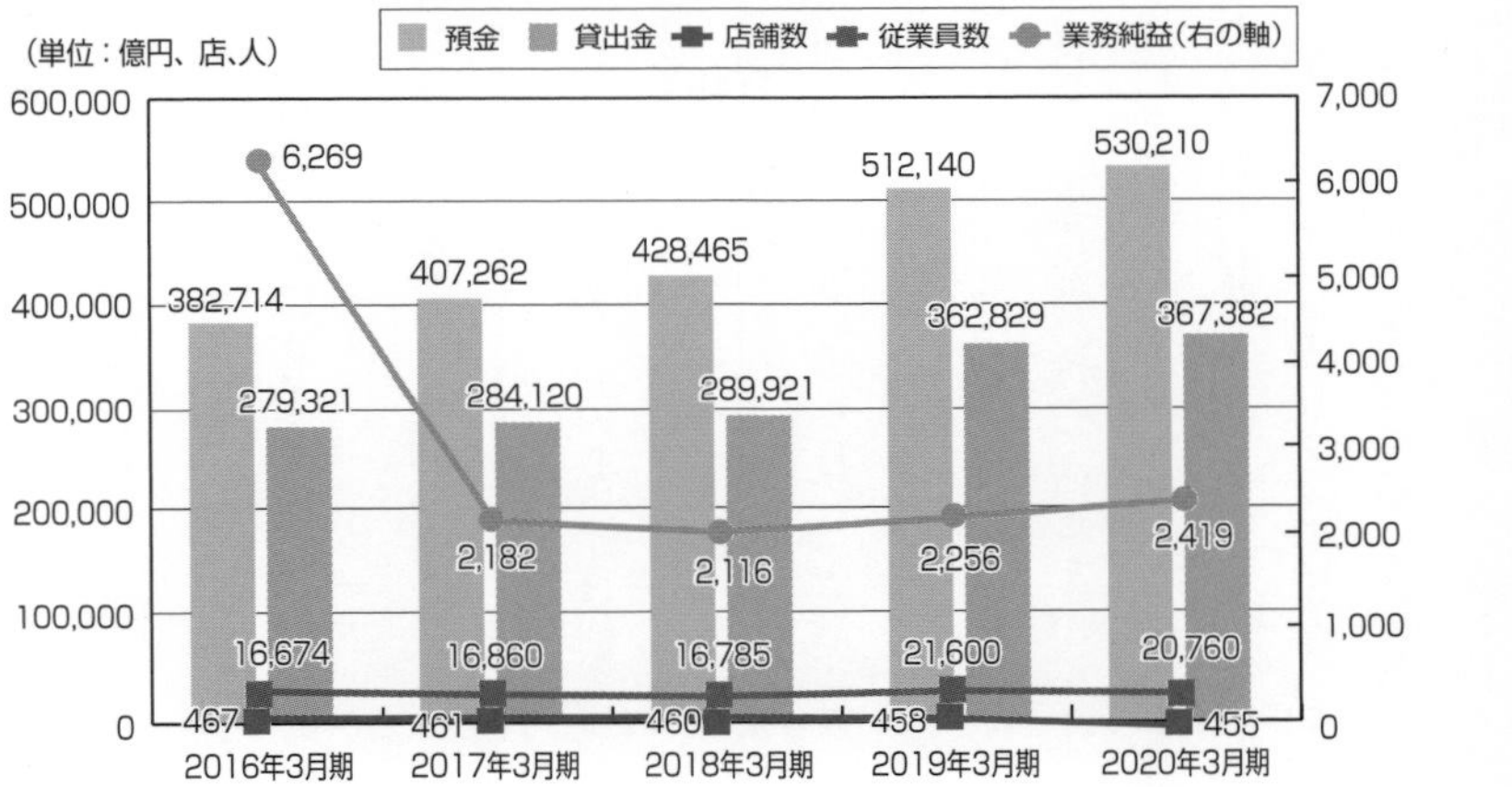

●国内市場シェア

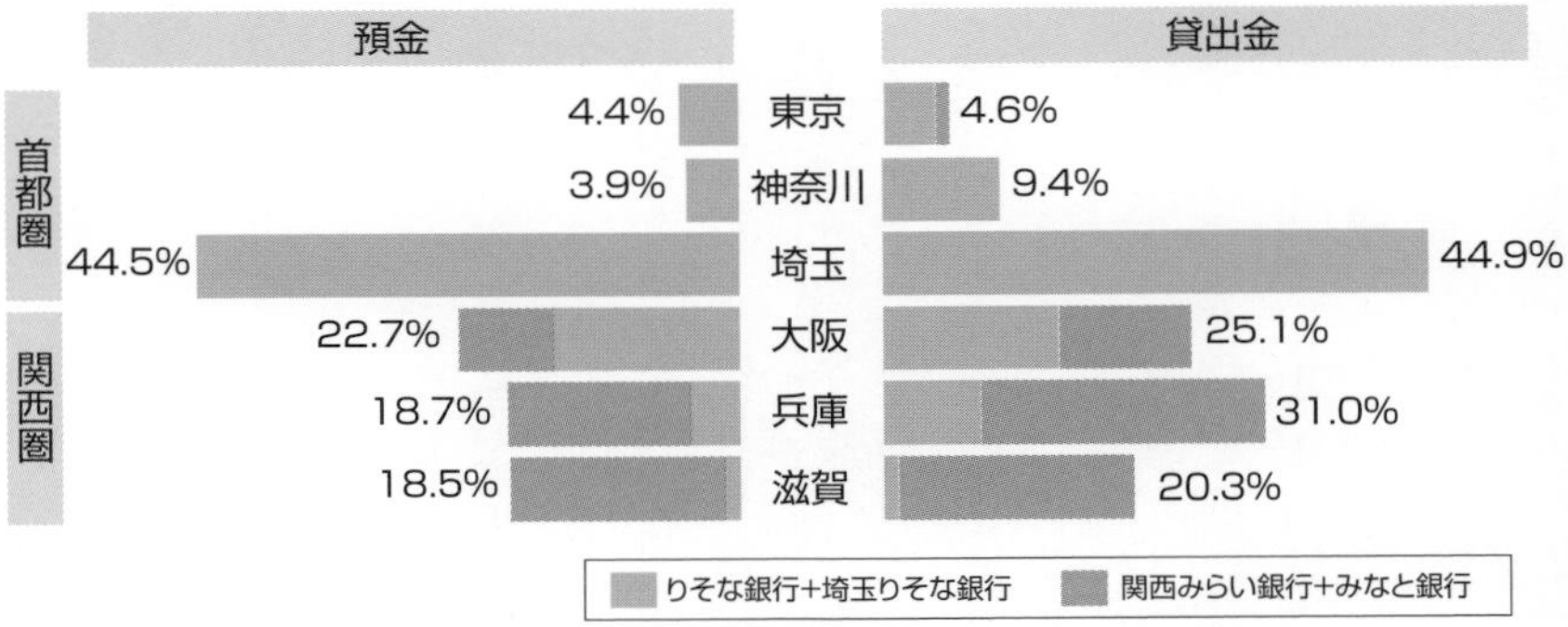

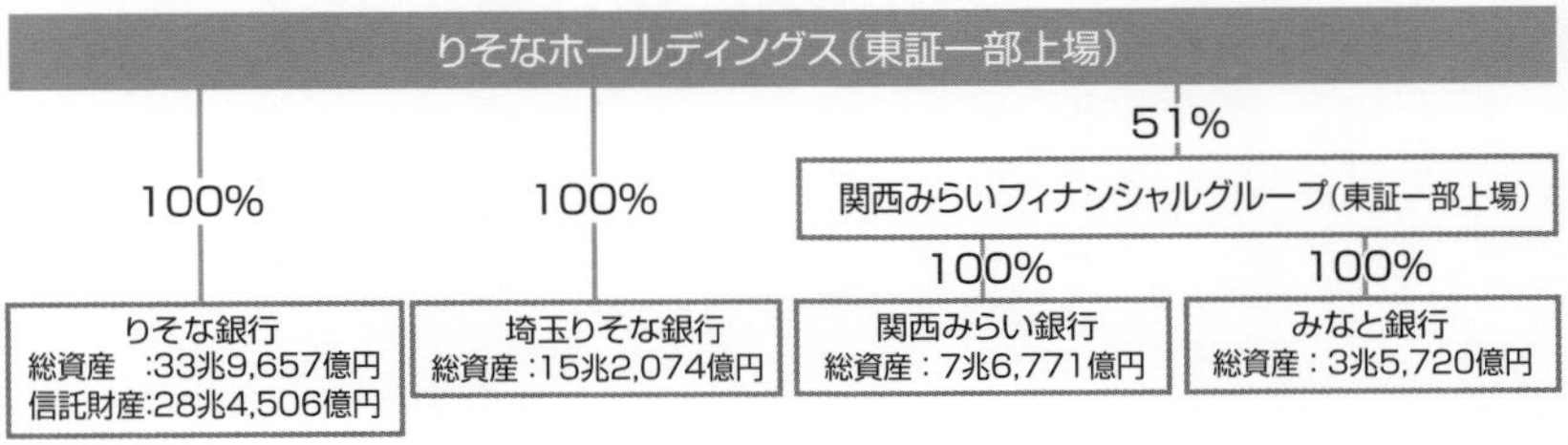

出所：同社2020年ディスクロージャー誌

10 信託銀行の将来絵図

信託銀行の存在感が揺らいでいるように見えます。「信託併営」の銀行として営業展開してきましたが、「銀行併営」の信託に変貌するよう要請されています。

信託銀行は、信託業務と銀行業務の両方を営むことができる銀行で、かつては長期信用銀行と同様、長期の融資を熱心に行っていました。しかし近年は信託銀行の業務展開は様変わりしています。

信託という概念が広く一般に知られておらず、また利用者は富裕層が中心で店舗も少ないことから、個人向け業務は積極的ではありません。加えて再編統合によって業界の勢力図が大きく変化し、三井住友信託銀行がトップを独走している状況が続いています。

三菱ＵＦＪ信託銀行は二〇一八年四月に法人融資部門を三菱ＵＦＪ銀行に移管しました。大手銀行の収益の大半は大企業取引が担っています。この稼ぎ頭を失ったことで、長年業界首位争いをしてきた三井住友信託銀行との収益差が現れました。

みずほ信託銀行は、かつての業界中堅・旧安田信託銀行が母体。合併によって肥大化した上位二行と比べると、預金・貸金ともに桁違いで見劣りします。

ＳＭＢＣグループのＳＭＢＣ信託銀行はさらに小粒で、買収した外銀系の信託銀行とシティバンク銀行を統合して一五年から営業を開始しています。同行はシティバンク銀行のリテール事業部門を「ＰＲＥＳＴＩＡ（プレスティア）」と命名してブランド化を図り、知名度向上を目指しています。

業界トップの三井住友信託銀行は法人ビジネスを中核に利益を上げていますが、信託業務である受託事業や資金運用部門のマーケット事業でも堅実に利益を上げています。一方、信託銀行の得意分野である不動産やリテール事業はやや精彩を欠いています。

信託4行の2020年3月期業績（単体）

（単位：億円、店、人）

	三井住友信託銀行	三菱UFJ信託銀行	みずほ信託銀行	SMBC信託銀行
預金	304,550	111,354	30,962	28,921
貸出金	259,004	40,810	33,674	14,683
業務純益	1,732	1,423	481	9
当期純利益	1,247	1,130	353	−328
店舗数	133	52	36	31
従業員数	13,527	6,397	3,424	2,112

出所：各行決算資料

三井住友信託銀行の事業別利益

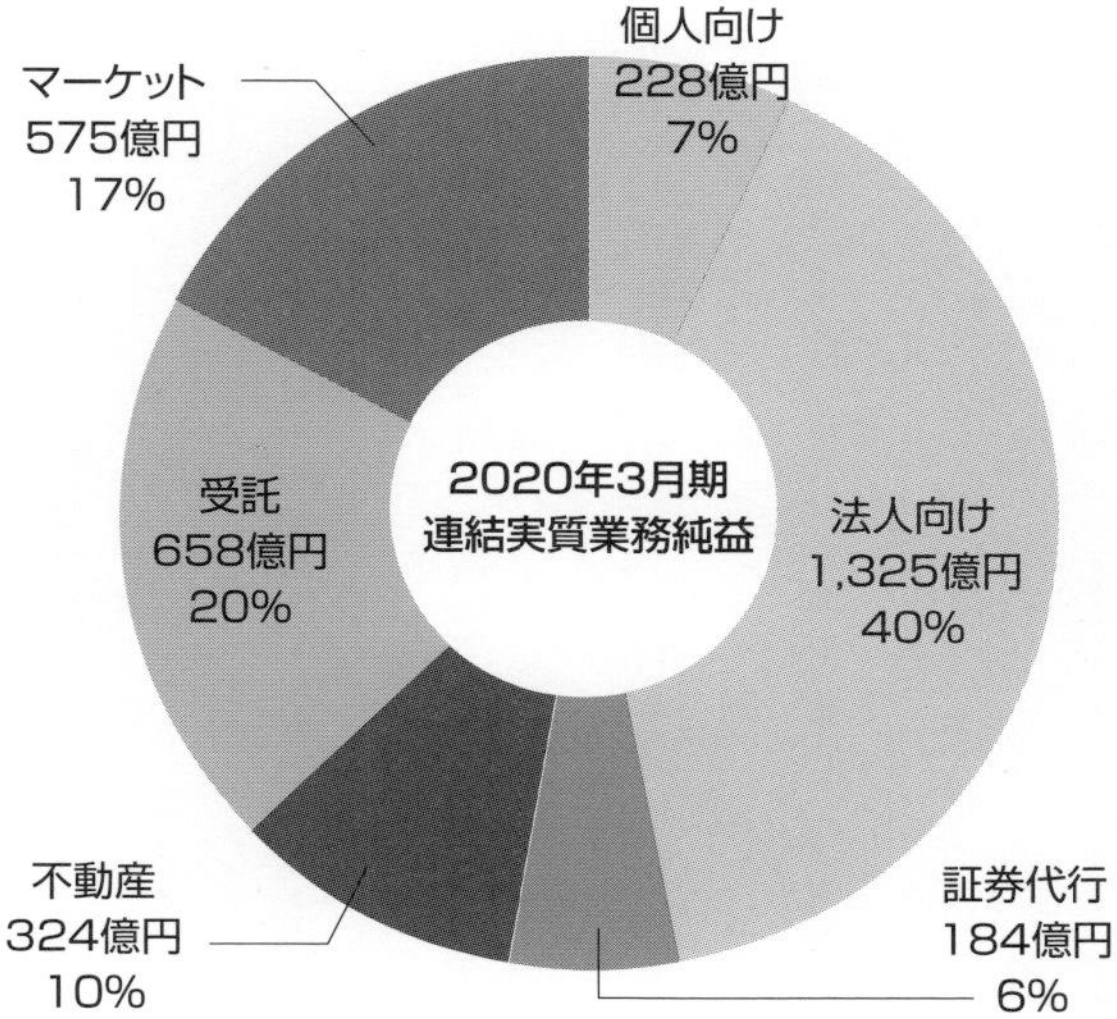

出所：各行決算資料

11 「鼎立」鮮明で覇権争い激化

地銀再編を歩く①―九州編

地方銀行の再編が加速しています。ここから五つの節に分けて地区別に再編の行方を見ていきます。まずは再編の動きが最も活発な九州地区。

地銀再編の中で激戦地なのが九州地区。二〇一六年二月、長崎県の十八銀行(本店・長崎市)が一七年四月に**ふくおかフィナンシャルグループ**(FFG)の傘下に入り、一八年にグループの親和銀行(佐世保市)と合併することが発表されました。

持株会社傘下の銀行が合併するのはこれが初めてで、県内地銀同士の合併も例がありません。経営統合後に傘下の地銀と第二地銀が合併した例はありますが、地銀同士の合併は実現していませんでした。公正な取引競争に支障をきたすことを懸念する公正取引委員会は当初、合併後の県内融資シェアが七割を超えるため難色を示していました。

しかし二〇年五月、地銀同士の統合・合併を独禁法の適用除外とする特別措置法が成立。同年一〇月に十八親和銀行(二〇年三月末預金量四・八兆円、以下同)が誕生しました。

この合併の動きにより、九州地区地銀の再編では、グループ預金量一七兆円と国内最大の地銀グループFFG、FFGとの覇権争いに挑む**西日本フィナンシャルホールディングス**(FH、西日本シティ銀行*・長崎銀行)、両者の南下を阻止したい肥後銀行・鹿児島銀行の**九州フィナンシャルグループ**の三者鼎立が一層鮮明になってきました。

福銀、西銀、シティ銀三つ巴《どもえ》の歴史

FFGは業界第三位の福岡銀行(一〇・九兆円)を盟主に十八親和銀、熊本銀行(一・四兆円)を擁して〇七年に設立されました。〇四年に福岡県内の有力行、西日本銀

用語解説

*西日本シティ銀行　1951年、西日本相互銀行設立。1984年に高千穂相互銀行(宮崎県)を吸収合併して西日本銀行に商号変更・普銀転換し、地方銀行。2004年に福岡シティ銀行と合併して西日本シティ銀行となる。

行と福岡シティ銀行が合併し西日本シティ銀行（八・二兆億円）が誕生したことで、福岡銀が危機感を募らせたからです。

西日本銀、福岡シティ銀はもともと相互銀行。西日本相互銀行は相銀業界で長年トップの座に君臨し、相互銀行協会の会長銀行も務めてきましたが、「無尽会社から発展した相銀は銀行ではないと言われ、『相互』の二文字に泣かされ続けた。特に県内の福岡銀に対しては、強烈なライバル意識があった」（事情通）といわれています。

西日本FHのグループ預金量は八兆四八一五億円。肥後銀行（熊本市、四・五兆円）、鹿児島銀行（三・九兆円）の**九州FG**のグループ預金量八兆五五九〇億円に劣り、「福岡の雄」として看過できません。

西日本シティ銀は現在、第二地銀の長崎銀行（二三六一億円）を子会社化しているほか、佐賀共栄銀行（二二九三億円）、豊和銀行（大分市、五三二二億円）の筆頭株主であり、宮崎太陽銀行（六五三八億円）の株式も保有しています。四行とも業界下位で、合算しても預金量は一兆三五八一億円。傘下に収めれば四県にまたがる広域連合が生まれ九州FGを抜きますが、いずれの銀行も経営は不安定で豊和、宮崎太陽の二行には公的資金が入っています。

地銀業界では「西銀が傘下に収められるのは、第二地銀しかない」と見る向きが大勢。FFGの対抗軸となるにはバックグラウンドが弱すぎるのが現状です。

佐賀、大分、宮崎の三行はどうする？

九州FG設立の狙いはFFGの南下を防ぐため、というのが地銀業界の一致した見方です。

「FFGがこれ以上攻め入るのを防ぐため、経営が安定しているうちに統合を決断した。取り込まれる前に壁を作って侵入を阻止する狙い」（地銀上位行幹部）。

九州地区の経済力は、政治経済の中心地である福岡県が総合力で抜きん出ています。これに次ぐのが南北を貫く鹿児島本線が通る熊本、鹿児島の両県。地区内の預金量もこの順番になっていることが経済力の序列を如実に証明しています。このタテ線が大動脈になっていて、再編も福岡・熊本・鹿児島の三県が主役です。

これに対してヨコの線は弱く、長崎県はＦＦＧの十八親和銀と西日本ＦＨ傘下の長崎銀とで再編が完了済み。残るは佐賀・大分・宮崎の三行の行方。彼らが結束して対抗勢力を作ることは考えにくく、ＦＦＧ、九州ＦＧ、西日本ＦＨの傘下に入るか、当面は独立志向を維持するかの二者択一になります。

佐賀銀行（二・三兆円）は、十八銀行が親和銀との合併で二一年一月に離脱する日本ユニシスの共同化システム「バンクビジョン」のユーザー銀行。九州地区で同システムを利用するのは佐賀銀と筑邦銀行（久留米市、六九五七億円）、鹿児島銀行ですが、筑邦銀は地銀再編に参入しているＳＢＩホールディングスと二〇年一月に資本業務提携。システム共同化事業にも注力するＳＢＩの誘いを受ける公算があります。

地理的に見れば佐賀県は福岡・長崎に挟まれており、ＦＦＧのテリトリーに入ります。業界で二番目に小さい筑邦銀が十八親和銀に触発されてユニシスの共同化システムを離脱する可能性もあるでしょう。

大分銀行（二・九兆円）はＮＴＴデータの地銀共同センターの加盟行。システム的に近いのは運用をＮＴＴデータに委託している西日本シティ銀ですが、同じ大分県内の豊和銀が西銀の支援下にあるのがネック。西日本ＦＨの傘下に入れば公的資金注入行の豊和銀の吸収合併を強いられる可能性があり、ＦＦＧに入るか九州ＦＧ、あるいは自前主義が選択肢となります。

宮崎銀行（二・四兆円）は勘定系システムではＩＢＭユーザーの福岡銀と親和性があります。南九州の地盤から見れば肥後・鹿児島との結び付きが強いですが、鹿児島方面への侵攻が近年著しいといわれており、九州ＦＧが拒否しそうです。となると「敵の敵は友」で福銀、西銀どちらかの傘下に入る可能性もあります。

三者鼎立の様相見せる九州地区地銀

2020年10月に
十八親和銀行が発足。
福岡、長崎の間に
挟まれた佐賀に侵攻?
再編相手は筆頭株主先で
経営脆弱な第二地銀のみ。
救済合併で版図拡大?
ふくおかFG
福岡
大分
佐賀
西日本FH
長崎
熊本
九州FG
宮崎
鹿児島
宮崎銀行、大分銀行の
動向を注視。
福岡県の2グループの
南下抑止で、対抗軸形成か?
再編の激戦区・九州。
3グループの取り込み
合戦が勃発するか…

12 三井住友とりそなが演出

地銀再編を歩く②──関西・中四国編

関西地区はSMBCグループとりそなホールディングスが地銀再編のカギを握り、中四国地区は第二地銀の再編が目立っています。

関西の金融地図は特徴的でした。大阪に住友、三和、大和の都市銀行三行が本部を置き、第二地方銀行は五行がひしめいていました。兵庫県にも中堅都銀の太陽神戸銀行が固い地盤を持っていました。地銀は滋賀・南都・紀陽の三行が戦前からの名門銀行として「旧地銀」といわれ、大阪・池田・泉州三行は「戦後地銀」と呼ばれて新旧で比較されてきました。京都府は都銀、地銀、信金がシェアを激しく競う激戦区です。

しかし九〇年代後半から様相が一変。バブル崩壊とその後の不良債権処理で再編統合の嵐が吹き、メガバンクの誕生で地銀にも余波が広がりました。ワンマン頭取の情実融資などが相次ぎ、一〇行がひしめいていた近畿圏の第二地銀は次々と破たん。その結果、SMBCグループ(SMBCG)と三菱UFJFG(MUFG)が地銀・第二地銀を別動隊として動かし、各県の有力地銀が都市部に貸出先を求めて攻め入る展開になっていきました。

再編の主役はSMBCGとりそなHD。二〇一八年四月、両者はSMBCG傘下の関西アーバン銀行(本店・大阪市)、みなと銀行(神戸市、二〇年三月末預金量三・三兆円)、りそなHD傘下の近畿大阪銀行(大阪市)を経営統合して「関西みらいフィナンシャルグループ」を設立しました。関西アーバン銀と近畿大阪銀が合併して関西みらい銀行(七・〇兆円)が誕生。関西みらいFGのグループ預金量は一〇・三兆円になり、関西地区トップの京都銀行(七・一兆円)を抜いて最大の地銀勢力となりました。ここに、三井住友銀が筆頭株主である地銀の但馬銀行(兵庫県豊岡市、一・〇兆円)も、統合で設立する持株会社の傘下に入る可能性があります。

大阪以外の県は地銀強し、京都は信金の牙城

大阪地区から周囲に目を転じると、関西の地盤沈下は地銀には当てはまらず、一県一行が定着しています。滋賀県では地銀・第二地銀を合わせた貸出シェアが五割、和歌山県でも四割。滋賀銀行（大津市、四・八兆円）、紀陽銀行（和歌山市、三・九兆円）が抜きん出ています。

より大阪に近い奈良県では、唯一の県内地銀である南都銀行（奈良市、五・〇兆円）が五割のシェアを維持。都銀との関係でいうとこれらの旧地銀三行は旧三菱銀行に近いですが、経営的には安定し、再編統合の気配はいまのところありません。

京都は信用金庫が強く、業界トップで預金量四・七兆円の京都中央信金と同八位の京都信金（二・五兆円）の信金勢が京都銀行と貸出シェアを競っています。ここでは旧三和、旧住友の関西系メガバンク二行も分が悪く、強烈なライバル心を燃やす二信金の合併は考えられません。

四国に八行は多すぎる

中国・四国地区の再編は第二地銀で始まりました。〇一年にせとうち銀行（呉市）と広島総合銀行が統合して、**もみじHD**を設立。その後両行は合併しましたが、〇四年にもみじHDと経営統合した山口銀行（四・九兆円）がこの地区で再編を加速させました。

〇六年に**山口FG**を設立して広島県にもみじ銀行（広島市、三・〇兆円）を配置し、一〇年には歴史的につながりが深い北九州地区の店舗を基盤に北九州銀行（北九州市、一・〇兆円）を設立して三行体制とし、広島—山口—福岡の新幹線ルートを形成します。

山口FGに次ぐ再編は、一〇年に設立された、香川銀行（高松市、一・五兆円）と徳島銀行のトモニHD。一六年から大正銀も参画して広域第二地銀グループになり、二〇年一月に徳島銀と大正銀が合併して**徳島大正銀行**（徳島市、一・四兆円）が誕生しました。再編は、この二つの持株会社にどの銀行が入るのかが焦点になります。

中国地区では第二地銀の西京銀行（周南市、一・五兆円）に再編の可能性がありますが、過去にライブドアと

インターネット銀行構想をぶち上げた異端児だけに、「ゴリゴリのお堅い銀行」（地銀関係者）の山口銀行とソリが合うか怪しいものがあります。

トモニHDは「日立つながり」で統合した側面があります。「香川・徳島・大正の三行は、旧三和銀行の企業集団・みどり会のメンバーでもある日立製作所の共同化システムを採用している。MUFGは四国依存脱却を目指す香川、徳島の両行が大阪進出の足掛かりを求めていたのを知り、大正銀との連携をまとめた」（事情通）。香川銀、徳島大正銀が使用している日立の勘定系システム「NEXTBASE」を採用しているトマト銀行（岡山市、一・一兆円）が加わることが予想されます。

中四国の一七行を基幹システムのベンダー別で見ると、IBMが九行と最多で日立が五行。地銀の七割、第二地銀の四割強がシステム共同化で稼働している時代。再編の引き金にはならないと否定する向きもありますが、下地にはなるでしょう。四国は第二地銀の行名が県名と同じです。伊予—愛媛、百十四—香川、阿波—徳島大正、四国—高知と、地銀・第二地銀が共存しています。

「この程度の経済圏なのに地銀・第二地銀がそれぞれ一県に一行あり、四県で八行はあまりにも多すぎる。国内のどの地域と比べても、オーバーバンキング状態は突出している」（前述の事情通）。にもかかわらず再編は香川・徳島の二行のみ。今後も市場縮小が懸念される地域だけに、各行が生き残るには一層の危機感が必要でしょう。

一六年一一月、伊予銀行（松山市、五・二兆円）、百十四銀行（高松市、四・〇兆円）、阿波銀行（徳島市、二・七兆円）、四国銀行（高知市、二・六兆円）の地銀四行は地方創生の推進に向けて包括提携を締結。「**四国アライアンス**」と称し、ビジネスマッチングなどに取り組んでいます。これまで無風だった四国地区の地銀グループが初めてスクラムを組み、生き残りのために協力活動に入りました。ATMの無料開放も実施しており、各行の経営の独立性や健全な競争関係は維持しながらも、四国の産業振興や地域活性化に関して知恵を絞っています。

四国地区は全国でも過疎化の進展が著しい地域で、人口減少が始まった時期が一九八五年と最も早く、高齢化も他県に比べて約一〇年早く進行しているといわれています。それだけに、地域の社会・経済発展に寄与すべき地元地銀の役割は大きいものがあります。

関西は三井住友とりそなが演出、中四国の再編はこれから加速？

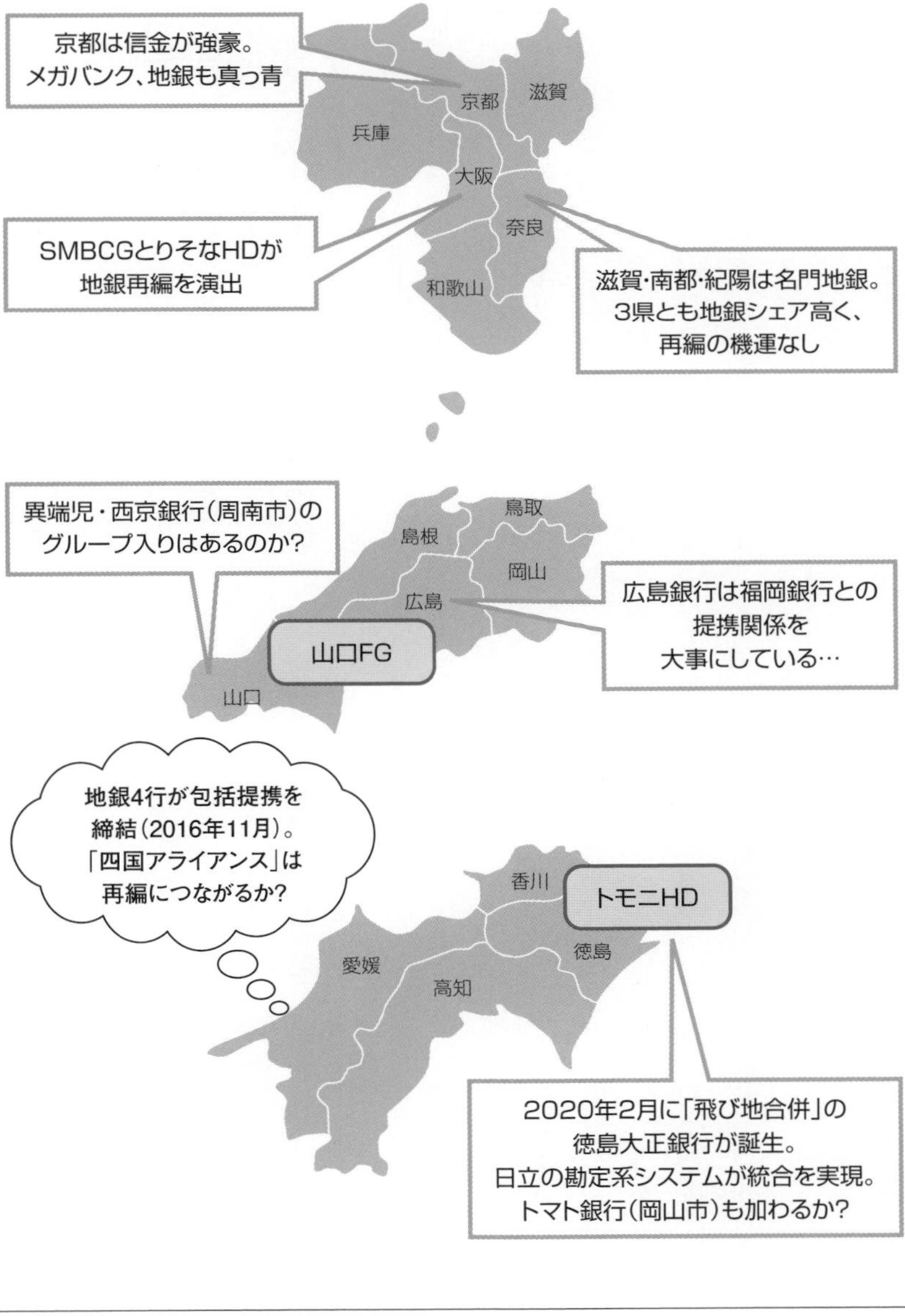
京都は信金が強豪。
メガバンク、地銀も真っ青
京都
滋賀
兵庫
大阪
奈良
和歌山
SMBCGとりそなHDが
地銀再編を演出
滋賀・南都・紀陽は名門地銀。
3県とも地銀シェア高く、
再編の機運なし
異端児・西京銀行（周南市）の
グループ入りはあるのか？
鳥取
島根
岡山
広島
山口
山口FG
広島銀行は福岡銀行との
提携関係を
大事にしている…
地銀4行が包括提携を
締結（2016年11月）。
「四国アライアンス」は
再編につながるか？
香川
トモニHD
徳島
愛媛
高知
2020年2月に「飛び地合併」の
徳島大正銀行が誕生。
日立の勘定系システムが統合を実現。
トマト銀行（岡山市）も加わるか？

13 カギ握るMUFGの動向

地銀再編を歩く③——東海・北陸編

東海地区は、三菱UFJフィナンシャル・グループ（MUFG）が地銀再編のカギを握っています。地区内で初となる経営統合が三重県で実現しました。

東海地区は自動車産業を中心に安定した経済力があり、その産業風土を背景にして地銀は安定した経営を続けてきました。地銀再編のうねりも強くありません。東海地方の再編で焦点になるのは、愛知県内におけるMUFGの動きです。

愛知県には第二地銀が三行ありますが、地銀はありません。東海銀行が地銀からのし上がって都市銀行になった歴史があるからです。この第二地銀が再編の主人公。中でも軸になっているのは、三菱UFJ銀行が筆頭株主である中京銀行（本店・名古屋市、二〇年三月末預金量一・七兆円、以下同）です。同じ系列だった岐阜銀行と第二地銀業界四位の名古屋銀行（三・五兆円）を含む三行の合併構想が〇八年、経営不振に陥った岐阜銀に公的資金が注入されたことで浮上しました。

しかし中京銀が合併に反対して構想は頓挫。三菱UFJ銀は親密地銀で岐阜県内トップの十六銀行（五・六兆円）に打診し、一二年に十六銀が岐阜銀を吸収合併しました。

中京銀の再編相手と見られているのが、岐阜銀を吸収した十六銀ですが、交渉は難航しているようです。中京銀は一六年に旧東海銀出身者以外から初めて生え抜き頭取が誕生しました。「脱三菱」を鮮明にして独立路線を歩むのか、あるいは四〇％の株を握っている三菱UFJ銀の主導で十六銀以外の相手を見つけるのか、注目されます。

愛知県内の第二地銀三行の合併はあるでしょうか。愛知銀行（名古屋市、二・八兆円）は三菱UFJ銀と親密関係にあります。名古屋銀行（三・五兆円）は三井住友銀行、みずほ銀行と親密ですが、三菱UFJ銀と親密な十六銀が名古屋銀の株主でもあります。三行が統合すれば七兆円を超えて業界トップの北洋銀行(八・九兆円)に肉迫します。ただし、名古屋銀は県内の預金・貸出金で高いシェアを誇り、協会の会長銀行も歴任する業界のリーダー的存在でプライドも高いだけに、統合に対して消極的です。

地区内初の経営統合が一八年、三十三FG誕生

再編報道で名前の挙がることの多くなった十六銀は、岐阜県内での存在感が希薄になりつつあります。ライバルの大垣共立銀行(大垣市、五・一兆円)とのつばぜり合いが続いているからです。

一五年に十六銀は五〇年以上死守してきた岐阜県の指定金融機関の座を大垣共立銀に奪われました。地銀が県の指定銀行の地位を奪われるのは、全国的に見ても極めて珍しいことです。十六銀が中京銀との合併に動いたのは、岐阜県内での競合が激しく、県外に打って出る必要性を感じたからです。預金量では十六銀が多いですが、大垣共立銀の貸出金は四・二兆円。融資量四・三兆円の十六銀は射程圏内です。大垣共立銀は創業家の土屋嶢《たかし》頭取が九三年から一九年までトップの座にある永久政権で、かつて富士銀行で修業を積んだことから、みずほ銀行との関係が深く、ワンマンオーナーだけに再編意欲は希薄との見方がありました。しかし土屋氏が二〇年一一月に逝去。再編を含む経営戦略の変更があるのかどうか注目されます。

三重県は旧三菱銀行の親密地銀五行の集まりである「**火曜会***」のメンバー・百五銀行(津市、四・九兆円)と、三井住友銀行が筆頭株主の三重銀行(四日市市)、みずほ銀に近い第二地銀の第三銀行(松阪市)の三行。三重銀と第三銀は一八年四月に「三十三フィナンシャルグループ」を設立し経営統合。二一年五月には三十三銀行(四日市市、三・五兆円)が誕生します。第三銀は中京銀と同じ日立の勘定系システムを使っており、愛知県マーケットを視野に入れた広域地銀を目指すなら、同じ第二地銀で同規模の中京銀が合流する可能性もあります。

用語解説

＊**火曜会** 旧三菱銀行と特別に親密な関係にある地方銀行で組織された懇親会。足利・常陽・静岡・八十二・百五の5行だったが、経営統合後は旧三和銀行の親密地銀数行も加入した。

無風地区だったが一族追放のスルガ銀行に注目

太平洋ベルト地帯の静岡県は、福岡県と並んで地銀三行の激戦地域。名門の静岡銀行（一〇・〇兆円）、異端児の**スルガ銀行**（沼津市、三・二兆円）、業界五四位の清水銀行（一・三兆円）があります。この地域は三行が存続するだけの経済基盤があります。

「静岡銀行は堅実経営でビクともしない。スルガ銀はインターネットバンキングに注力したり、ゆうちょ銀行経由の住宅ローンを取り扱うなど独自のビジネスモデル。再編には縁遠いのではないか」（関東地区地銀幹部）との受け止めが大勢でした。

しかしスルガ銀行は一八年八月、シェアハウスに対する不正融資が発覚。創業家の岡野一族が経営から退き、支援先探しの結果、家電量販準大手のノジマが筆頭株主になりましたが、経営基盤が弱体化しており、再編の目も出てきています。

北陸地区では北陸銀行（富山市、六・六兆円）が〇四年に北海道銀行と経営統合し、ほくほくFGを設立。かつては横浜銀行に次ぐ規模を誇り、北陸三県と北海道、首都圏にも三〇近い店舗を構えていた老舗ですが、現在は業界一五位と低迷しています。北海道銀との統合も「不良債権処理で経営危機に陥った者同士の野合に過ぎず、なんの効果もない」（別の地銀関係者）と業界の評価は低いままです。

北陸銀と近隣地銀との間で再編が検討される余地は多くありません。同行が本拠の富山県に加えて石川、福井の隣県にも地盤を持っており、共存関係が定着しているからです。北國銀行（金沢市、三・六兆円）、福井銀行（二・四兆円）ともに高い県内シェアを維持しています。

二〇年一二月、福井銀は県内の第二地銀・福邦銀行（福井市、四一七七億円）を子会社化する方向との報道がありました。

両行は同年三月に業務提携を結んでいましたが、二一年一月に資本提携で合意。持株会社を設立しない再編形態で、これまで無風だった北陸地区の再編機運が一気に高まることも予想されます。

東海地区は三菱UFJFGの動向に注目

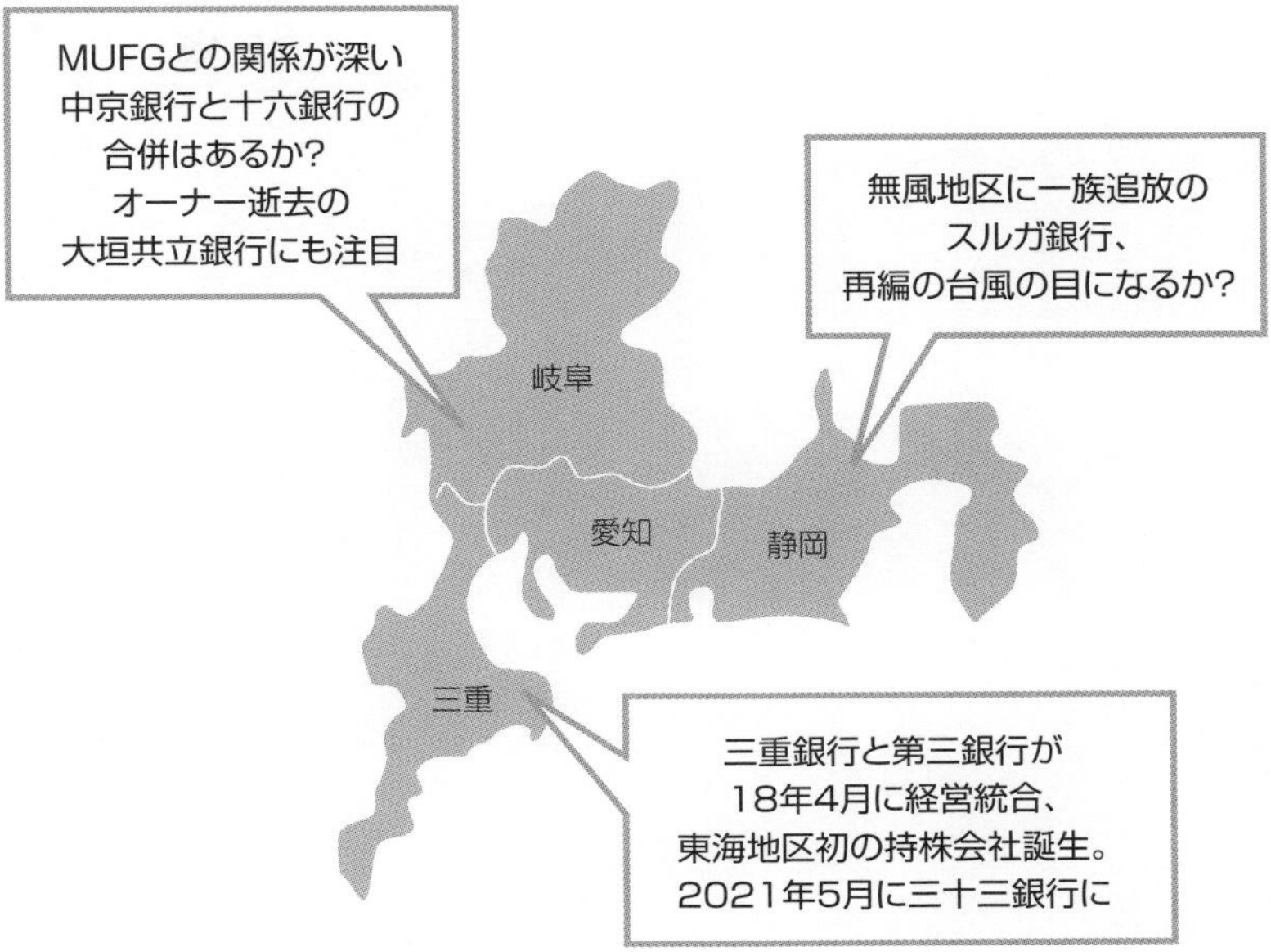
MUFGとの関係が深い
中京銀行と十六銀行の
合併はあるか？
オーナー逝去の
大垣共立銀行にも注目
無風地区に一族追放の
スルガ銀行、
再編の台風の目になるか？
岐阜
愛知
静岡
三重
三重銀行と第三銀行が
18年4月に経営統合、
東海地区初の持株会社誕生。
2021年5月に三十三銀行に

無風の北陸地区。
北陸銀行は3県にまたがっているが、
他行との共存が
維持されている…
福井銀行が福邦銀行を買収する
方向との報道（2020年12月）。
買収による再編は珍しい…
富山
石川
福井
ほくほくFG

地銀再編を歩く④—北海道・東北編

銀行過剰は解消するか

14

人口減少・過疎化が進んで経済力低下が顕著な北海道・東北地区。オーバーバンキング状況は改善されていくでしょうか。

二〇一五年一〇月に実施した国勢調査では、東北六県のすべてで五年前の調査に比べて人口が減少していることが明らかになり、活力に乏しい地域事情が浮き彫りになりました。

人口の減少は預金の流出を生みます。地方在住の高齢者が都心に居住している子息に資産を相続することで、預金が地方から都市部に移転するからです。もともと経済基盤が弱いうえに震災復興という大きな課題を抱えるこの地区は、金融再編の波を受ける可能性は高いとの声が少なくありません。

北海道を見てみましょう。九七年に北海道拓殖銀行が破たんし、道内の勢力図が大きく変化しました。拓銀の合併相手は当初、道内ナンバー2だった北海道銀行（本店札幌市、二〇年三月期末預金量四・九兆円、以下同）でしたが、道銀も不良債権処理に追われました。漁夫の利を得た**北洋銀行**（札幌市、八・九兆円）が拓銀の道内店舗を譲り受け、地域三番手から一気に道内最大手に躍り出ます。〇一年に札幌銀行との間で札幌北洋ホールディングス（HD）を設立し、〇八年に合併。一二年にはHDを解散して単独銀行になり、長く第二地銀業界でトップの地位にあります。

統合解消の可能性も

一方の道銀は、同じく不良債権処理で再建中だった北陸銀行と〇四年にほくほくフィナンシャルグループ（FG）を設立。しかし、道内に四〇店舗ある北陸銀との連携効果は聞こえてきません。

「屯田兵として移住した者に北陸地方出身者が多く、

北海道に歴史的な縁がある、というのは後付けの理屈。公的資金の注入を受けた、不良債権処理に追われる者同士が便宜的に一緒になったに過ぎない。グループ経営など考えていない」（地銀関係者）

道内の預金貸金シェアも北洋銀の後塵を拝しています。一五年以上が経過しても広域地銀化の効果は出ておらず、道銀、北陸銀のいずれかが持株会社と合併してグループ解消に動く北海道の再編劇があるかもしれません。

生き残りのため仙台を目指す

東北地区はどうでしょうか。**北東北三行共同ビジネスネット**という組織があります。青森銀行（二・四兆円）、岩手銀行（盛岡市、二・九兆円）、秋田銀行（二・六兆円）の県内トップ地銀三行が〇三年に立ち上げました。〇〇年にATMの相互開放を始めたのがきっかけで、三行の支店網を活かした法人取引のマッチングや大規模災害の相互支援協定を結んでいます。

青森銀は県内ライバルのみちのく銀行（青森市、一・九兆円）との競合にさらされています。二〇年九月、「両行が経営統合に向けて協議に入った」と一部で報道されましたが、両行とも否定しています。

秋田銀は山形県北部を地盤とする荘内銀行（鶴岡市、一・一兆円）と**フィデアHD**を形成する北都銀行（秋田市、一・二兆円）と競合しています。岩手銀は県内シェアが抜きん出ていますが、預貸率は東北地区地銀の中で最低の六一％。このままではジリ貧状態に歯止めがかからず、合併に前向きです。協議のテーブル（三行共同ビジネスネット）で今後、北東北の地銀グループを形成する可能性は低くないでしょう。

このグループに対抗するのが、みちのく銀、東北銀行（盛岡市、八一六四億円）、北都銀、荘内銀の四行。〇六年から協調融資や債権流動化などで業務提携の関係にあります。

宮城・山形・福島の三県は、南東北といわれます。山形県には県内シェア断トツの山形銀行（二・二兆円）と県北の荘内銀のほか、二一年に仙台銀行（一・一兆円）と「じもとHD」を設立した第二地銀のきらやか銀行（山形市、一・二兆円）があります。

きらやか銀は〇七年五月に山形県の第二地銀である

殖産銀行と山形しあわせ銀行が合併してできた銀行です。仙台銀行は東北最大の地銀である七十七銀行（仙台市、七・五兆円）のもとで埋没するのを恐れ、きらやか銀は大都市侵攻の足掛かりとして、業界仲間と手を組みました。地銀再編は各地で最大の人口集積地に進出し活路を見いだすことで共通していますが、東北地区では杜《もり》の都・仙台への進出が最重要課題です。

　福島県には、東北地区で七十七銀に次ぐ規模を誇る東邦銀行（福島市、五・三兆円）と、福島銀行（七九九六億円）、大東銀行（郡山市、七四三七億円）の第二地銀二行があります。福島銀は一八年に東邦銀元専務をトップに招へい。また一九年にはSBIホールディングス（HD）と資本業務提携を結んでいます。大東銀もSBIHDが二〇年五月に同行の一七％の株式を取得して筆頭株主になっています。この二行ときらやか銀・仙台銀の第二地銀四行は、〇二年からATMの相互開放サービス「東北おむすび隊」を組成しています。

　福島県の第二地銀二行が「おむすび隊」の関係から、きらやか銀・仙台銀の**じもとHD**との統合に向かうのか。福島・大東二行の株主でもある東邦銀が両行を吸収して震災復興の「県内挙国一致銀行」となるのか。あるいは第二地銀二行に接近中のSBIHDと東邦銀行との間で金融再編に向けた調整が行われるのか。いずれにしろ、南東北における再編の先行きは不透明で複雑怪奇といわざるを得ません。

　北東北三県に地銀六行・第二地銀一行、南東北は地銀三行・第二地銀四行で合計一四行。震災復興の槌音《つちおと》はこれからも高まるでしょうが、人口減少は止まりません。果たしてオーバーバンキング解消に向かうのでしょうか。

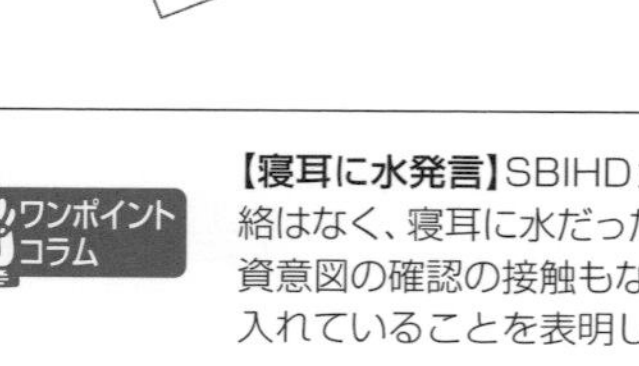

ワンポイントコラム

【寝耳に水発言】SBIHDが筆頭株主になったことを受けて、大東銀サイドは「事前に連絡はなく、寝耳に水だった」と語りました。これを聞いたSBIHDの北尾吉孝CEOは「出資意図の確認の接触もない」と激怒。取締役全員の解任に言及、経営陣の刷新を視野に入れていることを表明しました。

オーバーバンキングが最大の課題

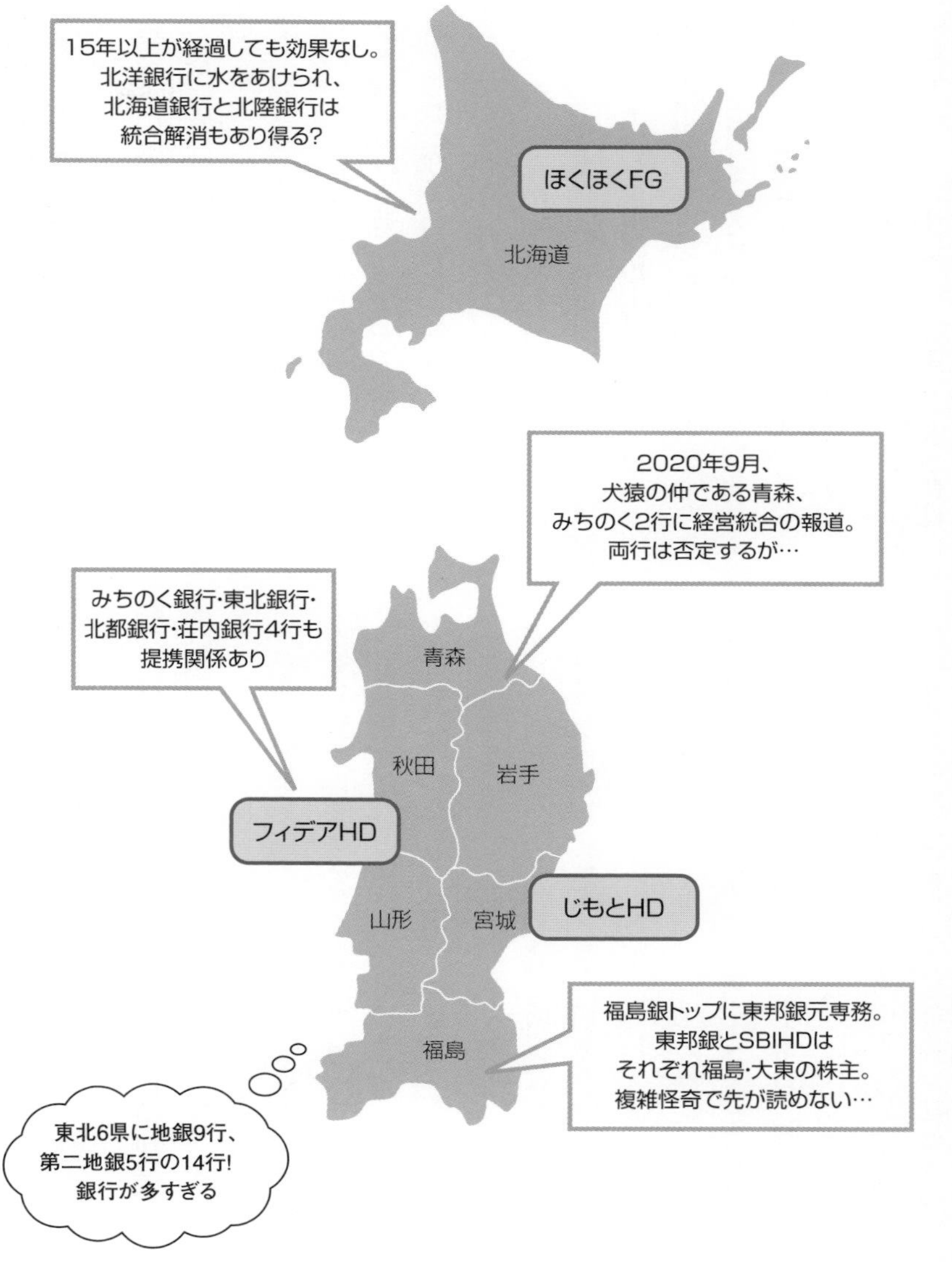
15年以上が経過しても効果なし。
北洋銀行に水をあけられ、
北海道銀行と北陸銀行は
統合解消もあり得る?
ほくほくFG
北海道
2020年9月、
犬猿の仲である青森、
みちのく2行に経営統合の報道。
両行は否定するが…
みちのく銀行・東北銀行・
北都銀行・荘内銀行4行も
提携関係あり
青森
秋田
岩手
フィデアHD
山形
宮城
じもとHD
福島
福島銀トップに東邦銀元専務。
東邦銀とSBIHDは
それぞれ福島・大東の株主。
複雑怪奇で先が読めない…
東北6県に地銀9行、
第二地銀5行の14行!
銀行が多すぎる

15 規模が物言う銀行再編時代

地銀再編は人口減少と地方経済の衰退が引き金でしたが、首都・東京を抱える関東地区は様相が異なります。コロナ禍の逆風は吹いていますが、一極集中は続き、通勤圏内の近隣各県も人口増加傾向にあります。

地銀再編を歩く⑤――関東地区編

関東地区一都六県には、地銀六二行中一二行、第二地銀は三八行のうち八行が本部を構えます。いずれも業界の二割が集結している勘定です。この地区では、四つの金融グループおよび千葉銀行を幹事とするシステム共同化グループがしのぎを削っています。

横浜銀行（二〇年三月末預金量一四・六兆円、以下同）と東日本銀行（一・八兆円）が一六年四月に設立した**コンコルディア・フィナンシャルグループ**（FG）は、地銀トップと第二地銀の再編という思わぬ組み合わせになりましたが、同年一〇月にできた**めぶきFG**も、常陽銀行（本店・水戸市、八・九兆円）と足利銀行（宇都宮市、五・八兆円）という県境を接するライバル地銀の統合で、ひと昔前ならあり得ない組み合わせです。足利銀を傘下に持つ足利ホールディングス（HD）の筆頭株主である野村HDが売却益目当てに売りたがっている状況で、常陽銀行が動いたと、関東地区地銀の幹部は話します。

「足利銀行は有力な貸出先が少なく、ゴルフ場や温泉への過剰融資に突進して破たんした。栃木県にはこれといった産業がなく、経済力が弱い。統合は常陽が足利を救済した格好だが、FGの本部を都内に置いて関東一円を見渡し、グループ拡大を狙っている」

地区三番目のグループ誕生に対抗するのが業界第二位の千葉銀行（一一・七兆円）です。〇六年に金融システムの研究会組織を発足。その後「TSUBASAアライアンス」と名を変え、現在は一一行の会員を擁する一大勢力を形成しています。再編統合では避けて通れないシステム共同化を実現しており、第四銀行と北越銀行の統合に少なからぬ影響を与えました。コンコルディアFG

とめぶきFGから挟み撃ちに遭う千葉銀とこのシステム研究グループの動向に目が離せません。

群馬銀の動向に注目

足利・常陽・千葉の有力行が動いたことで、北関東は群馬銀行（前橋市、七・〇兆円）に視線が集まっています。群馬県は大手自動車メーカーの工場などが県経済を支える肥沃な土地柄で、高速道路網の整備拡張が続く有力地域です。横浜銀行はこの地域と縁が深く、生糸の産地である群馬県と、その積み出し港がある横浜という関係が明治初期に生まれて以来、同行は現在も高崎・前橋・桐生の三店を構えています。

群馬銀は一六年八月、横浜銀が設立した資産運用会社に資本参加しました。両行は一五年三月からATMの利用手数料割引サービスを開始しており、友好関係にあります。再編には熱心でないといわれる群馬銀ですが、相手としては横浜銀が一番手と見られていました。しかし二〇年一二月に「TSUBASAアライアンス」に加入。千葉銀との関係を強めました。ただ、横浜銀と千葉銀は一九年七月に業務提携を結んでおり、群馬銀がどこの金融グループに入るのか見通せません。

東京きらぼしFGの傘下銀行は一八年五月発足のきらぼし銀行（四・六兆円）。中核の旧東京都民銀行は旧日本興業銀行系列。かつては都内第二位の信用金庫だった八千代銀行、東京都のお荷物だった新銀行東京を吸収しました。

首都圏はメガバンクグループが猛威を振るっています。都銀の系列でいえば、千葉興業銀行（二・五兆円）はみずほ銀行が約一九％の株式を持っています。京葉銀行（千葉市、四・二兆円）はかつて旧第一勧銀と友好関係がありました。その線上から、旧興銀系のきらぼし銀が実質運営する東京きらぼしFGに入る可能性はゼロとはいえません。基幹システムもNTTデータで共通しています。

関東地区の第二地銀は京葉銀を除いて経営状況は芳しくありません。栃木銀行（宇都宮市、二・七兆円）、東和銀行（前橋市、一・九兆円）の二行は一四年一二月、戦後地銀の関東銀行と第二地銀の茨城銀行が合併してできた筑波銀行（土浦市、二・二兆円）と広域連携協定を結びましたが、話題にもなりませんでした。北関東を地盤にしている栃木、東和の二行は、中長期的に見ると常陽・足利の「めぶきFG」に入って生き残りを模索するでしょう。東和銀は、地銀再編を標ぼうするＳＢＩホールディングスと二〇年一〇月に資本提携しています。筑波銀は土浦市など通勤圏内に地盤を持つことから、千葉銀あるいは東京きらぼしＦＧへの合流可能性があるでしょう。

甲信越地区を見てみましょう。山梨中央銀行（甲府市、二・九兆円）は県内唯一の地銀ですが、立川・八王子など多摩地区に店舗を多く構えています。東京都区内での収益を重視するなら、この地区で競合するきらぼし銀の東京きらぼしＦＧに接近し共存を図る可能性があります。

第四、北越が統合、二〇年に銀行合併

新潟県では一八年四月に**第四北越フィナンシャルグループ**が発足。二一年一月に第四銀行と北越銀行が合併して第四北越銀行（新潟市、七・三兆円）となります。合併後は業界九位と大躍進します。第二地銀の大光銀行（長岡市、一・三兆円）も穏やかではいられません。

長野県は八十二銀行（六・九兆円）が埼玉県への南下政策を取っており、同行を中心とした共同化システム組織「**じゅうだん会**＊」の会員である武蔵野銀行との再編を意識しているとの指摘があります。

大きいことはいいこと、の地銀再編

群馬銀行の動きが焦点。
最近、横浜銀行と
親しいが、どうなる?
「TSUBASAアライアンス」が、
関東地区における一大勢力に伸長。
第四北越の統合も演出した?
2018年10月設立、
2021年1月に
第四北越銀行が誕生。
栃木
群馬
めぶきFG
第四北越FG
新潟
茨城
埼玉
東京
神奈川
千葉
コンコルディアFG
長野
山梨
多摩地区に多店舗展開の
山梨中央銀行は、
東京きらぼしへの
合流もある?

用語解説

＊**じゅうだん会**　八十二銀行が自行の勘定系システムをベースに構築した共同化プロジェクト。担当ベンダーの日本IBMが協力している。山形銀行、筑波銀行、武蔵野銀行、阿波銀行、宮崎銀行、琉球銀行が加入しており、全国を縦断する組織であることから命名された。

信金にも再編の波

信用金庫は、地域に根ざした金融機関です。地域密着を経営の原点としていますが、再編の波が高くなってきています。

信用金庫の営業は、**軒(のき)取引**が基本です。軒取引とは、世帯ごとに顧客情報を管理する手法のことで、各信金は口座を開設している世帯主の家族構成を含めたデータベースを長年蓄積してきました。

軒取引(世帯取引)を重視する背景には、営業エリアが極めて限定的なため、口座数(顧客数)を増やすには、利用者に連なる潜在的な顧客を獲得しなければならない、という信金の特殊性があります。また、主力商品である定期積金は集金する必要があるので、定期的に訪問して世帯の属性情報を更新できるメリットがあります。集まった情報から派生的な取引が期待できるのです。

例えば、年金の引き落とし口座獲得は、信金の得意な業務です。年金受給者は当然ながら高齢者が多く、支店に足を運ぶことは容易ではありません。そこで信金では年金獲得のために女性職員を動員。**年金レディ**と称して、他行から年金口座を変更してもらう活動を積極的に行っています。時間をかけて心の触れ合いを図る地道な活動が、信金の営業の原点なのです。

しかし、地域密着営業は一方で経費増を生みます。なじみ客が隣町に引っ越したあとも、顧客の要望に応じ、土日にバスを乗り継いで集金することも珍しくありません。

低収益に悩み合併が増加

信用金庫は、「どぶ板」ともいわれる泥臭い営業活動

ワンポイントコラム

【年金レディ】年金受給口座を獲得すれば、定期的な年金受け取り額が滞留したり、退職金の獲得など他の取引拡大につながるため、支店の職員を投入しています。女性職員が動員されるのは、女性職員のほうが高齢者との心の触れ合いが自然にできるとの理由からだといわれています。

を展開しています。コスト増につながる集金業務をこなしながら預金を集め、中小・零細企業に対して数百万円の融資を行っています。一方、信金業界には信金中央金庫という上部機関があり、各信金はここに資金を預けて運用し、利益を上げてきました。

ところが、長引く低金利局面で運用環境が悪化して信金中金での運用益が目減りし、信金経営が苦しくなっています。地域経済の衰退と低金利で収益が低下した信用金庫ではいま、合併するケースが増えています。

二〇〇九年から二〇年の一一年間で一三の合併事例がありました。信金のメッカといわれる静岡では一九年に「浜松いわた信金」「島田掛川信金」「しずおか焼津信金」と、一つの県内でわずか一年間に六信金が一気に合併する未曽有の出来事がありました。

信金や信用組合などの協同組織金融機関が疲弊しているのは、必ずしも彼らが地場産業や地域経済の活性化に目をつぶっているからではなく、過疎化の進行や不況による地場産業の衰退、地方財政の悪化によるものです。地方創生が叫ばれていますが、ごく一部の地域を除いて、地域経済の景気は回復しているとはいえません。

信金でも合併を選択するケースが増加

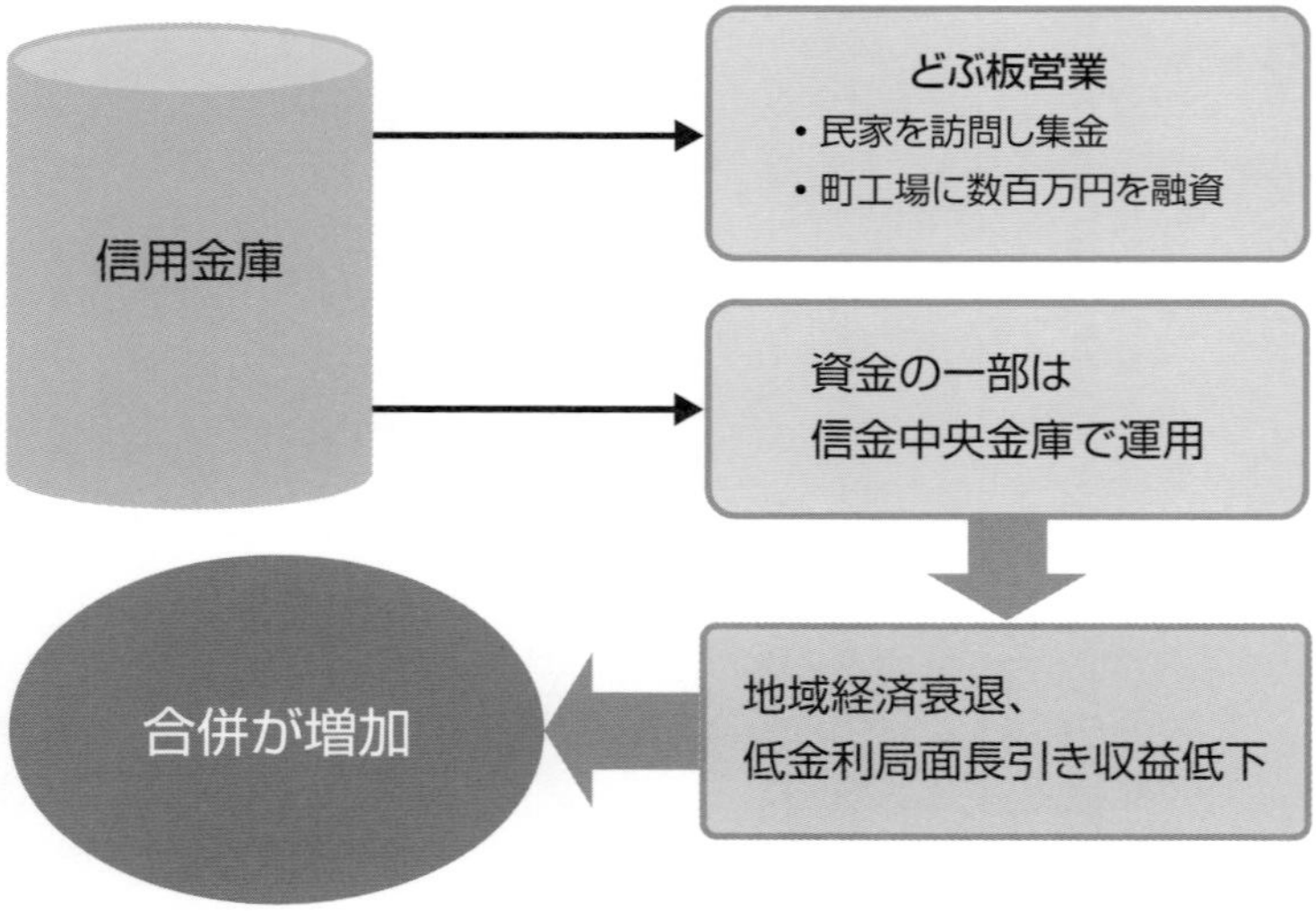
信用金庫
どぶ板営業
・民家を訪問し集金
・町工場に数百万円を融資
資金の一部は
信金中央金庫で運用
地域経済衰退、
低金利局面長引き収益低下
合併が増加

17 新規参入と株式公開の「新銀行」

インターネット専業銀行に新しい動きが出ています。地銀グループによる設立、株式上場が予定されており、追随の可能性があります。

店舗を持たないインターネット専業銀行が登場して二〇年が経過しました。既存の一〇行を色分けすると、「銀行・証券系」「流通系」「ＩＴ系」とその他に分類できます。

流通系では、二強といわれる大手流通グループが**セブン銀行**と**イオン銀行**を設立。二〇一八年九月にコンビニ業界第三位のローソンが**ローソン銀行**を設立しました。コンビニエンスストアに設置したＡＴＭ（現金自動預け払い機）の利用手数料を主な収益源としており、当初は「銀行の経営戦略としては収益基盤が脆弱」と不安視されましたが、順調に業績を伸ばしました。

しかし近年は業績の伸長に陰りが見えます。電子マネーによる決済が普及し、現金を使う機会が大幅に減少しているからです。大手銀行同士のＡＴＭ共同利用が増えており、コンビニＡＴＭの利用機会は頭打ちになることが予想されます。

「ＩＴ系」は、二〇二一年四月に行名変更した**ＰａｙＰａｙ銀行**、そして**楽天銀行**、**ＧＭＯあおぞらネット銀行**の三行。楽天市場を有する楽天銀が群を抜いた業績を上げており、他の二行は苦戦しています。

国内最大の地銀グループが初の進出

「銀行・証券系」は、金融機関が設立しているだけに**大和ネクスト銀行**、**住信SBIネット銀行**ともに確実に成長を遂げています。特に、新銀行の中では突出した業績を誇る住信ＳＢＩネット銀は、インターネット専業銀行として初めて株式上場を検討しているとの指摘があります。

二一年五月に営業を開始する予定なのが、地銀業界で最大の金融グループ「ふくおかフィナンシャルグループ」（ＦＦＧ）が設立する**みんなの銀行**です。勘定系システムに銀行業界で初めて**パブリッククラウド**＊を採用するなど「初のデジタルバンク」を標ぼう。低コスト運営による新しい形のインターネット銀行を目指しています。

ＦＦＧは福岡銀行を盟主とする九州地区が地盤の地銀グループですが、インターネットにおいては地方も都会もありません。

すでに銀行業界ではインターネットバンキングを展開しており、ネット領域における業務ノウハウがあります。しかしＩＴは発展し続けているため、専業銀行は今後の金融サービスに利用する先進技術の実験場という位置付けだと思われます。

地方の営業地盤に縛られていた地銀が、エリアを限定しないインターネット銀行を設立することで、新たな顧客を開拓できるメリットもあり、追随する地銀が出てきそうです。

用語解説

＊**パブリッククラウド**　利用者を限定しないクラウド。サーバーやソフトウェア、回線などのネット環境を利用者全体で共有して使う。使用するサービスに対価を払う従量課金制を取っていることが多い。

インターネット専業銀行に新しい動き

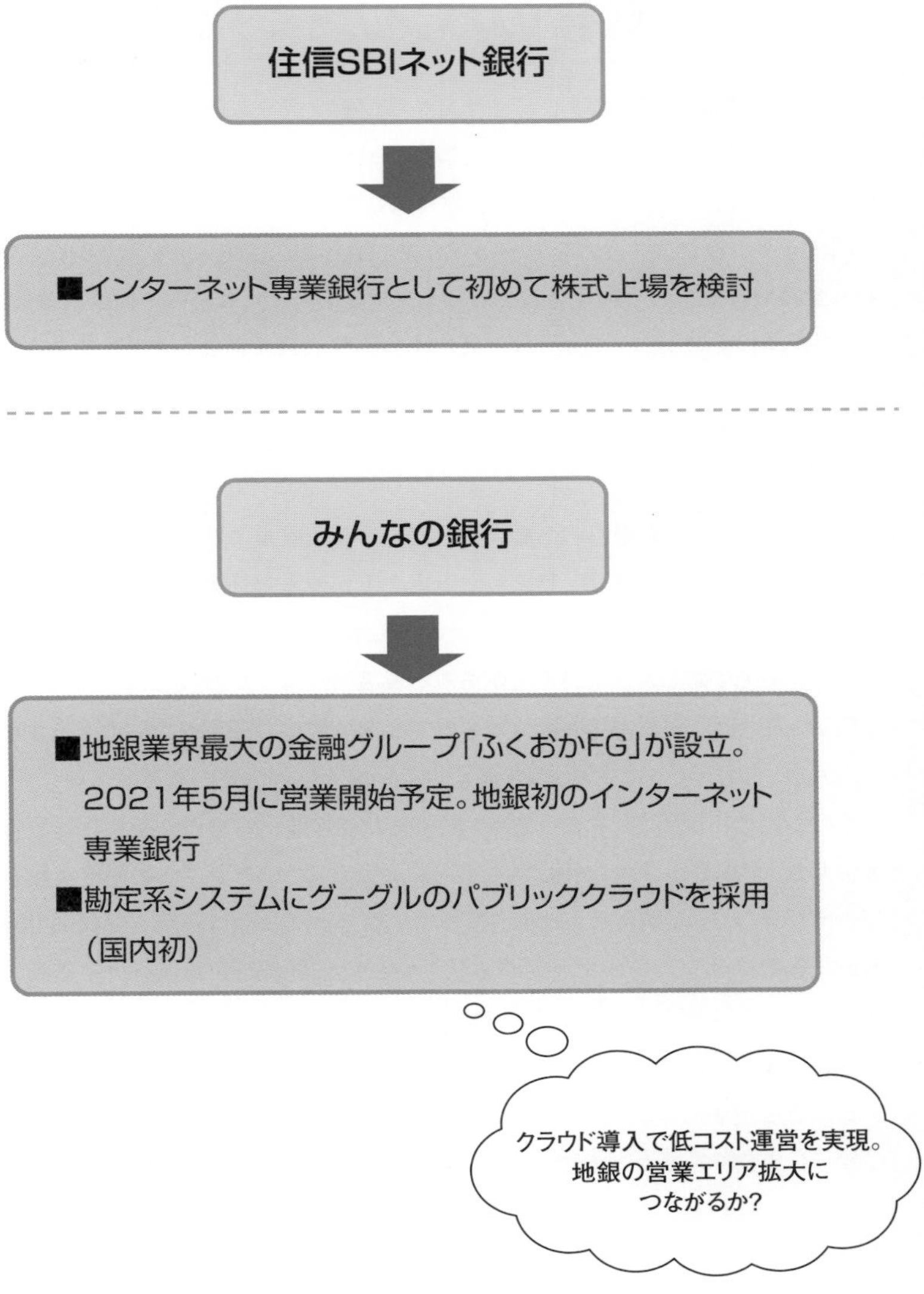
住信SBIネット銀行
■インターネット専業銀行として初めて株式上場を検討
みんなの銀行
■地銀業界最大の金融グループ「ふくおかFG」が設立。2021年5月に営業開始予定。地銀初のインターネット専業銀行
■勘定系システムにグーグルのパブリッククラウドを採用（国内初）
クラウド導入で低コスト運営を実現。地銀の営業エリア拡大につながるか?

column

最後のバンカー、死す

住友銀行頭取で日本郵政社長も務めた西川善文氏が2020年9月、亡くなりました。1961年に住友銀行に入行、1997年に頭取に就任。2001年にはさくら銀行と合併して誕生した三井住友銀行の初代頭取となりました。

同氏をインタビューしたことがあります。1995年頃、西川氏は住友銀行専務のかたわら全国銀行協会の一般委員長を兼務していました。全銀協の一般委員長は1年交代で、関東系の都市銀行上位4行が担当する全銀協会長を補佐します。ちなみに全銀協会長の4行輪番制度は負担軽減のため1994年から関西系の住友、三和の2行を加えて6行制になり、その後メガバンクグループ発足により現在の形（3行輪番制）になっています。

インタビューは、全銀協の活動を切り盛りする一般委員長に就任した西川氏に抱負や課題を聞くものでしたが、同席した筆者の上司が当時社会問題化しつつあった銀行の不良債権処理について執拗《しつよう》に聞くため、私はハラハラしていました。前日、同行の広報担当から「気に入らないことがあると灰皿が飛んでくる」と聞いていたからです。案の定、西川氏は同じ質問を繰り返されて業を煮やし、「時間がないのでほかに質問がなければ、これで」と苛立《いらだ》ち、顔を赤くして腰を上げかけたのを覚えています。

その2年後に頭取に就きましたが、取引先の経営破たん処理や平和相互銀行の吸収合併など、ややダーティな仕事にも手を染めたためか、トップへの階段は数年遅れた感がありました。以降はそれを取り戻そうとするかのように辣腕を発揮。2004年に住友信託銀行がUFJホールディングス傘下のUFJ信託銀行を吸収合併する話に割って入ってきた三菱東京フィナンシャル・グループと対峙《たいじ》して争奪戦を展開しましたが、競り負けました。

それでも闘争心は衰えず、2005年には金融界が積年の恨みを持つ日本郵政の社長に就任して業界を驚かせます。しかし民主党政権のもとで政府との折り合いが悪く退任に追い込まれました。去り際の会見の席でも「（カメラの）シャッター音がうるさくて話せない」などと怒りをあらわにしたのは、いかにも西川氏らしいものでした。ラストバンカー、カミソリ西川。激動の金融界に捧げた人生でした。

第5章

銀行業界の最新動向

コロナ時代にどう向き合うか。難局を機に銀行における働き方が様変わりを見せています。デジタル銀行の登場やSNSの世界での暗号資産の行方、三度目となるみずほ銀行のシステム障害など最新動向を取り上げました。新生・あおぞらの20年史や、高齢化社会ならではの銀行員の過去への郷愁などの物語も盛り込んでみました。

How-nual
図解入門
業界研究

1

オンライン営業

Withコロナ時代を生き抜く①

新型コロナウイルス感染防止のため、取引先を訪問する対面営業が難しくなっています。地方銀行などではオンライン営業に切り替えるところが増えています。

銀行業界は感染リスクを最小限に抑えるために、外回りの営業を控え、できる限り対面を避けて顧客との接点を持つようになっています。

個人の顧客は、インターネットバンキングやATM(自動預け払い機)を使えば日常の用事の大半を済ませることができる時代です。とはいえ、資産運用や住宅ローンなど、銀行の支店に出向いて相談したい用向きも少なくありません。

また、インターネットやスマートフォンなどの操作を苦手にしている高齢者などもいます。公共的使命を帯びた金融機関には、顧客訪問や来店が制限されているいま、相続や事業承継などの相談業務、対面での接触を望む利用者に対するサービスの提供を行うことが求められています。

北洋銀行は二〇二〇年八月、資産運用のオンライン相談を開始しました。米国のIT大手が開発したオンラインアプリを使って支店の担当者が顧客と対話し、金融商品をしたり説明や顧客の質問に答えたりしています。別の地銀では相続、事業承継のネット相談を始めています。ZoomやTeamsなど無料の**協業アプリ**が普及し、画面を通じてオンラインで会話できるようになったことが、こうしたWebサービスを可能にしています。

オンラインならではのメリットも

法人取引先に対する対面営業も様変わりを見せています。銀行収益上、最も重要な部門が企業融資。財務資料を基に構築されたスコアリングなどの審査システムはAI分析なども加わって近年精度が向上していますが、小規模の企業が多い地方では、経営者と直接話をするなどして実情を把握しないことには始まりません。

地銀業界で目立つのは、**オンライン商談会**です。青森銀行とみちのく銀行は二一年三月、「ものづくり企業向けオンライン商談会」を開催しました。台湾とベトナムでの市場開拓・取引拡大に関心がある県内の事業者を集め、現地の企業とオンラインで結びます。申し込んだ企業は現地の企業三社と商談を設定できます。申込企業には通訳一人が付き、商品サンプルはあらかじめ現地に発送しておきます。海外の企業と取引を始めるには、事前に商品サンプルを送ったり、現地への到着後は通訳を探したりと様々な苦労を伴います。しかしオンラインでの商談ならば渡航費などもかからず、面倒な準備を軽減できるメリットがあります。

銀行業界は、少子高齢化と景気の不透明感からこれまでの盤石な経営基盤が揺らいでおり、長引く低金利で顧客離れが深刻になっています。

それだけにコロナ禍を奇貨として、銀行営業の新たなスタイルを確立することが求められています。

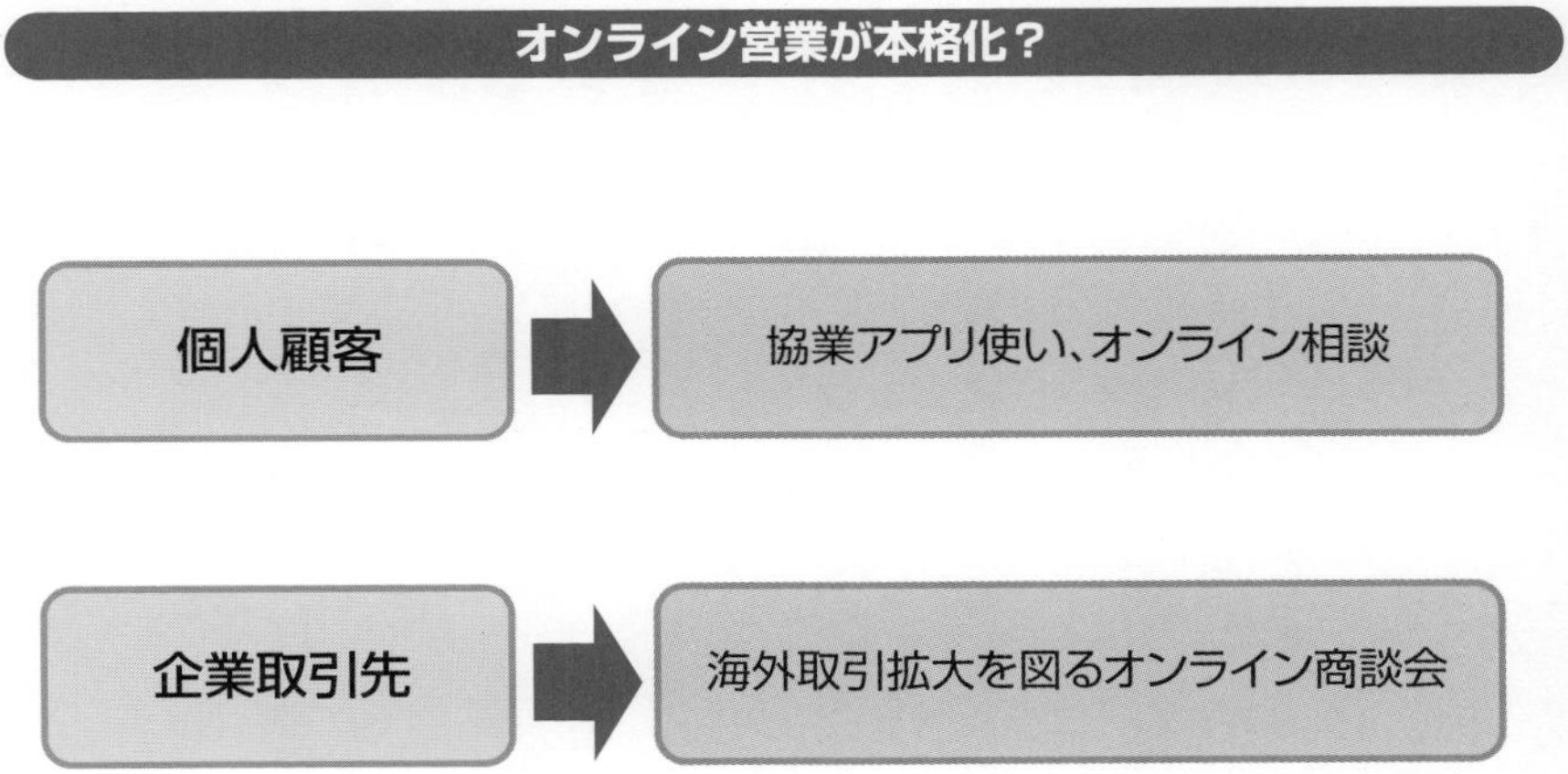

Withコロナ時代を生き抜く②

リモートワーク

2

銀行の勤務体系も変化しています。感染防止のためのリモートワークが広がり、自宅で仕事をする行員が増加。コロナ終息後の在宅勤務のあり方に関して議論が進んでいます。

新生銀行は二〇二〇年一〇月から、情報セキュリティを確保できる場所であればオフィス外での勤務を原則自由とする制度を開始しました。また、二一年三月期には通勤手当を廃止して全員一律の業務支援手当を支給する計画です。

同行は一九年八月にドレスコード(服装規定)を廃止、在宅勤務の日数制限撤廃(一九年一〇月)など、社員の能力を発揮できる職場環境づくりに取り組んできました。

在宅勤務制度は、コロナの感染拡大以前にも実施した銀行があります。群馬銀行は一八年八月から、育児短時間勤務者などを対象に週二回、月一〇回まで実施してきました。メガバンクなど大手銀行も、国が推進してきた「働き方改革」の一環として制度を導入しています。

二〇年二月に新型コロナウイルス感染症対策本部が感染防止の方針を示したことで、産業界は在宅勤務に本格的に取り組むことになりました。

日本銀行は同年七月、金融業界に対して在宅勤務の進捗状況を調査し、その結果を発表しました。

それによると、コロナ対策としてのリモートワークの観点でなく、一連の働き方改革の一環として在宅勤務を制度的に導入する意向が強いことが判明しました。

在宅勤務といえども、銀行業務を停滞させることはできません。押印や書類の郵送などペーパーレス化に向けた事務フローの見直しや、セキュリティの高いオンラインネットワークシステムの構築、在宅勤務の長期化による職員のメンタルヘルスケアなど、解決すべき課題は山積しています。

今後の在宅勤務活用方針

働き方改革	・新型コロナウイルス等感染症対策に加え、働き方改革の観点も盛り込んだ在宅勤務制度を策定する。
	・緊急対応措置として在宅勤務を実施したが、今後は平常時での在宅勤務の活用について働き方改革の観点から検討する。
対象業務・対象職員の拡大	・現状在宅勤務ができない業務についても、ペーパーレス化の促進やシステム環境の整備などで在宅勤務が実施できるよう検討を進める。
	・これまで在宅勤務の対象者を一部に限定してきたが、新型コロナウイルスの感染拡大への対応として緊急的に対象者を拡げたこともあり、全役職員を対象者とするよう制度の見直しを実施する。
制度の新設・整備	・新型コロナウイルスの感染拡大への対応のため、制度のない中で在宅勤務を実施してきたが、今後制度化するとともに必要なシステムインフラを整備する。

在宅勤務のさらなる活用に向けた課題

事務フローの見直し	・ペーパーレス化など、押印や郵送等紙による処理を前提とした事務フローの見直しが必要。
システムの整備・能力増強	・自宅から社内システムに接続するためのネットワーク機器を増強する必要がある。
	・在宅勤務用端末が不足しており、台数の確保が必要。
自社拠点のみに設置されているシステムへの対応	・社内の勘定系システムや日銀ネットなどについては、端末操作のために出社が必要。
セキュリティの確保	・新型コロナウイルスの感染拡大を受け、在宅勤務用のシステム環境を整備した結果、セキュリティリスクは高まっており、セキュリティ対策の重要性は増している。
情報管理体制の整備	・個人情報など機密性の高い情報を扱う事務について、セキュリティを確保しつつどこまで行うことができるか検討が必要。
コミュニケーションの円滑化	・職員間のコミュニケーション不足による業務品質や生産性の低下への対応のため、新たなコミュニケーションのあり方の検討やツールの整備が必要。
労務管理、人事管理	・労働時間の把握や、勤務時間とプライベート時間があいまいになることによる長時間労働化への対応。
	・在宅勤務の長期化に伴う職員のメンタルヘルスケア。
	・職員の目標設定や評価。

出典：日本銀行　金融システムレポート2020年10月「金融機関における在宅勤務の拡がりとシステム・セキュリティ面の課題」

3 みずほFGの働き方改革

Withコロナ時代を生き抜く③

みずほフィナンシャルグループ（FG）は二〇二二年三月期をめどとして、本社勤務の約一万二〇〇〇人を対象に、サテライトオフィスや在宅での勤務に切り替える計画です。

みずほFGは二〇年一一月、東京・大手町と丸の内の本社ビルで働く行員を対象に働き方改革を実施。テレワーク比率二五%を常態化していきます。丸の内ビルの竣工《しゅんこう》で本部機能の集約化が可能になり、合わせてコロナ対策として在宅勤務を本格的に導入する狙いです。

またフレックスタイム制度を拡大し、週休三日・四日制を導入。社員自らが働き方を企画し、就労意欲を高く持ち続けることができるよう、選択肢を広げます。労働組合との協議を前提に希望者を募る予定です。

在宅勤務だけでなく、本部における業務のあり方も改革。業務内容に応じて席を変わることができるよう、スペースを設計したり、グループアドレスを導入したりして業務の効率化を実現していきます。

銀行初 サテライトオフィスの本格化

一方、本部と自宅に次ぐ第三のオフィスとして、二一年三月期中に首都圏に九カ所の**サテライトオフィス**を開設。将来的にはその拠点数を増やす計画です。

三井住友銀行が一八年、不動産会社の協力を得て店舗の遊休地を活用してサテライトオフィスを実施した例がありますが、みずほFGの計画が実現すれば、本格的なサテライトオフィスとしては業界初といえるでしょう。

管理業務主体の本部の仕事は、ペーパーレス化など事務フローを見直してインターネットなどのインフラ整備をすれば、テレワーク化は比較的容易だといわれています。収益力が低下している銀行業界において、本部業務のDX化でコスト削減を図る傾向は今後一層強まりそうです。

みずほFGの本部機能集約

**ロケーションフリーオフィスとすることで、以下の空間機能を提供し、
ワークプレイスの基本コンセプトを実現する**

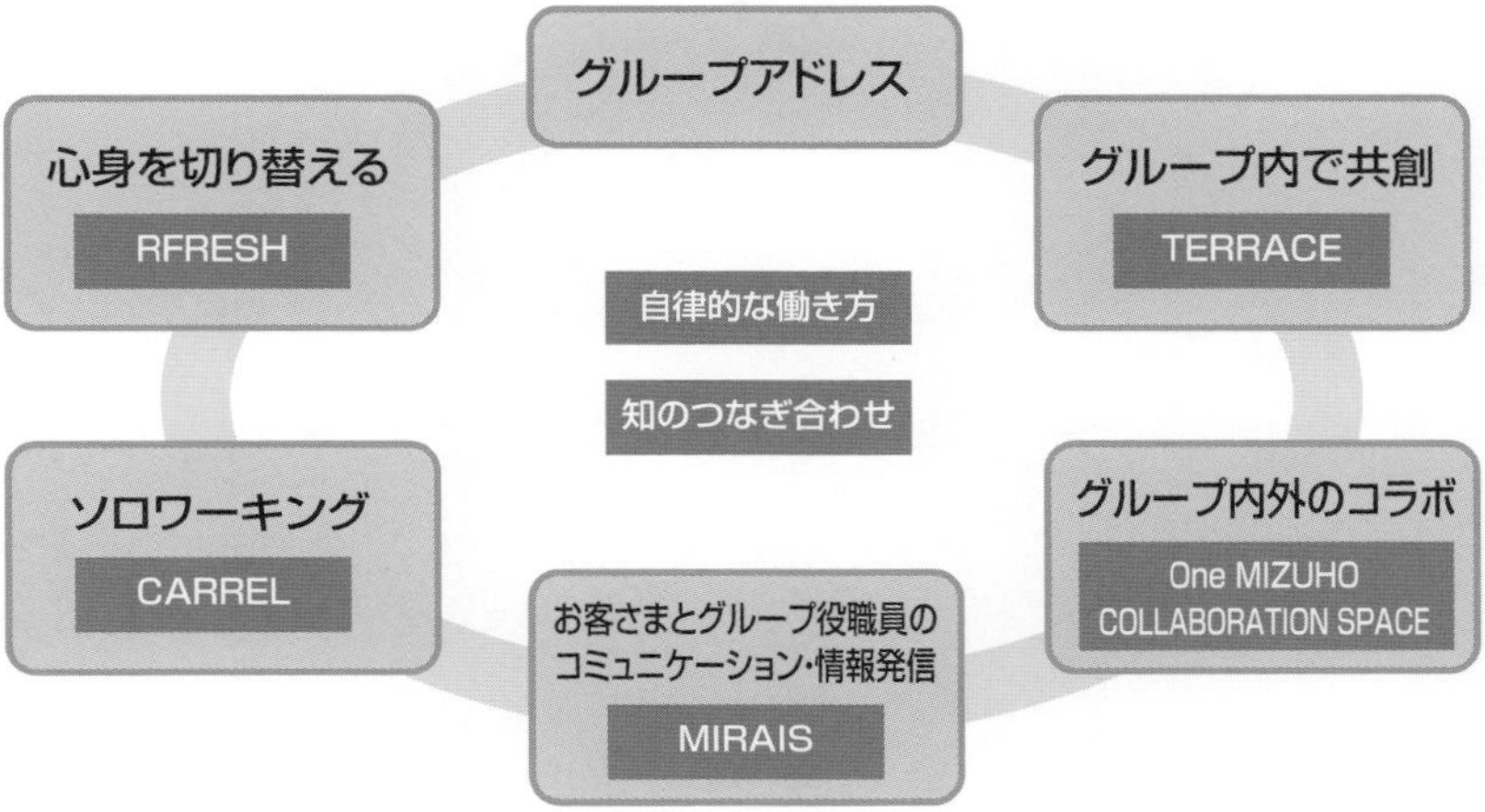

●みずほ丸の内タワー外観

●大手町タワー外観

出典：みずほFGサイト「大手町・丸の内エリアへの本部機能の集約について」

4 インターネットバンキングへのシフト

Withコロナ時代を生き抜く④

新型コロナウイルスの感染拡大が非接触とDX（デジタルトランスフォーメーション）を後押ししています。銀行はこれを機に利用者をインターネットバンキングにシフトさせようとしています。

三井住友銀行は**インターネットバンキング**を利用していない顧客から手数料を取るようになりました。二〇二一年四月以降、新たに口座を開設する人が対象です。インターネットバンキングの利用手続きをしていない利用者で二年以上取引がなく、残高が一万円未満の場合に年一一〇〇円を差し引きます。インターネットバンキングの利用を促してコスト削減を図る狙いです。

ただし、インターネットバンキングを利用しない人と紙の通帳を利用する顧客のうち、一八歳未満と七五歳以上の人については手数料を取らない方針です。

ＰＣやスマートフォンなどの端末で自宅にいながら振込などの資金移動ができるインターネットバンキングは、当然ながら非接触で来店不要のためコロナ対策に合致しています。

低金利局面と少子高齢化など社会環境の変化で収益が低下している銀行にとって、コスト削減は最大の収益改善策です。来店する利用者が減少すれば、支店を減らしたり現場行員を低減したりできます。

また、インターネットバンキング利用者が増加することで、銀行が推進しているデジタル技術を使った事業変革（DX）をより一層進める機運も高まります。

送金手数料引き下げも追い風

インターネットバンキングへの顧客誘導は、銀行の事務フローも動かしそうです。通帳を利用する顧客が減少すれば印鑑や書類を削減できます。通帳を完全に廃止するにはまだ時間がかかりそうですが、通帳を減らすペースを加速させるために手数料を取る作戦です。

みずほ銀行も二一年から紙の預金通帳の発行手数料（一一〇〇円）を徴求し始めました。同行の口座開設は年間約八〇万件あり、手数料を取ることで通帳を希望する人は七割減ると推定しています。また、同行は二〇年一〇月から住所変更や税金などの店頭支払い時に印鑑を不要としました。伝票を減らし、店頭にタブレット端末を設置して入力する仕組みを整備しました。

三菱ＵＦＪ銀行も二一年七月に口座管理手数料一二〇〇円を導入する予定です。いわゆる休眠口座を減らして銀行の基幹システムのデータ負荷を低減し、コストを削減する狙いもありそうです。メガバンクがインターネットバンキングへのシフトを促し、口座管理手数料を取ることで、地方銀行や信用金庫も追随すると思われます。

一方、銀行間の送金手数料は二一年一〇月に大幅に引き下げられる見込みです。これは公正取引委員会からの是正要請に応えた措置ですが、結果的にインターネットバンキングにシフトさせる方策になりそうです。この引き下げにより、インターネットバンキングの利用者が増加するのは間違いありません。

コロナでインターネットバンキングへのシフトを加速

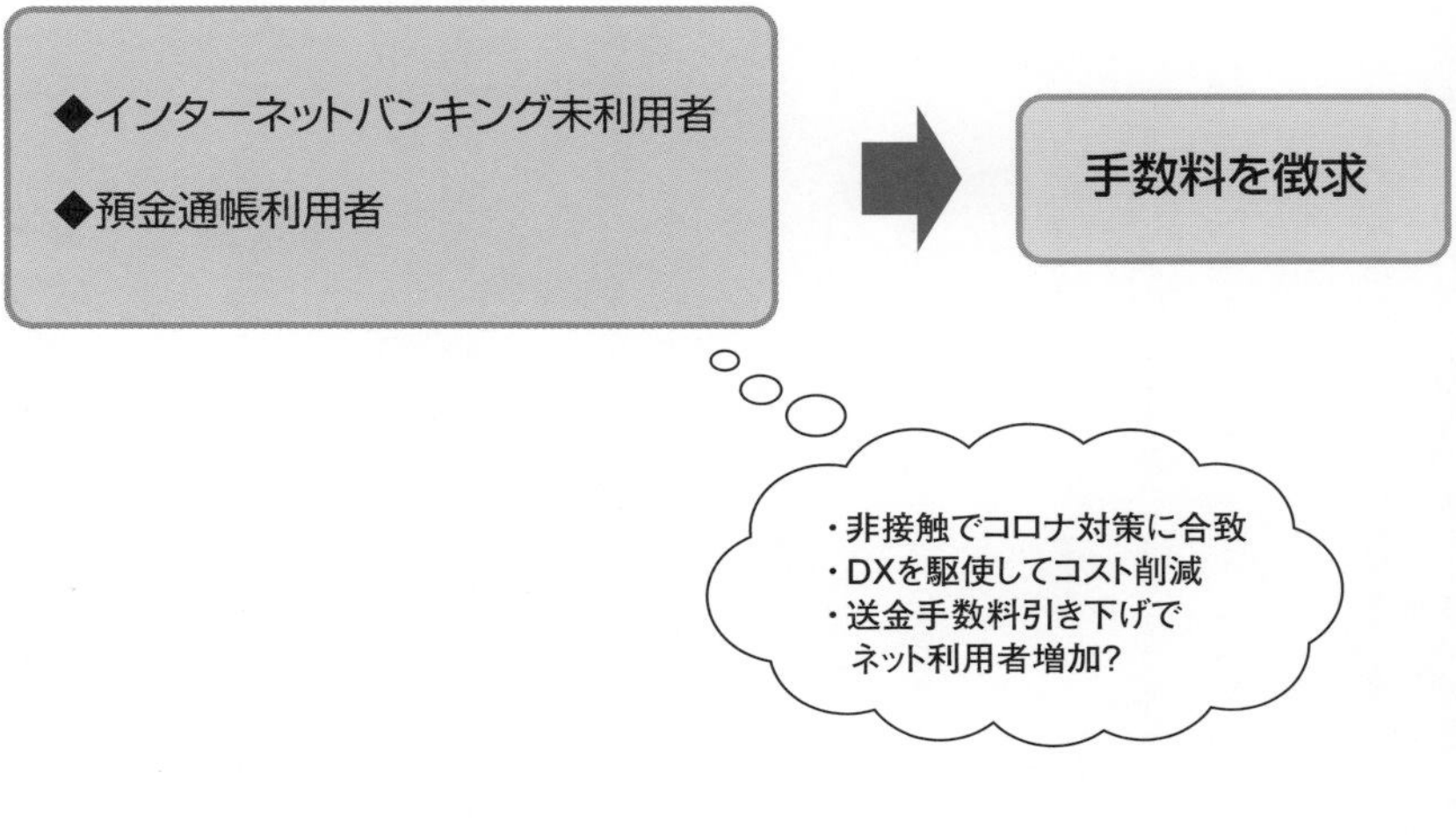
◆インターネットバンキング未利用者
◆預金通帳利用者
手数料を徴求
・非接触でコロナ対策に合致
・DXを駆使してコスト削減
・送金手数料引き下げで
ネット利用者増加？

5 なぜ急ぐ？ キャッシュレス化

キャッシュレス化の議論が年々高まっています。二〇二〇年からの新型コロナウイルス感染拡大という状況の中で、衛生上有効との判断も影響しているようです。

キャッシュレス化が声高に叫ばれ始めたのは、東京五輪開催が決まった一三年から訪日外国人の爆買いが表面化した翌一四年にかけてです。経済産業省は、二五年までにキャッシュレス決済比率を四〇％まで引き上げるという目標を立てています。

しかし、わが国のキャッシュレス化は本当に遅れているのでしょうか。銀行関係者の話を総合すると「我々の感覚ではキャッシュレス比率が二〇％台というのは到底信じられない」との声が圧倒的です。

金融庁は一八年一一月、「キャッシュレス決済比率二〇％」を主張する経産省に異を唱えるかのように独自の調査資料を公表しました。当局が示したのは、メガバンク三行における個人の給与口座からの出金状況。三行の一七年一年間の給与口座における出金八五兆円のうち、五割以上の四六兆円がクレジットカードによる口座振替やインターネットバンキング、ATM（現金自動預け払い機）などからの振込によるものと判明しました。この調査を受けて一部日刊紙は「キャッシュレス決済比率は五割」と報道しました。

メガ三行の個人口座数は約九〇〇〇万。重複を考慮しても五〇〇〇万は下らないでしょう。地銀などの地域金融機関でも、電気・ガス・水道・電話・NHKの五大公共料金は大半の利用者が口座振替で決済していると思われます。わが国の人口から考えてみても、キャッシュレス決済比率が二〇％台にとどまっているというのはにわかに信じられません。

金融業界では昔から「キャッシングは大蔵省、ショッピングは通産省」といわれ、両省はことごとく対立してきました。貸金業は金融行政で信用販売は通産省の管轄という、ノンバンクにおける二重行政はいまもなお続いています。

狙いは現金コスト低減に脱税防止？

キャッシュレス決済の比率を上げる狙いは、一義的には二〇年に開催予定だった東京五輪における訪日客の利便性向上でしたが、ほかにもあります。現金のハンドリングコスト低減とインターネット通販などの成長による経済活性化です。これに犯罪抑止と脱税防止が加わります。現金はもはや邪魔者で、いいところなしの状況です。

キャッシュレス化の促進では、韓国が先進事例としてよく取り上げられます。九七年のアジア通貨危機でＩＭＦ(国際通貨基金)の救済を受けた韓国は、内需拡大とともに自営業者の脱税防止を大きな狙いとして〇〇年、クレジットカードの利用促進政策を導入しました。年末調整や確定申告時にカード会社の利用明細を添付すれば最大三〇万円の所得控除が受けられたり、一〇〇〇円以上のカード利用で毎月、賞金総額一億八〇〇〇万円の宝くじを購入する権利がもらえたりしました。また、日本円換算で年商約二〇〇〇万円の店にクレジットカードの取り扱いを義務化しました。これらによってカード利用率は向上し購買データの標準化が進みましたが、〇三年にカード危機が発生。延滞率が高まりカード会社の収益が低下したといわれています。

現金の管理・運搬はコストがかかります。民間調査機関によれば、国内のＡＴＭ維持管理費は年間二兆円。コンビニを含めて国内約二〇万台。一台当たり一〇〇〇万円の年間維持費がかかる勘定です。

現金決済が可能なのは、来店できる範囲の商圏という限定された地域です。インターネットショッピングになると商圏は無限に広がります。経済成長を「省是」とする経産省も、資金洗浄の横行に悩まされ脱税摘発に人的コストをかけてきた金融庁も、キャッシュレス決済の拡大に異論はありません。

キャッシュレス化が進めば銀行支店の不要論が高まり、銀行の存在感はますます希薄になりますが、最近の銀行はすでに業界の縮小均衡を織り込んだ戦略を歩んでいます。

そもそも、わが国のクレジットカード会社は大手都市銀行が生み育ててきました。大手ノンバンクは軒並みメガバンクグループの傘下であり、地銀のカード会社は銀行系カード会社の系列下にあります。

「銀行の儲けが減ったぶんは、カード会社が稼いで補てんしてくれればいい」

メガバンクの首脳はそう考えているかもしれません。

決済ツールはクレジットカードの独壇場の時代から、電子マネーやスマホ決済、SNS決済へと拡大しています。預金・融資・為替の銀行三大業務のうち、景気に左右されない安定ビジネスとして死守してきた決済業務（為替）はいま、し烈な競合の世界と化しています。

わが国のキャッシュレス支払額および比率の推移（2018年）

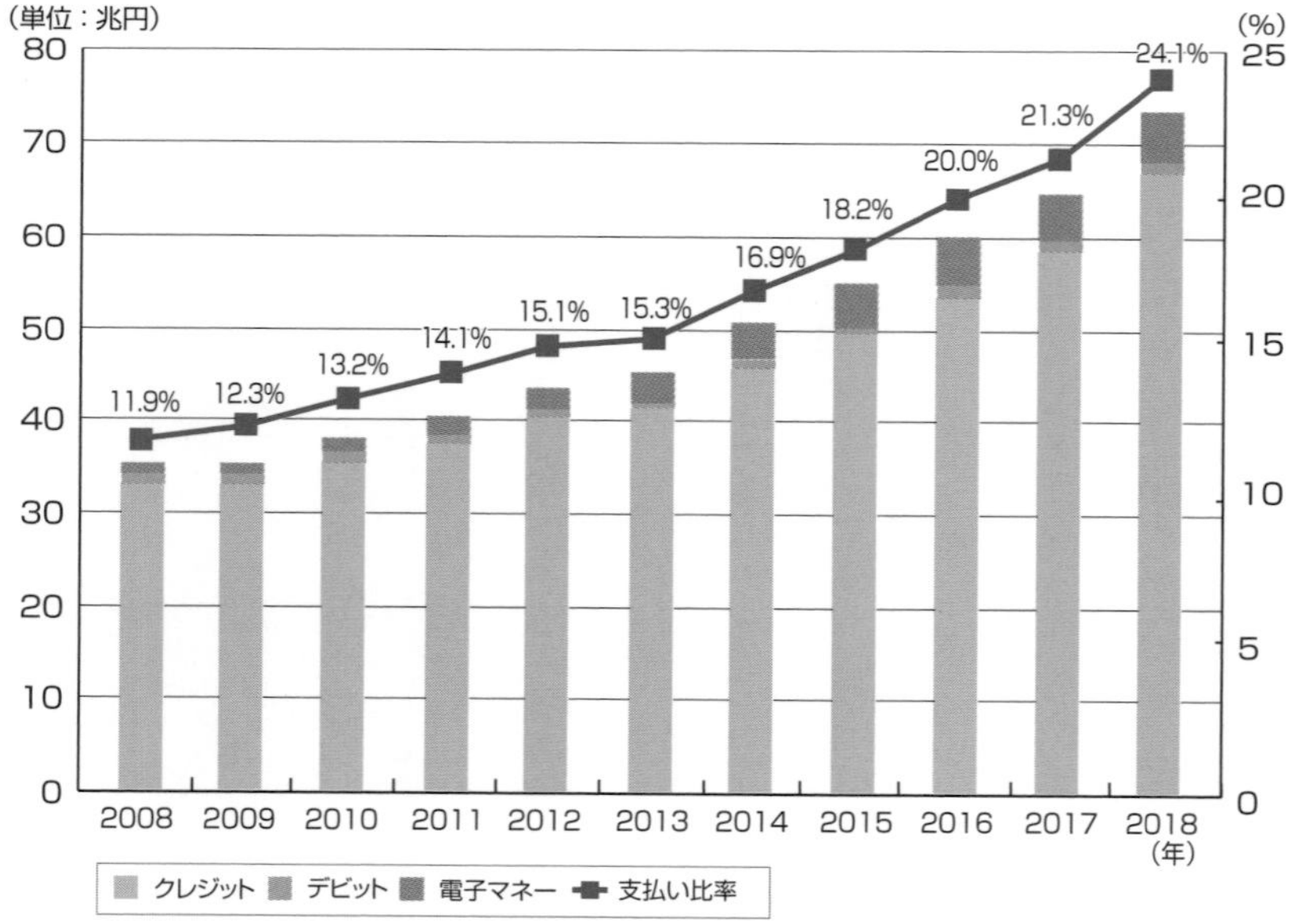

出所：経済産業省　商務・サービスグループキャッシュレス推進室
「キャッシュレスの現状及び意義」（2020年1月）

破たん後二〇年の二行

6

一九九八年に破たんした日本長期信用銀行と日本債券信用銀行。二〇年あまりを過ぎたいま、新生銀行、あおぞら銀行と名を変えて生き残っています。今後の動向次第では金融界に影響を与える可能性もあります。

新生銀行を実質支配していた外資系の米投資ファンド「JCフラワーズ」（JCF）が二〇一九年八月、同行の保有株式を売却しました。JCフラワーズは同年三月末時点で新生銀株式の約二三％を持っていましたが、そのうち一七％分を売却して六三〇億円を手にしました。これにより、同行の一八％の株式を持つ国（預金保険機構など）が繰り上がって筆頭株主となりました。公的資金の返済先が同行の大株主という皮肉な事態になったのです。

同行は九八年の破たん後、公的資金を導入して一時国有化されましたが、〇〇年に米投資ファンドのリップルウッドが買収して民営化。新生銀行と商号変更して長期信用銀行から普通銀行に転換しました。

〇四年に再上場を果たしましたが、この再上場で投資ファンドは一〇〇〇億円以上の売却益という巨利を得たといわれています。そして〇八年に同じ米投資ファンドのJCFがTOBを仕掛けて以降、実効支配していました。その間、海外送金やATMの手数料無料など独自の総合口座「パワーフレックス」を開発して個人業務を強化していきますが、前身が長期金融の専門銀行だっただけにリテール業務はニュービジネスも同然で、思うようには伸びませんでした。

新生銀の収益構造は、アプラスなど関連ノンバンクが稼ぐ資金利益と、地方銀行などを顧客とした資金運用業務での手数料収入が中心。二〇年三月期連結決算は純利益四五五億円（前年度比二一・九％減）と最終黒字。二〇〇〇億円以上の公的資金は現在も返済されないままです。公的資金は現在すべて普通株に転換されており、新生銀の現在の株価では売却すれば損失が出るので、国としては国民の税金である公的資金を損切りするわけにはいかず、塩漬けにしています。筆頭株主になったことで、新生銀に対する関与の度合いはさらに高まり、国は新生銀の価値を高める政策を取らざるを得なくなっています。

地銀頼みの経営体質

あおぞら銀行も九八年の破たん後、〇〇年にソフトバンクグループとオリックス、東京海上の三社連合が組成した投資ファンドが買収。翌年に商号変更し、〇三年に米投資ファンドのサーベラスに売却後、再上場しました。一二年にサーベラスが保有株を売却して外資の支配から脱却し、一五年には二〇〇〇億円以上あった公的資金を完済しました。

同行は旧日債銀時代から培ってきた力量の範囲内で業務を展開しています。二〇年二月には営業時間を夜八時まで延長し、さらに窓口を廃止して個室対応にするなど、ひと味違う銀行を目指しています。

もともと「日本不動産銀行」と名乗っていた歴史からもわかるように、不動産ビジネスが業務の中核にあり、地銀・第二地銀を相手としたデリバティブなどの金融派生商品の売り込みで利益を稼いでいます。身の丈に合った経営ですが、地銀・第二地銀を重要顧客とする金融法人営業が頼りだけに、地域金融機関の経営次第では収益リスクを生むことにもなります。

あおぞら銀が地銀に販売しているデリバティブ関連利益は二〇年三月期に増加しました。

「金融債での付き合いを通じて、地銀には『彼らに任せておけば運用益を上げてくれる』という安心感がある。無為無策の地銀ほど頼り切っていたが、その姿勢はいまもあまり変わらない」（地銀関係者）。新生銀、あおぞら銀ともに長年、金融債の販売を通じて地域金融機関との付き合いを重視。現在もその関係は変わりません。

業界再編と公的資金返済

一方で、地銀・第二地銀は少子高齢化と低金利局面による利ザヤ縮小に直面しています。金融庁は一九年に「早期警戒制度」を設けて、経営不振が続く地域銀行の統合再編を強く促しています。公正取引委員会も地銀の地域内での融資シェアを問題視しない独占禁止法の特例措置を講じました。

地銀と旧長信銀二行のこうした関係は今後、業界再編と公的資金のはざまで揺れ動く可能性があります。公的資金導入の事実は人々の記憶からなくなりつつありますが、放置できない負の遺産です。国はこの問題に真摯に取り組まなければなりません。

新生銀が公的資金を返済するには、同行の株価を格段に高める必要があり、そのためには新生銀単独の事業展開では不可能です。投資ファンドが長年保有した末に手離したのですから、思い切ったカンフル剤が必要です。

新生銀とあおぞら銀は〇九年に合併構想が持ち上がりながら頓挫した歴史があり、両行の合併に障害は多くありません。しかし、両行が合併しても金融機能としては似たもの同士で相乗効果は小さいと思われます。それよりも、飛び地による地銀再編で大連合を二つ作り、持株会社体制にしてそれぞれが司令塔になる構図も考えられます。

破たん後20年経過の2行の行く末は？

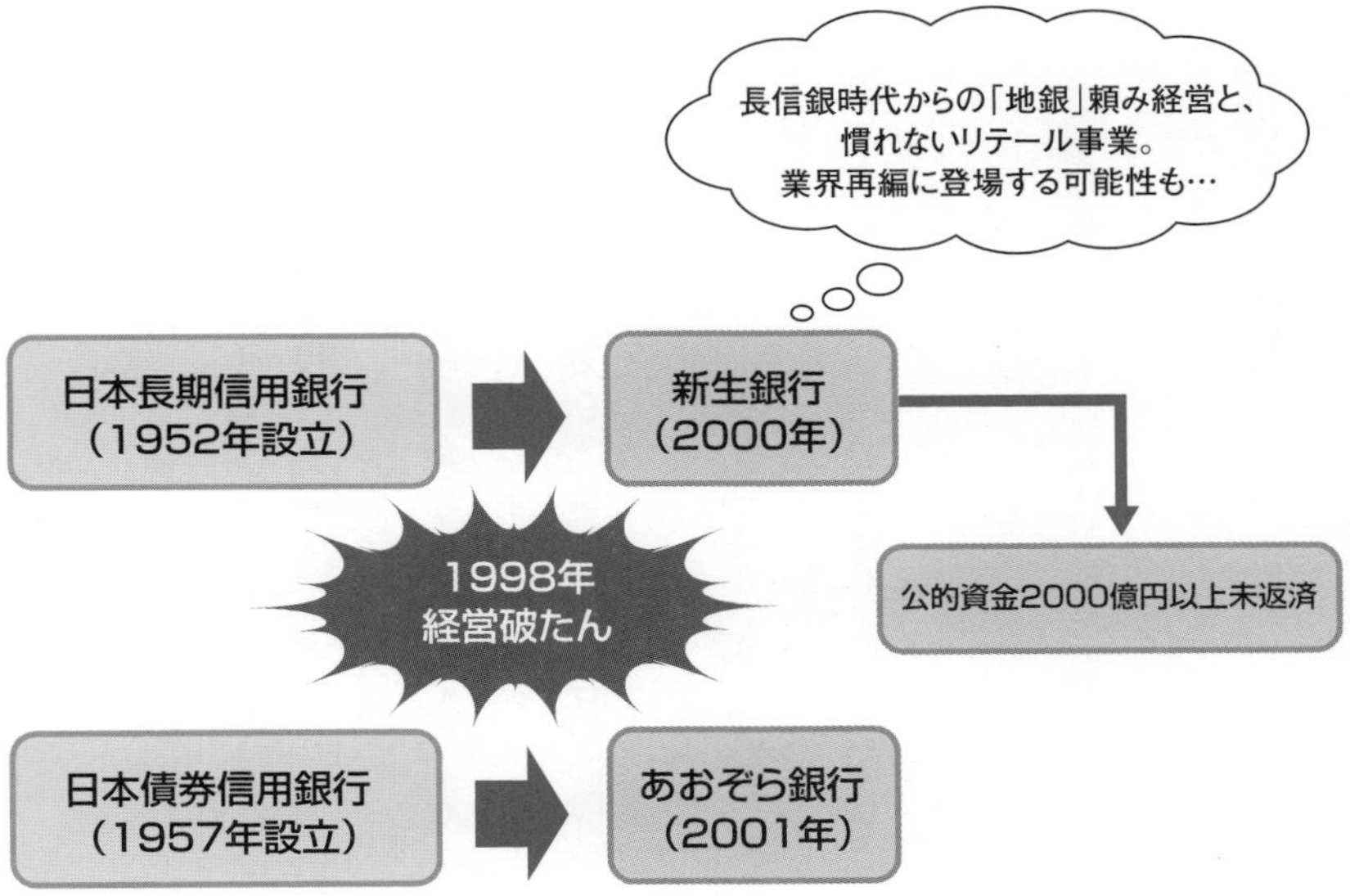

7 リブラとは何か

フェイスブック（FB）が二〇二〇年に発行を予定していたデジタル通貨（暗号資産）「リブラ」の計画が頓挫しています。しかし、SNS世界最大手による金融覇権という脅威論は消えていません。

リブラ〈Libra、二〇年一二月にディエム〈Diem〉に名称変更〉の狙いは、FBを通じた利用者囲い込みに尽きます。利用者人口二七億を超える情報通信アプリを使って送金などの資金決済が可能になれば、既存の銀行などが堅持してきた金融の世界秩序を一気に塗り替えることができる、との読みからです。

リブラはFBがカーシェアリングのウーバーなど二二の企業・団体とともに、スイス・ジュネーブに「リブラ協会」を設立して運用主体とします。協会には通貨の価値を裏付ける複数の国際通貨を準備金としてプール。安価な手数料でカード決済や自動車の相乗りサービスが利用でき、銀行口座を持たない一七億人を視野に入れた「リブラ経済圏」を形成する計画です。

運営主体となる協会の本拠を置く予定のスイスは長年、顧客情報の秘匿を売り物に銀行大国として世界的な評価を得ていましたが、近年はマネーロンダリング（資金洗浄）の温床との批判を浴びて、スイスの銀行の国際的な地位は低下しています。

そこで目を付けたのが二〇一〇年代に登場した暗号資産（仮想通貨）。スイスには暗号資産の基盤で、リブラもその技術を導入しているブロックチェーンの関連企業が四〇〇社近く集結しているといわれています。リブラは匿名口座が作れるとも指摘されており、普及すればスイスフランの通貨価値が相対的に上昇すると同国は見ているのです。

FBの信頼性に疑問符

国連の調査によれば、現在の世界人口は七七億人。F

Bの利用者はその約三分の一。巨大金融サービスが国のハンドリングなしに普及すれば、金融調節機能は民間業者の手に渡ってしまいます。大げさにいえば、国家権力の一部移転ともいえます。世界の金融秩序は各国が通貨の流通量をコントロールすることで成り立っています。ドルやユーロ、円といった基軸通貨体制は世界経済の根幹。こうしたレガシーシステムが制御できない状況は、政治経済的にも由々しき問題になります。

　とはいえ一朝一夕に実現できるものではありません。各国の中央銀行が異を唱え、一九年七月には米両院の金融関連の委員会、さらにG7（主要国首脳会議）で反対意見が噴出しました。ここ数年頻発している個人情報の流出事件でFBの信頼性に疑問符が付いています。また、安全確実な裏付け資産が担保されているのか疑問視されています。一八年には暗号資産「テザー」が発行額に相当する米ドルを保有していない疑惑が出ており、リブラにも同様の不安が向けられています。世界的な金融テーマであるマネロン防止の観点から、匿名口座を開設できる点にも非難の目が向けられています。

　最大の反発理由は、前述した金融調節機能の民間移転。各国の金融機関は中央機関に準備預金を納めて資金決済のネットワークを構築し運用しています。現在では電子マネーなどの代替手段が普及していますが、それでも銀行口座に資金が存在して初めて利用できるのです。新たな決済手段といっても、既存の金融秩序の埒外《らちがい》ではないのです。

　ただ、リブラが金融調節機能を持つリスクについては心配するほどのことはないでしょう。価値の裏付けを国際的な法定通貨に委ねるので、現在の基軸体制が揺らぐとは思えません。ドルや円、ユーロなど既存の通貨に価値を保証してもらうのならば、何もリブラに替える必要はなく、参入する企業もメリットを考えれば限定的にならざるを得ないからです。メリットがあるとすれば、既存の手数料よりも低い対価で同等以上のサービスを提供する場合でしょう。それが銀行口座を持たない「一七億人」への社会的貢献ということではないでしょうか。

「金融包摂」では評価も

　リブラには、異なる視点からの批判も出ています。圧倒的なプラットフォーム（事業基盤）を持つ業者が、その基盤で形成される世界に同居することは許されるかという疑問です。

　かつてマイクロソフトがウィンドウズパソコンの販売時にWeb閲覧ソフトのIE（インターネット・エクスプローラー）を同梱して強制使用を企図し、独占禁止法違反を指摘されたことがありました。この批判を踏襲すれば、FBはリブラを創設し運用するのはいいが、FBの世界で流通させることは難しくなります。そうした批判に対して、FBが「リブラ経済圏」にツイッターやLINEなどのライバルを参入させる可能性もゼロではないでしょう。近年凋落《ちょうらく》傾向にあるFBとしてはリブラで起死回生を狙っているのですから、この独禁法問題がサービス開始にあたっての大きな障害の一つになります。

　リブラは、最近耳にするようになった「**金融包摂**」（Financial Inclusion）にスポットをあてた点は評価できます。これは、貧困や差別などが原因で金融サービスを受けられない人々にその機会を提供する取り組みを指すものですが、金融は富を拡大再生産する道具。そうした岩盤に風穴を開ける端緒になるとすれば、リブラの価値は低くはないでしょう。

リブラは金融業界の脅威になるか？

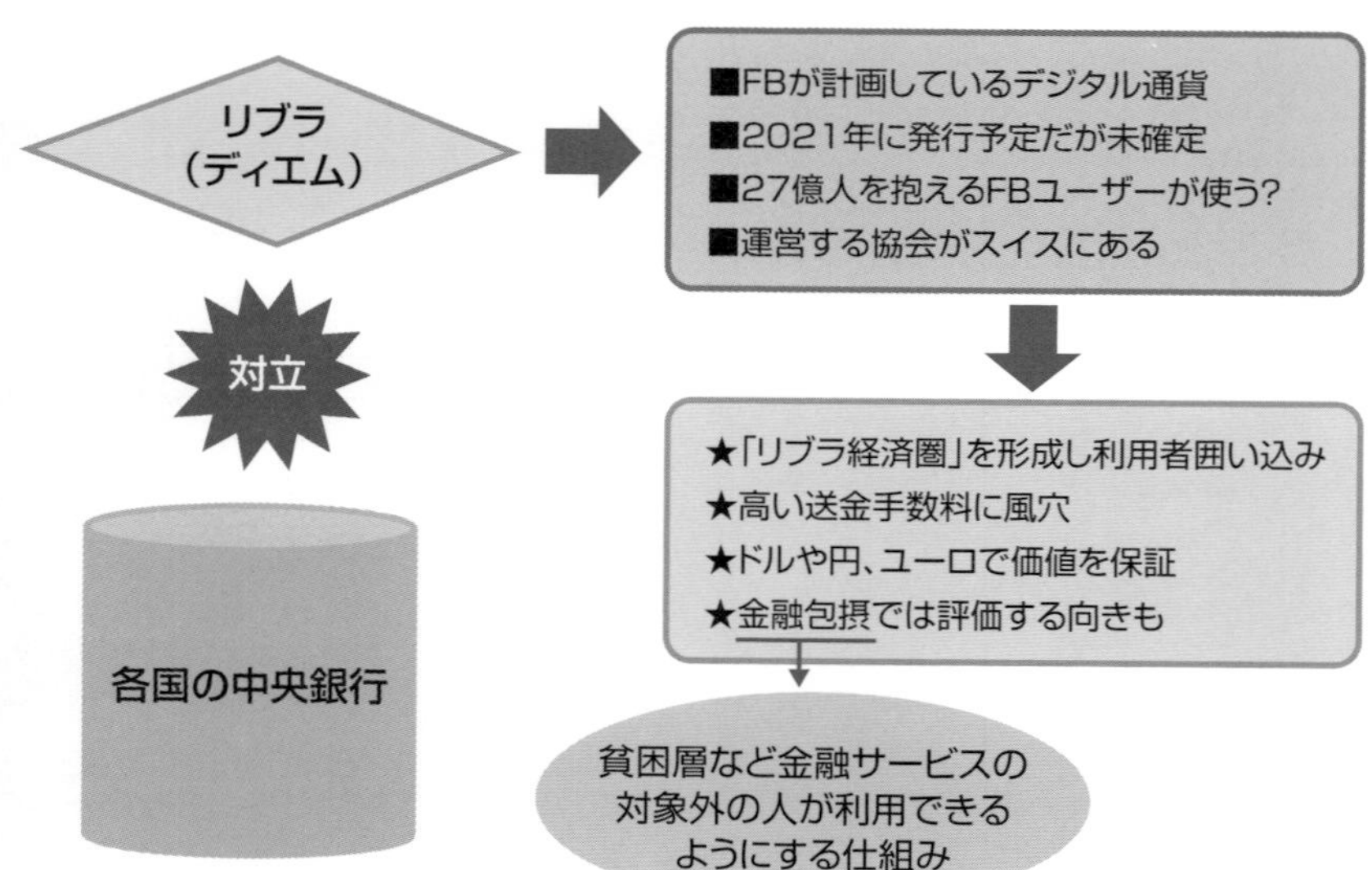
リブラ
（ディエム）
■FBが計画しているデジタル通貨
■2021年に発行予定だが未確定
■27億人を抱えるFBユーザーが使う?
■運営する協会がスイスにある
★「リブラ経済圏」を形成し利用者囲い込み
★高い送金手数料に風穴
★ドルや円、ユーロで価値を保証
★金融包摂では評価する向きも
貧困層など金融サービスの
対象外の人が利用できる
ようにする仕組み
対立
各国の中央銀行

8 曲がり角のコンビニATM

ATM（現金自動預け払い機）の手数料を巡って銀行とコンビニが駆け引きを展開しそうです。セブン銀行のコンビニATMの収益が陰りを見せている一方、メガバンクの一部はコンビニATMの利用手数料を変動制にしました。

銀行は、自行の顧客がキャッシュカードを使ってコンビニのATMを利用する場合、一部の場合を除いて顧客の口座から利用手数料を自動的に取り、コンビニに対して手数料を支払っています。

銀行がコンビニに支払う手数料（コンビニ側から見ると「受け入れ手数料」）は銀行ごとに異なりますが、おおむね同水準。あくまで単純計算ですが、利用者は一一〇円の手数料を負担し、銀行は平均一三三円の手数料をコンビニに支払っています。コンビニは維持コストを別に考えれば一三三円の儲けですが、銀行は顧客負担の一一〇円を差し引いても二三円の損が出ます。

コンビニ業界首位のセブン－イレブンにATMを設置しているセブン銀行は、収益の九割をATM受け入れ手数料が占めていますが、キャッシュレス化が進んで最近は頭打ちの傾向になっています。支店を減らして顧客のATM利用をコンビニに依存してきた銀行は、ここに来てコンビニに払う手数料が重荷になりつつあります。

そこで銀行は、利用者負担を増やして自身の負担軽減を図る狙いから、手数料改定を決断しました。三菱UFJ銀行では、平日の日中一一〇円、夜間と休日二二〇円でしたが、二〇年五月からは給与振込日（二五日や末日）などの「ピーク日」の日中を無料とし、夜間は一一〇円。

通常日はコンビニによって異なりますが、セブン-イレブンの場合、平日の日中は二倍の二二〇円、夜間と休日は一・五倍の三三〇円へと変更しました。

支店が混雑している日や時間帯はコンビニに足を運んでもらって支店の混雑を回避し、支店が空いているときは支店に来て銀行ATMを使ってもらう作戦です。

コンビニはキャッシュレス決済に敏感に反応する一方で、新たなATM事業にも精を出しています。セブン銀行はスマートフォンのQRコードをATMに読み込ませ、チケット購入などを行っています。現金決済が減ることはあっても増えることは考えにくい現状で、銀行からの手数料をいつまでもアテにしていると、ATM端末のシステム維持コストが回収できなくなるからです。

下表の通り、メガ三行のコンビニATM手数料では三菱UFJ銀行が最も独自色を出していますが、この手数料改定は、コンビニ側にとって受け入れ手数料の改定につながるので朗報かもしれません。

しかしキャッシュレス化の波は抗しがたいものがあり、多くの銀行は経費節減のためインターネットバンキングの利用者増を図っています。

メガバンク3行のコンビニATM手数料

三菱UFJ銀行		8：45～18：00	18：00～8：45
平日	25日、月末	無料	110円
	上記以外の日	220円	330円
土・日・祝日　12/31～1/3		330円	

三井住友銀行	8：45～18：00	18：00～8：45
平日	110円	220円
土・日・祝日	220円	

みずほ銀行		8：45～18：00	18：00～8：45
平日	月～金	110円	220円
土（22時まで）		220円	
日（24時まで）		220円	
祝日・振替休日		220円	

注：三菱UFJ銀行はセブン-イレブン向け

三菱UFJ銀行は独特、みずほ銀行は土日祝の終了時間が違う。三井住友銀行が最も利用しやすい？

9 みずほ銀行でまたもシステム障害

みずほ銀行は二〇二〇年二月下旬、大規模システムトラブルに見舞われました。〇二年四月、一一年三月に続く三度目で、信用失墜は避けられません。

〇二年四月はメガバンクグループ発足、一一年三月は東日本大震災発生直後、そして今回とほぼ一〇年に一度繰り返されるシステム障害。復旧の進捗状況によっては、システム再構築の必要も出てくるかもしれません。

二月二八日に発生したシステムトラブルは、デジタル口座への切り替えを目的にしたデータ移行作業中に発生しました。同行は一月末時点で一年以上記帳されていない利用者の口座を順次デジタル口座に移し替える作業をしていました。ところが、通常月よりも三日少ない二月の末日で週末という、オンライン取引の多いタイミングを選んで作業を進めたことが第一の失敗でした。

データ移行作業と利用者のオンライン取引が重なり、想定を上回る負荷が、銀行業務の心臓部である勘定系システムにのしかかったと思われます。勘定系システムはこの過程で負荷に耐えられなくなり、異常を検知。そこで他の業務のある部分を遮断してシステム維持を図る機能が働きましたが、そこでATM(自動預け払い機)との連携を中断したと見られています。

繁忙日の選択と自衛機能の不全

一連の報道では「メモリ不足」「自衛機能の見誤り」「想定の甘さ」などが指摘されています。データ処理作業を月末で週末の繁忙日に実施したことは、〇二年四月の障害と共通しています。あのときは四月一日で新年度の初日。四大メガバンクグループ（当時）が同時発足した日であり、企業の会計年度がスタートする喧騒《けんそう》の一日を選んだことで大規模トラブルに発展しました。

一九年七月に完成した新システムの「自衛機能」がうまく働かなかったことも響きました。不具合がシステム全体に悪影響を与えないよう遮断する仕組みですが、それがATMの稼働レベルを著しく低減させる設定になっていたことが第二の失敗要因と思われます。しかもATMはキャッシュカードや通帳を飲み込んだままフリーズ。行員の対応も休日のため不十分でした。

デジタル化への移行で焦り？

銀行はいま、長引く低金利と少子高齢化による取引減少、景気の不透明感とコロナ禍で収益が減っていますが、コロナは非接触、デジタル化への格好の口実になり、各行とも通帳の段階的な廃止とインターネットバンキングへの移行を強力に推進しています。

三井住友銀行はインターネットバンキングを利用していない顧客から手数料を取るようになりました。二二年四月以降、新たに口座を開設する人が対象で、インターネットバンキングの利用手続きをしていない利用者で二年以上取引がなく、残高が一万円未満の場合に年一一〇〇円を差し引きます。インターネットバンキングの利用を促してコスト削減を図る狙いです。みずほ銀行も二一年から紙の預金通帳の発行手数料（一一〇〇円）を徴求。同行の口座開設は年間約八〇万件あり、手数料を取ることで通帳を希望する人は七割減ると見ています。二〇年一〇月から住所変更や税金などの店頭支払い時に印鑑を不要とし、伝票を減らし、店頭にタブレット端末を設置して入力する仕組みを整備しました。

他のメガバンクもデジタル化の移行を急いでいますが、今回のようなシステム障害は起きていません。では、なぜこういうトラブルがみずほに限って頻発するのでしょうか。端的にいえば、システムを動かす人間の問題ではないでしょうか。システムの管理・運営に欠点があると思われます。

再発防止は待ったなし

一九年に完成したみずほフィナンシャルグループ（FG）の新システムは「MINORI」と命名されています。

「MINORI」を運営するのは、みずほFGが二〇年六月に日本IBMと共同出資で設立した「MIデジタルサービス」。「IT業界のサグラダファミリア」と揶揄された苦闘のプロジェクトですが、早くも最初の試練に直面しています。

メガバンクトップの三菱UFJ銀行は業績に陰りを見せ、三井住友銀行が収益力で急追しています。万年三位のみずほ銀行は巨大システムの構築が終わり、ようやく光が射してきた矢先の出来事でした。次期頭取も決まり新体制になる直前の失態は痛恨の極み。銀行システムは二四時間三六五日間無停止、安定稼働の堅牢性が求められます。高度な設計を宿命付けられている心臓部で起きたトラブルで。再発防止は待ったなしです。

みずほ銀行でまたもシステムトラブル

東日本大震災発生直後
2019年7月完成
新勘定系システム
「MINORI」
・デジタル化移行作業
・データベース移し替え
・ATMの連携を遮断
・キャッシュカード取り出し不能
「コロナ」が非接触、
デジタル化の都合のいい
言い訳になっている?

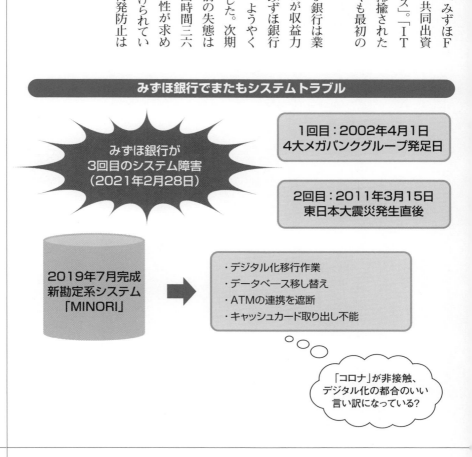

10 「みんなの銀行」が開業へ

国内初のデジタルバンク「みんなの銀行」が二〇二一年五月に開業します。伝統的な金融事業からの脱皮を目指し、ゼロから作る銀行との触れ込みです。

地方銀行で最大の銀行グループ「**ふくおかフィナンシャルグループ**」(FFG)の子会社「**みんなの銀行**」は、銀行が単独で立ち上げる初のインターネット専業銀行であり、地銀業界でも初の設立となります。

同行は口座開設からATM(現金自動預け払い機)の利用、振込まですべてのサービスをスマートフォンで完結させる仕組み。一九八〇年前後に生まれた、スマホなどデジタル端末に慣れ親しんだ世代を主要顧客とし、デジタルバンク(デジタル銀行)と自称しています。銀行業務の心臓部である勘定系システムをグーグル社のクラウドサービスで構築している点でも画期的です。

今回の銀行設立に至るまで、FFGは周到に準備をしてきました。一九年四月に次世代バンキングシステムの研究開発にあたる子会社「ゼロバンク・デザインファクトリー」を設立し、DX(デジタルトランスフォーメーション)の進展をにらみながら新銀行設立の準備会社を立ち上げ、構想を膨らませてきたのです。

少子高齢化など社会の変化、景気の不透明感、そしてコロナ禍と、銀行を取り巻く経営環境はますます厳しくなっています。

一方でデジタル技術は急速に進化しているため、銀行設立後もその変化に対応して業務を常に改善してく狙いから、デジタル銀行とシステム開発会社の両輪を稼働させたものと思われます。

「みんなの銀行」の意義は、地域金融機関である地銀が設立したことにあります。限定された地域で営業展開してきた地銀が営業エリアを選ばないインターネットの世界で縦横に事業を展開できるメリットは小さくありません。

みんなの銀行のイメージイラスト

Minna no Ginko

出典：みんなの銀行公式サイト

みんなの銀行の概要

あなたのいちばんに。
FFG ふくおかフィナンシャルグループ

組織	福岡銀行 熊本銀行 十八親和銀行	みんなの銀行 ↑ ZERO BANK DESIGN FACTORY
エリア	九州がメイン	全国 （地理的制約を受けない）
ターゲット	全層の顧客 （法人・個人）	デジタルネイティブ世代 （当初は個人がメイン）
チャネル	全チャネル	モバイル専業 （来店不要・24時間365日）

出典：みんなの銀行事業説明会（2021年1月19日）資料

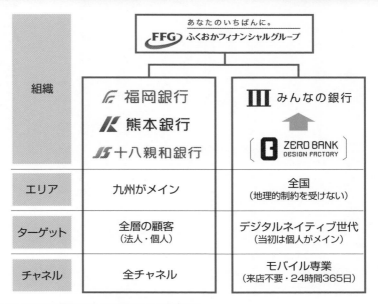

11 指定金融機関制度の崩壊

銀行と地方自治体の関係が壊れかけています。一部のメガバンクが指定金融機関の地位を返上。銀行にとって税収の受け皿としてうま味があった「指定金」制度は崩壊しようとしています。

預金集めに奔走していたのは昔の話。いまや貸出先に困る銀行にとって、預けてもらうこと自体がリスクであり、自治体の預金は避けたいのが本音です。一方、財源不足に悩む自治体は、手数料値上げをチラつかせる銀行と容易に関係改善を図れる状況にありません。一般にはあまり知られていませんが、「指定金」のあり方によっては、今後、地方税支払いなど行政における金融サービスで利用者負担につながる可能性も出てきます。

指定金融機関制度、略して「**指定金**」は、都道府県・市区町村の各自治体が地域住民から徴収する各種の税金の収納や住民への補助金の振込、公共事業を受注した事業者への工事代金支払いなど、多様な業務を特定の金融機関が代行する仕組みです。東京・大阪・名古屋などの大都市では都市銀行がその地位を半永久的に独占し、県や政令都市、県庁所在地になっている市では主に地域一番手の地方銀行がその地位を踏襲してきました。市町村レベルになると、地銀や信用金庫などが三年程度の輪番で交代することもあります。

自治体に入ってくる税金は、そっくりそのまま指定金融機関の口座に集められ、銀行はそれをもとに融資の原資にあてたり資金運用したりします。自治体は預金の利子がもらえ、特定の銀行に資金を集中させる見返りに代行業務にかかる手数料をただ同然にしてもらうなど、便宜を受けています。

県庁支店が自治体との接点

例えば地銀各行には「県庁(前)支店」があります。ここが自治体と銀行を結ぶ接点で、県庁支店の支店長ポストは出世コース。県庁職員の中でも高位の役職ともなれば、定年後の天下り先は銀行と相場が決まっており、銀行の支店長クラスは県下に存在する公立病院の事務長などに就いて優雅な第二の人生を送ることが少なくありません。ポストを交換し、歴代にわたって継承していくのです。

こうした蜜月は、互いにメリットのある間はひびも入りませんでした。しかし、指定金の地位にある銀行が金庫番として自治体の収納業務を喜々として行っていた預金集めの時代は終わりました。補助金の打ち切りや公共工事の減少で、代行業務自体が減り、住民の税金収納はコンビニでの収納代行が増えるなど、指定金融機関である銀行の自治体取引における存在感は希薄になっているからです。

山陰地方のある地銀は二〇一八年、その地域で唯一の銀行支店を抱えていましたが、採算が悪化し閉鎖することにして町に通知しました。指定金の銀行が撤退すると住民が困ると判断した町側は、公金で定期預金である五億円を解約すると揺さぶりをかけましたが、地銀は応じませんでした。過疎化が進む地方では今後、こうしたケースが増えることも予想されます。

メガバンクが指定金を返上

僻地《へきち》ばかりの問題ではありません。都心部の町でも指定金を巡って駆け引きが展開されています。関西では高級住宅地でベッドタウンといわれる芦屋市。三菱ＵＦＪ銀行は行員派遣費用などの名目で年間七万円を徴収しており、これを一五〇〇万円に値上げする交渉をしていましたが難航。応じなければ対抗措置として市庁舎内にあるＡＴＭ（現金自動預け払い機）の撤去を断行すると伝えました。同行は一九年三月に芦屋市の「指定金」を返上しました。

今後は収納事務の運営権委託も

インターネット全盛の昨今、公金収納事務の電子化が遅れていることも、問題解決の妨げになっています。その一例が、クレジットカード決済。毎年支払う自動車税は現在、軽自動車で一部の自治体がカードでの決済を実施しているに過ぎません。遅れている理由の一つに、ポイント還元制度の存在があります。

　カード決済をする人はポイント還元によって実質値引きになりますが、その恩恵はカードを持っていない人には及びません。税負担の公平性の観点から、導入を渋る自治体が多いのです。

　また、自動車税は排気量が多くなるほど高額になり、カード会社は高額決済に対して手数料を割高に設定する傾向があるので、自治体が難色を示します。

「それに、自動車税などの税金は季節変動が大きく、収納事務が一時期に集中するので、銀行もやりたがらない」（地銀業界関係者）

　カード決済による公金収納は、伝票形式のペーパーベースが大半で、電子対応が遅れています。銀行と自治体の間での収納事務用として「マルチペイメントネットワーク」という通信網が用意されています。通称「ペイジー」と呼ばれ、一部の自治体で利用できますが、導入している都市はまだ多くありません。

　一九年一〇月からは、複数の納付先に対して一括して納付できる「**地方税共通納税システム**」（eLTAX＝地方税ポータルシステム）のサービスが始まり、納付先ごとの納付書作成や指定金融機関への収納依頼が不要になりました。

　止まらない人口減少に本格化した高齢化社会。少なくなる一方の利用者を相手に低料金で提供してきた金融サービスは、キャッシュレス決済の普及もあって採算が悪化し、口座管理手数料の有料化が徐々に進んでいます。

　自治体は近年、図書館の運営などの経営管理権を民間企業に付与するコンセッション方式を導入するところが増えています。収納事務においてもこうした方式を考える時期に来ています。

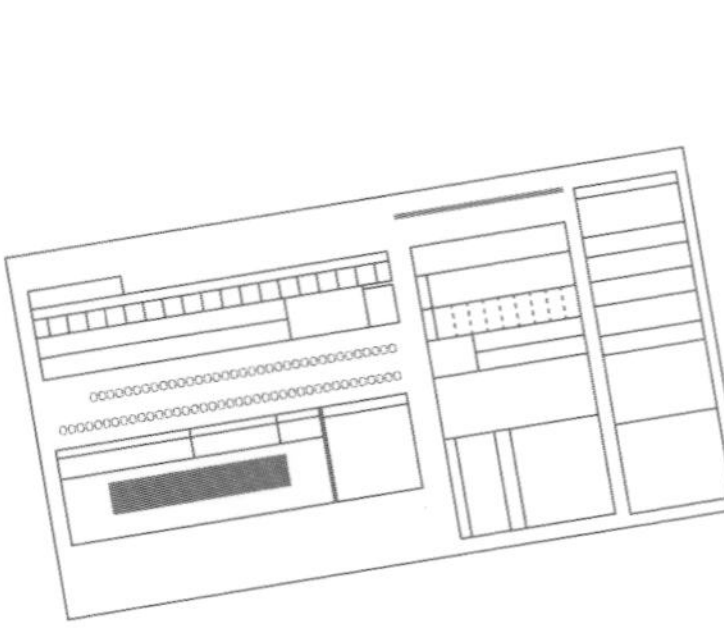

指定金融機関制度が崩壊の危機？

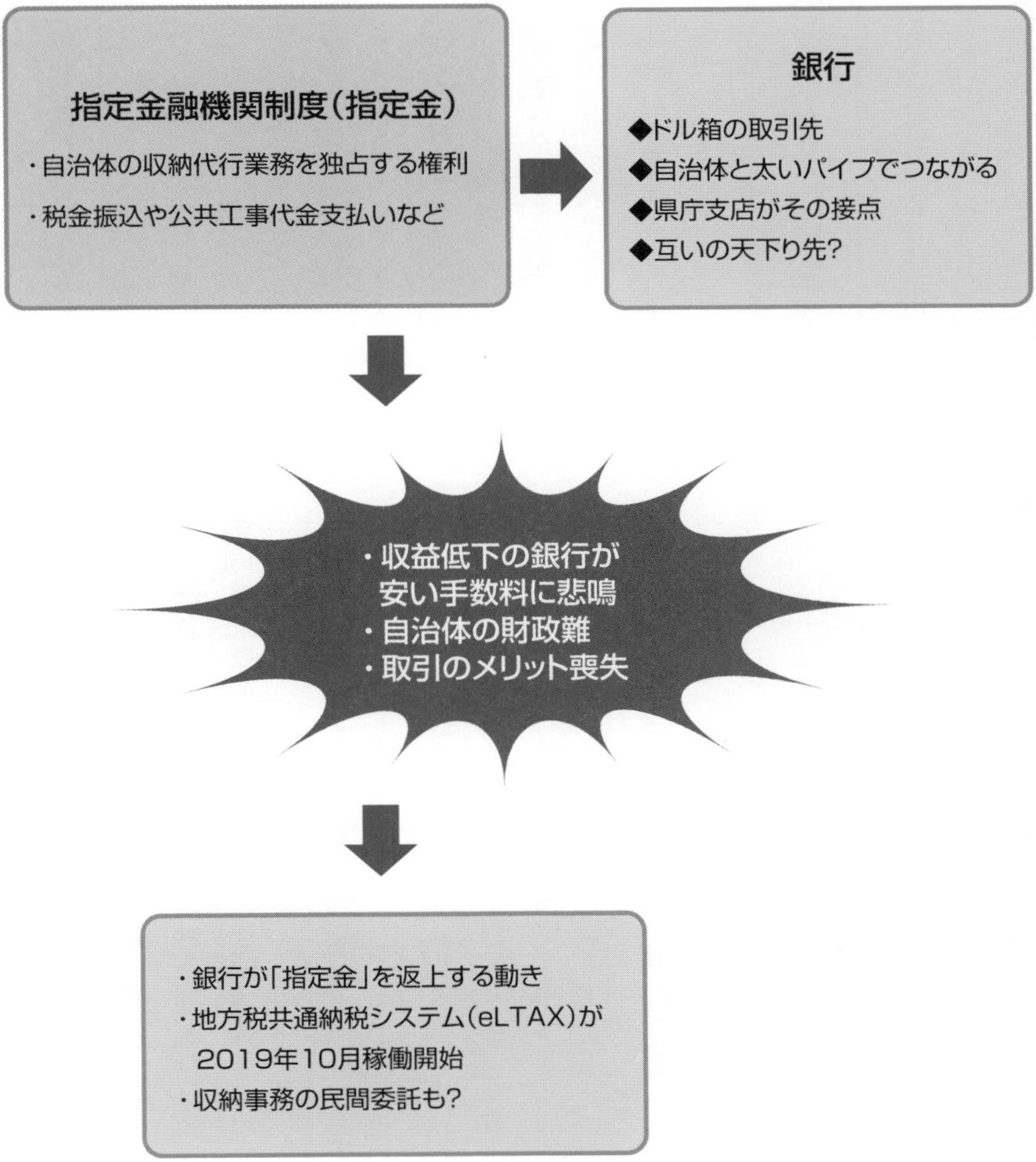
指定金融機関制度（指定金）
・自治体の収納代行業務を独占する権利
・税金振込や公共工事代金支払いなど
銀行
◆ドル箱の取引先
◆自治体と太いパイプでつながる
◆県庁支店がその接点
◆互いの天下り先?
・収益低下の銀行が
安い手数料に悲鳴
・自治体の財政難
・取引のメリット喪失
・銀行が「指定金」を返上する動き
・地方税共通納税システム（eLTAX）が
2019年10月稼働開始
・収納事務の民間委託も?

12 金融関連法改正、脱銀行化へ

政府は二〇二一年三月、銀行法など金融関連の改正法案を決めました。地方創生やDX（デジタルトランスフォーメーション）で新たな金融事業を展開するための手当と見られています。

銀行の業務は高度な社会的使命を帯びていることから、いわゆる規制業種の中でも図抜けて法的な拘束が多いといわれています。預金業務は銀行だけに認められた固有業務であり、競合が増加している資金決済ビジネスにおいても広範なネットワークシステムを有し、万が一のシステム障害は許されません。

しかし、コロナ時代に遭遇したことでデジタル化へのシフトが加速しており、利用者の側でも、伝統的な金融業務からインターネットバンキングなど非接触の金融業務への移行を支持する階層が増えています。

将来的にはインターネットバンキングが銀行業務の主流になり、**DX**を駆使した事業展開をしていかなければ、取り残されて存続が危ぶまれることにもなりかねません。

今回の改正法では、コロナなどの影響で変化した社会情勢に合わせてより柔軟な業務運営が可能になるよう、規制緩和が主眼に置かれています。銀行業務における最大の規制は業務範囲にあります。改正法案では、**地方創生**に資する子会社や兄弟会社ならば届け出制にして迅速な対応ができるようにしています。

またハンズオン支援（専門家派遣）として、経営再建に取り組む中小企業への出資の拡大や、買収した外国金融機関の子会社をより長期に保有すること、また収益確保策としてリース業や貸金業などの業務を展開する外国企業の買収もできるようにしています。

経営基盤の強化策として、コロナで疲弊した地域経済の回復・再生のための資金交付制度、システム構築経費の支援なども盛り込んでいます。

コロナの影響など社会経済情勢の変化に対応する金融関連法改正案の概要

デジタル化や地方創生への貢献など［銀行法など］

デジタル化や地方創生などに資する業務の追加

【銀行本体】
・業務に、銀行業の経営資源を主として活用して営むデジタル化や地方創生などに資する業務を追加
※内閣府令に個別列挙。自行アプリやITシステムの販売および幅広いコンサル、マッチングなど

【子会社・兄弟会社】
・テック企業に加え、新たに地方創生などに資する業務を営む会社を子会社·兄弟会社に追加
※通常は個別認可制だが、財務健全性・ガバナンスが十分なグループが、銀行の兄弟会社において一定の業務を営む場合は届出制

出資を通じたハンズオン支援の拡充

・出資可能範囲・期間の拡充【内閣府令事項】
※早期の経営改善・事業再生支援や中小企業の新事業開拓の幅広い支援
・非上場の地域活性化事業会社について、事業再生会社などと同様に議決権100%出資を可能に

「海外で稼ぐ力」の強化

・買収した外国金融機関の子会社などについて、現地の競争上必要があれば継続的な保有を認めることを原則に
・リース業や貸金業を主として営む外国会社について迅速な買収を可能に
※信用金庫・信用組合、保険会社、金融商品取引業者などについても、それぞれの特性や制度に応じて同趣旨の改正を行う

グローバルな拠点再配置の加速への対応［金融商品取引法］

日本市場の強化

・海外投資家向けの投資運用業を行う外国法人などについて、届出制のもと、一定期間国内において業務を行うことを可能に
・主として海外投資家を出資者とする集団投資スキームの運用に係る届出制度を創設

経営基盤の強化［金融機能強化法など］

資金交付制度の創設

・ポストコロナの地域経済の回復・再生を支える金融機能を維持するための資金交付制度を創設（2026年3月まで申請可能な時限措置）
［対　象］　人口減少地域を主たる営業地域とする銀行で、合併・経営統合などの事業の抜本的な見直しを行うもの
［交付額］　ITシステム関連費用など見直しに要する費用の一部
※預金保険機構の金融機能強化勘定に属する剰余金を活用
［監　督］　金融機能強化審査会の意見を聴取しつつ、銀行から提出された計画を審査（進捗を5年間モニタリング）

その他

・経営基盤強化の取り組みの中で行われる株式等保有の合理化に対応するため、銀行等保有株式取得機構による買い取り期限を2026年3月まで延長
・預金保険機構の金融機能強化勘定について、勘定廃止時における金融機能早期健全化勘定からの繰入れ規定を整備

13 後見制度支援預金が登場

認知症などで判断力が低下している高齢者の資産を管理する後見制度に、新たな受け皿商品「後見制度支援預金」が登場しました。二〇一九年六月にはメガバンク三行も取り扱いを開始しています。

成年後見制度は二〇〇〇年にできた高齢者のための資産管理制度。本人が元気なうちに家庭裁判所が家族の意向などを踏まえて後見人を決めます。親族の場合もありますが、多くは司法書士や弁護士が後見人になります。

最高裁によると、一九年に家裁に申請があった後見制度の申立件数は三万五九五九件で、前年比一・六%減。六割以上が認知症を原因としたもので、申立理由は預貯金の管理・解約が八割以上を占めています。後見人には配偶者や子など親族が七七七九人。司法書士が一〇五三九人、弁護士が七七六三人。社会福祉士や税理士などを含めると、士業と呼ばれる専門職と親族の比率は八対二と専門職が圧倒しています。

成年後見制度を利用する最大の理由は財産管理で、その一翼を担ってきたのが一二年四月から取り扱いを始めた**成年後見人支援信託**です。

この商品では、日常生活で使うぶんを除いたお金を信託銀行に預けます。信託銀行によって若干の違いはありますが、最低預入金額一〇〇〇万円以上、預入期間五年と使い勝手がよくない商品です。また、信託銀行の支店は都心にはあるものの地方には少なく、高齢者の利用は限定されていました。銀行と信託契約できるのが専門職の後見人に限られることも、普及を阻んでいた要因の一つといえるでしょう。

そこで、一七年前後に登場したのが**後見制度支援預金**。成年後見支援信託はいわば定期預金でしたが、これは受け皿が普通預金で使い勝手がよく取扱店舗も広がりました。

しかし、後見人が銀行を利用する際に家裁が発行する

「指示書(報告書)」の書式が統一されていないため、同預金を取り扱うのは家裁の管轄内にある信用金庫や信用組合などの地域金融機関に限られ、広域で営業する地方銀行やメガバンクは、受け入れたくてもできませんでした。

一九年に入って、最高裁が指示書の統一を全国の家裁に呼びかけたことで潮目が変わり、地銀などがサービス提供を始めました。一九年六月にはメガバンク三行が一斉に取り扱いを開始しました。後見制度支援預金は、専門職の後見人である必要がないので事務コストがかからないことや、利用できる銀行の支店が多いこと、預入金額等の商品の制約が少ないことなどのメリットがあります。

三菱ＵＦＪ銀は口座開設手数料が一六・五万円

商品内容としては、専用口座の「後見制度支援預金」を作り、家裁が発行する指示書に基づいて銀行側が入出金業務を処理します。キャッシュカードは発行されず、ＡＴＭ(現金自動預け払い機)の利用やインターネットバンキングもできないなどの制約があります。

取り扱いが先行している信用金庫では、普通預金口座を専用口座とします。口座管理手数料は不要ですが、専用口座から後見人が管理する生活口座に定期的に振り込みたい場合に、送金手数料がかかります。どの信金でも商品設計がほぼ共通しているのは、システム対応が業界統一されているからだと思われます。

地銀やメガバンクの場合は、銀行によって違いがあります。広島銀行は自動振込ができない貯蓄預金で専用口座を作成。口座開設手数料は税込み一万一〇〇〇円。全店で取り扱います。地銀によっては二年目以降に年間の口座管理手数料を取るところもあります。

メガバンクの間では違いが大きく、三菱ＵＦＪ銀行では専用の普通預金口座を開き、家裁からの指示書がある場合に限り、定額自動送金サービスを申し込みます。口座開設手数料がなんと、消費税込みで一六万五〇〇〇円。みずほ銀行では貯蓄預金を専用口座とし、定期的な送金が必要な場合は普通預金口座を作り、口座間でスイングサービス(自動振替)を一回一一〇円(税込み)で利用します。口座開設時に五五〇〇円(税込み)かかります。取り扱うのは口座開設店だけです。三井住友銀行は取り扱い店舗を東京・横浜・大阪・神戸の六店に限定しています。

手数料が無料の金融機関もあれば、三菱ＵＦＪ銀行のように消費税一〇％を別にしても一五万円かかる銀行まで千差万別。後見制度支援預金に対する取り組みに濃淡がある背景には、万が一のトラブルに巻き込まれたくないとの消極姿勢があるからでしょうか。

社会的な要請で取り扱うことになったものの、制度を利用する本人と、親族または弁護士など専門職の後見人とのやり取りや、彼らを通じた家裁との間接的な関係を前提とする制度の仕組みは、一般の利用者と比べると明らかに複雑で手間のかかる業務処理です。

最高裁が弾力運用を提示

後見制度支援信託ができたのは、家裁が適任と判断して選んだ後見人の不正行為が頻発したからでした。親族後見人だけでなく、司法書士や弁護士など専門職の後見人までが、認知症の被後見人の財産を横領する事件が相次いだのです。

家裁を相手取って選任責任を問う訴訟が起き、家裁が訴えられる予想外の展開になったことから、一二年に後見制度支援信託の運用が始まりました。一四年には不正件数が八三一件、五六億七〇〇〇万円とピークに達しましたが、一七年には二九四件、一四億四〇〇〇万円と不正行為件数・被害額が大幅に下がり、制度の効果が表れました。

しかし、親族が後見人になることを良しとせず、弁護士などの専門家を選任しがちな家裁の傾向に対して批判もあります。家裁は、後見制度における不正行為の九割以上が親族後見人という事実を引き合いに「後見人は専門職に」とすることが多いのです。不正行為の大半が遺産相続を巡るトラブルですが、こうした家裁の姿勢に、最高裁が一九年一月に「身近な親族を選任することが望ましい」との声明を出して、制度の弾力運用を求めました。

最高裁は、後見人に適した親族や支援者がいる場合は、本人の利益保護の観点から後見人に選任することが望ましいと示したのです。専門職の後見人を選ぶと、毎月の基本報酬は二万円ですが、財産額によっては高額にもなります。報酬額が実際の業務量に見合っていないとの批判に応えた格好で、報酬額の見直しにも着手しており、親族後見人を増やしたり、専門職後見人の報酬を下げたりすることで、制度の利用向上を図る狙いです。

後見制度支援預金の変遷

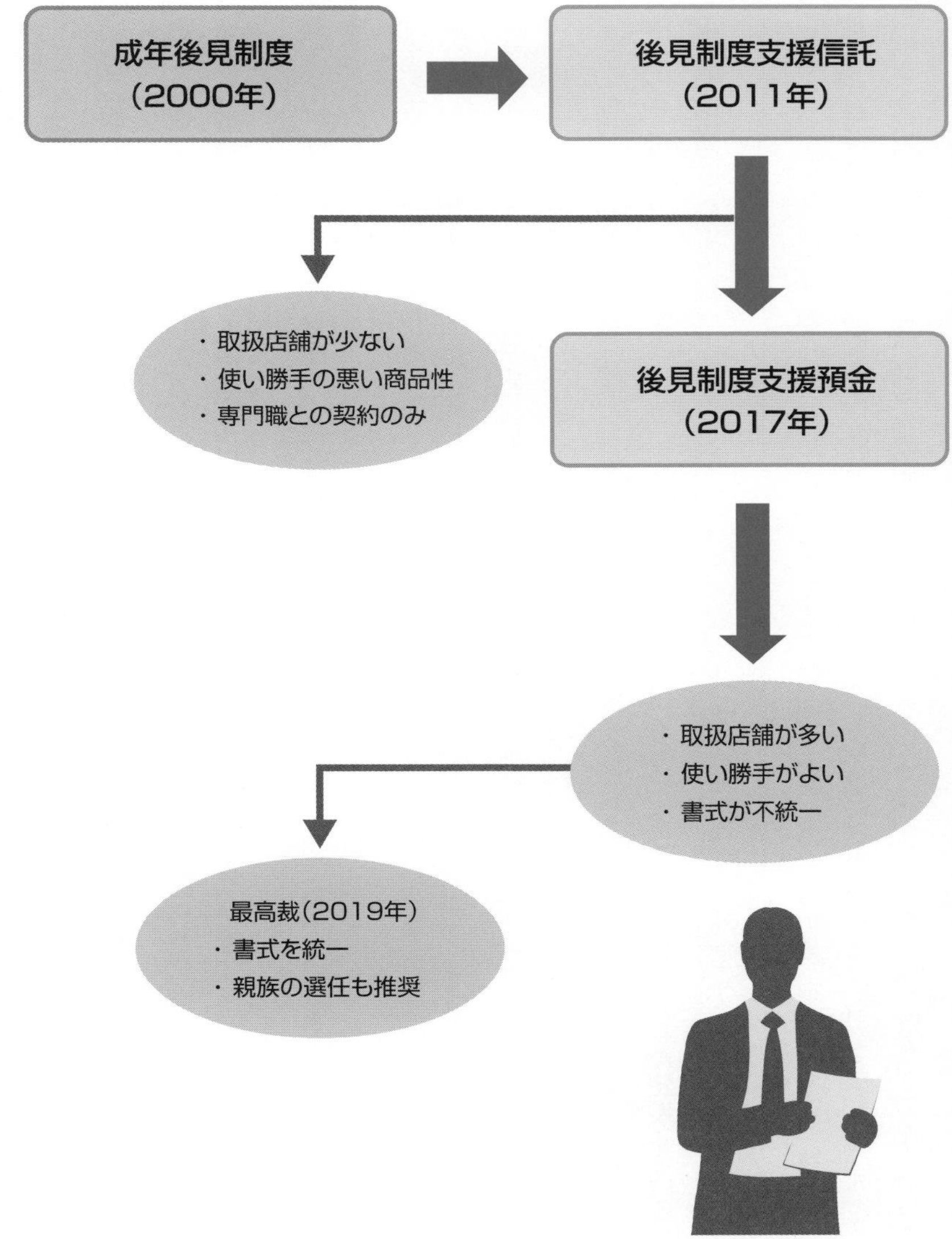
成年後見制度
(2000年)
後見制度支援信託
(2011年)
・取扱店舗が少ない
・使い勝手の悪い商品性
・専門職との契約のみ
後見制度支援預金
(2017年)
・取扱店舗が多い
・使い勝手がよい
・書式が不統一
最高裁(2019年)
・書式を統一
・親族の選任も推奨

14 SBIが仕掛ける「第四のメガバンク」構想

地銀再編の舞台にSBIホールディングス（HD）が登場しています。同社の北尾吉孝社長兼CEOは二〇一九年に「第四のメガバンク」構想を打ち出し、地銀の呼び込みを図っています。

SBI HDは二〇年四月に**SBI地銀ホールディングス**を設立し、一〇行を限度に地銀の呼び込みを始めました。第二地銀の島根銀行と資本業務提携したのを皮切りに、福島銀行、筑邦銀行、清水銀行、東和銀行と矢継ぎ早に提携を結んでいます。きらやか銀行と仙台銀行を傘下に持つじもとホールディングスとも業務提携を結び、地銀・第二地銀を束ねることで金融業界における新たな版図を形成しようとしています。

提携先銀行の株式はSBI地銀ホールディングスに移管。「北尾帝国」の準備は徐々に整いつつあるように見えます。

また、SBIHDは二〇〇近い金融機関との間でSBI証券が提供する投資信託などの金融商品の販売提携を行い、地銀数行と証券の共同店舗を開設しています。

今後は傘下の生保・損保の保険商品も売り込んでいきたい狙いがあり、実店舗を持たないSBIグループにとって、販売の手足つまり提携先銀行はいくらあっても多すぎることはありません。

氏の狙いは、地銀が苦手としている仕事を手伝って手数料を得ることにあります。それは、莫大な維持・更新費用に苦慮している基幹系システムのコスト削減策と、資金運用能力の改善です。SBIHDが使用しているシステムを導入してもらい、資金の運用を受託するのです。証券会社として出発した同社にとって資金運用は本業。さらに、国策である「地方創生」を活用して地域に投資する企業を呼び込む腹積もりですが、こちらは即効性のあるビジネスではなく、先を見越した事業と考えているようです。

新たな地銀ビジネスの始まり

しかし、SBIグループがこれまで提携したのは、第二地銀三八行中九位の東和銀行を除けば、ほとんどが業界の下位行。経営状況が底入れしているところが多く、手を打てば改善できるのは当然でしょう。

国が、再編を選択する地域金融機関の支援を決めたことで、SBIと提携した地銀・第二地銀が支援を申請すればどうなるでしょうか。提携先の地域金融機関が金融持株会社のSBI地銀ホールディングスの傘下に入れば、国が再編のために拠出するシステム構築資金は、そっくりそのままSBIに入ることになります。

SBIの提携先銀行は、県内合併の可能性が低い銀行です。金融当局が剛腕を発揮すれば、それぞれの県の有力地銀との合併もあり得るかもしれませんが、可能性は極めて低いといわざるを得ません。

菅首相との親密関係を利用しながら、保有する提携先銀行の株式の価値を高め、システム構築と資金運用で得る手数料を増やして収益を極大化させる、という新たな地銀ビジネスが始まろうとしています。

SBIホールディングス、地銀再編に乗り出す

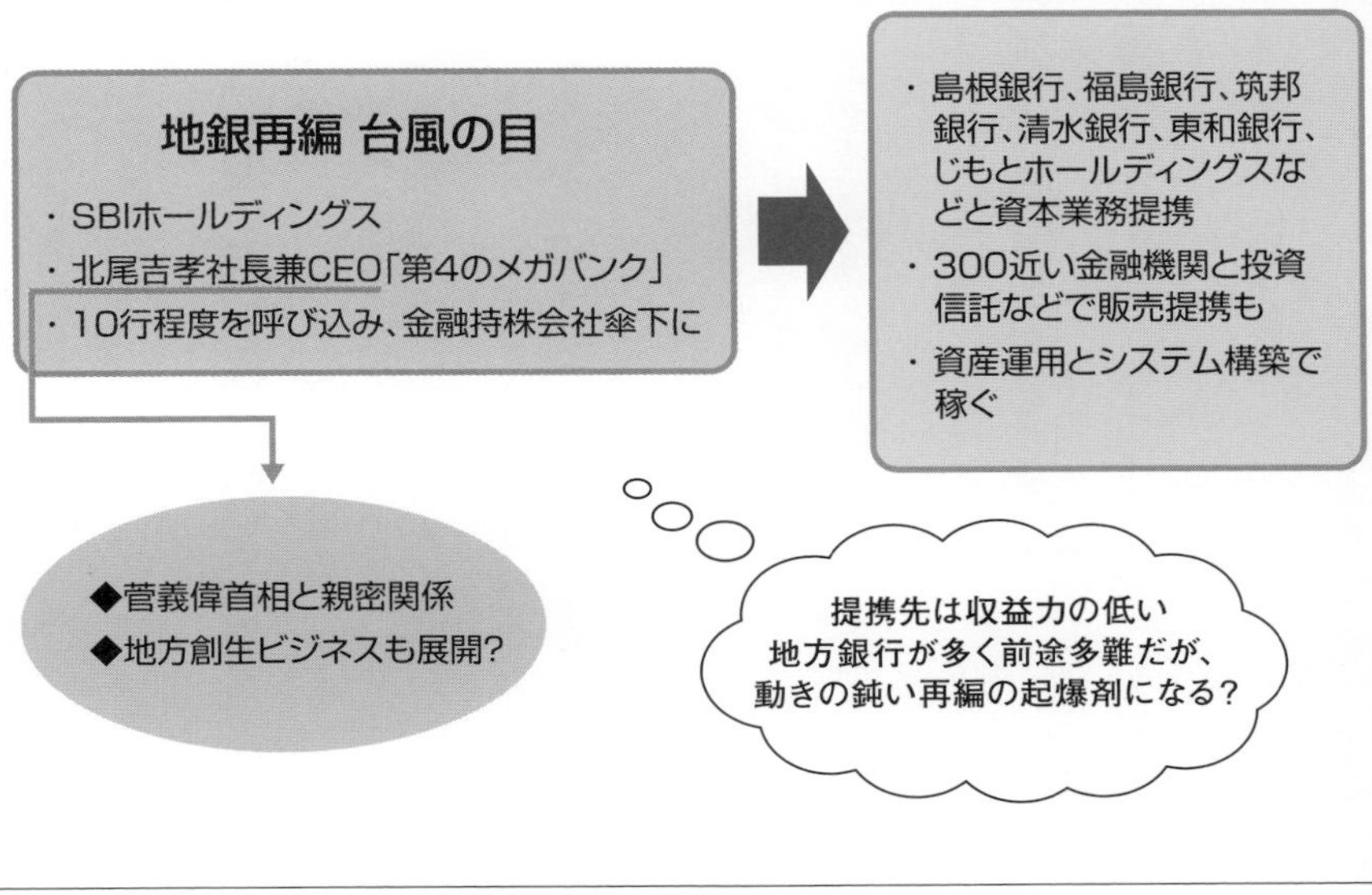
地銀再編 台風の目
・SBIホールディングス
・北尾吉孝社長兼CEO「第4のメガバンク」
・10行程度を呼び込み、金融持株会社傘下に
・島根銀行、福島銀行、筑邦銀行、清水銀行、東和銀行、じもとホールディングスなどと資本業務提携
・300近い金融機関と投資信託などで販売提携も
・資産運用とシステム構築で稼ぐ
◆菅義偉首相と親密関係
◆地方創生ビジネスも展開?
提携先は収益力の低い地方銀行が多く前途多難だが、動きの鈍い再編の起爆剤になる?

15 銀行定年七〇歳時代

定年後の再雇用時でも支店長に抜擢《ばってき》する銀行が増えています。年金の受給開始年齢が年々引き上げられる一方、六〇歳以上でも労働意欲のある人が増えているからです。

公的年金の受給開始年齢が引き上げられています。一般の企業ではこれまで六〇歳を定年とし、それ以降は労働者の希望に応じて再雇用していましたが、二〇二〇年の高年齢者雇用安定法の改正で定年制の廃止か七〇歳までの継続雇用などの措置を講ずる努力義務が課されることになりました。

安定法はたびたび改正され、また年金受給開始の年齢も今後一層引き上げられる可能性が高いことから、銀行も対応に追われてきました。平均寿命が延び、フルタイム労働に支障のない六〇歳以上の人たちが増えてきたことで、銀行の中にも、ベテランならではの手腕を年齢に関係なく戦力として考えるところが出ています。

東京都に七六店舗を有し、信用金庫業界大手の西武信用金庫は二〇一一年に「現役コース」を設けました。現役コースは一定の職位にある人が希望し、認められれば常勤の嘱託として、職位もそのままで定年前の現役と同じ処遇を受けられる制度です。対象は支店長や課長、本部の部長、課長などです。

五〇歳、六〇歳になって、ようやく専門家になった人を定年で退職させてしまうのは画一的すぎると判断。意欲と能力がある限り働いてもらう制度に変更したのです。

七〇歳支店長も出てくる

東邦銀行*も一四年八月、七〇歳まで勤務できる人事制度を開始しました。満六〇歳の定年退職後も六五歳まで役職を継続し、七〇歳までパートタイムで勤務できるようにしました。同行は東日本大震災で多大な被害

用語解説

＊**東邦銀行**　福島県を主要地盤とする地方銀行。地銀64行中18位で預金5兆3236億円、貸出金3兆8628億円（2020年3月末）。

を受けており、業務量が増加して人手不足が続いていたという特殊要因もありますが、「多様な人材の活躍・活用を目的として、働く意欲のある六〇歳以降の従業員がその豊富な知識と経験を活かし、七〇歳まで継続して勤務できる環境を整備」（同行）したのです。

東邦銀行は一三年四月施行の「改正高年齢者雇用安定法」を契機として「業務主任嘱託制度」を創設し、満六五歳まで業務主任嘱託として継続勤務できる環境を整備していましたが、今後、少子高齢化が急速に進む環境の中で、より高い専門性を持った労働力を確保する狙いから、より長期の雇用制度を採用しました。

再雇用年齢を七〇歳に延長する銀行はこのところ急増しています。地銀では東邦銀のほか京都銀行や北都銀行が一四年に制度を創設、一五年に愛媛銀行、一八年に鹿児島銀行、京葉銀行が導入。一九年にはりそなホールディングスが傘下の銀行で導入しました。

単に年齢が六〇歳、六五歳というだけで一律に雇用を打ち切るのはナンセンス。女性の進出と同様、ダイバーシティの観点からも、年齢による線引きは狭量な人事制度といわざるを得ません。

仕事に年齢制限なし

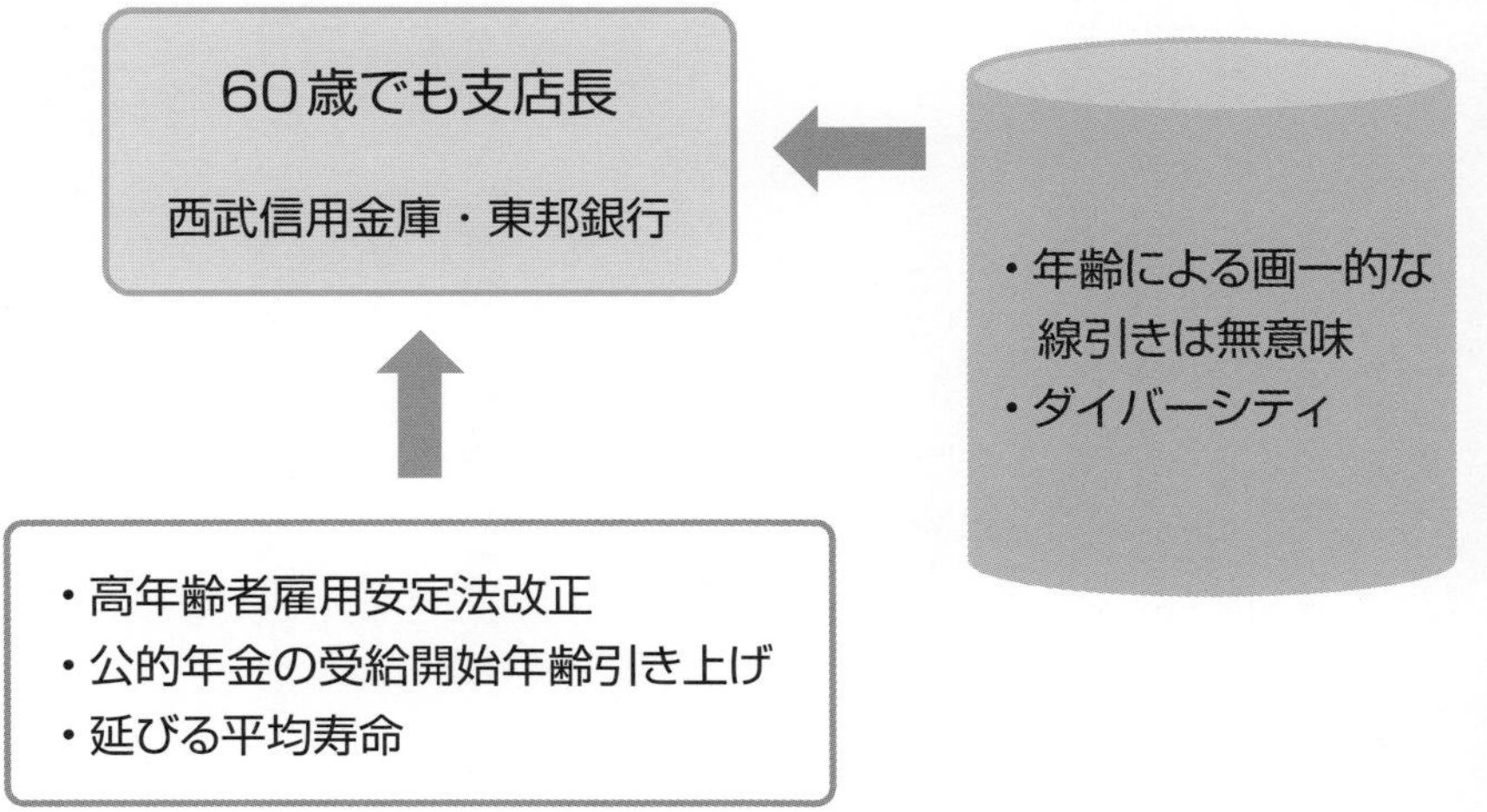
60歳でも支店長
西武信用金庫・東邦銀行
・年齢による画一的な線引きは無意味
・ダイバーシティ
・高年齢者雇用安定法改正
・公的年金の受給開始年齢引き上げ
・延びる平均寿命

地銀「第二の人生」物語

16

定年を迎えた銀行員はかつて、退職しても活躍する場所がありました。定年延長、再雇用がなかった時代の地銀マンを振り返ります。

金融業界の取材を始めた一九八〇年代中盤、銀行の定年年齢は五五歳から五八歳が相場でした。

八七年頃の初秋、東北地方のある県になじみの銀行員二人を訪ねました。A氏は五五歳で役職定年になり、取引先に総務部長で転籍。B氏は友好関係にある信用組合で専務理事に就いていました。いずれも直前は地方銀行の東京事務所所長で、両行は県内でライバル同士。駆け出しの若造記者を厭《いと》わずに接してくれました。

A氏は真面目の上に二文字が付くほどの堅物で、長年勤めた地銀の本部の目の前にある小さな印刷会社の一室で、不機嫌そうな顔をして招き入れてくれました。そして、「長年勤務した銀行には、感謝の念に堪えない。ここは面白い仕事ではないが、似合いの職場である」と、ニコリともせず近況を話します。

朴訥《ぼくとつ》だが社交的だったB氏は、A氏とは打って変わって上機嫌で両手を広げて歓待し、本州最北端の寂しい街で意気揚々としていました。近々、県内の別の信組と合併するのだといいます。再編の当事者の一人でしたが銀行に戻ることはなく、残りのバンカー人生はそこで全うしました。

九四年に六〇歳未満の定年制を禁止する法律ができ、金融界も定年は六〇歳で横並びになりました。この法律が施行される九八年は不良債権処理の冬の時代で、リストラの嵐が吹き荒れました。メガバンクが生まれる前であり、都銀では四五歳で早期退職を余儀なくされる人が増えます。一生勤めあげる職業の代表格だった銀行員にとっても、出向・転籍が現実のものとなったのです。

融資先に送り込まれるベテラン行員

人材豊富な大企業が相手の都市銀行とは違って、中小企業の融資先が多い地銀では、適材を欠く取引先から声がかかることも少なくありません。出向・転籍の実情も、都銀とは少し異なります。

貸付先が急成長して業績を伸ばし、経理・財務のプロをメインバンクに要請することがあります。

「それまでは社長自らが預金通帳と帳簿を管理していたが、手が回らなくなった。そこで銀行に人材を要請するようになる」(関東地区地銀幹部)

物流準大手にのし上がったある上場企業の社長に同様の話を聞いたことがありました。仕事が増えて銀行回りの時間がなくなり、急きょ銀行に頭を下げて行員の一人に経理部長として入社してもらったといいます。

地銀マンは請われて出向するパターンでも五年程度で戻りますが、転籍して銀行を去る人もいます。

「銀行に戻って六〇歳まで勤め上げたほうが待遇的には恵まれるし、雇用延長もある。しかし、請われて移籍した優越感と居心地のよさで銀行退職を決意し、その会社で役員になる人も多い」(同)

銀行が主体的に取引先に人を出す場合もあります。融資していた会社が経営危機に陥り、貸していた融資金の回収管理を行うためです。この場合は、メインバンクとして同じくその会社に融資していた他行との間で、債権回収を巡ってハードな交渉をしなければなりません。

業績が好転し企業が銀行に人員を要請する場合は経理・財務に明るい人が対象になり、業績悪化でやむを得ず派遣する場合は、他行とのタフな交渉に耐える粘り腰と融資の詳しい知識を持つ人が抜擢されます。

関連会社の転出先はノンバンクが人気

銀行の関連会社は、最も有力な転職先の一つです。人気が高いのはクレジットカードやリース、信用保証などのノンバンク会社。地銀のクレジットカード会社の多くは都銀系列のカード会社のフランチャイジーで、母体の銀行とカード会社の間で事務手続きを仲介します。それまで従事してきた金融業務との類似性は高く、業務量も決して多くはありません。

親銀行の事務代行を担う関連会社もあります。銀行の略称を冠した「○○ビジネスサービス」「○○コンピュータサービス」などの社名は、各行とも共通しています。前者は銀行で使う伝票やボールペンといった事務用品から、両替機、紙幣帯封機などの機器類までを購入し、銀行に納品するトンネル会社。こうした用品・機器を製造するメーカーとの関係も密で、バブル期は接待の温床にもなっていました。コンピュータサービス会社は取り扱う機器が高額のため、業者との癒着はさらに強くなりがちです。

「コンピュータサービスの社長が銀行の基幹システム導入の決定権を持っていて、更改時期が迫ると連夜の宴会でヘトヘトに疲れたものだ」（大手ベンダーの元役員）

関連会社には損保代理店もあります。がん保険など、いわゆる第三分野の商品を扱う会社で、親銀行の手数料ビジネスを支援しています。ちなみに、損害保険はよいのですが、生命保険は関連会社を作ることができません。保険業法に「構成員契約規制」というルールがあり、企業内の保険募集代理店は自社や関係会社の従業員への生命保険販売を禁じられています。会社の圧力販売を禁じる配慮ですが、実態は職域営業を守りたい生保業界のエゴ。

病院事務長、ゴルフ場支配人、神社の事務長も

地銀はその地域で名門企業の代表格であり、自治体取引で培った太いパイプは地銀マンならではのものです。

地方の県では、公立病院や公営の交通機関などで、地銀のＯＢが伝統的にポストを受け継いでいるところも少なくありません。病院には医療事務を統括する事務長ポストがあります。地銀もまた、県庁の上級職員などを受け入れてきました。こうして自治体と地銀はお互いに中高年の受け皿となってきましたが、その温床である指定金融機関制度は徐々に崩れてきています。

地銀マンの再就職先の中でも特徴的な職場として、ゴルフ場があります。九〇年代のバブル期、全国各地でゴルフ場のオープンが相次ぎました。地銀は都銀に負けじとふんだんに貸し付け、景気後退後は不良債権の山を築きました。その処理の過程で地銀は準メインの立場と同時に、地域金融機関として敗戦処理に注力しました。北関東地域には、地銀ＯＢが支配人をしているゴルフ場が結構あります。

「昨年、別の銀行の知人と栃木県のゴルフ場に行ったら、『以前は足利銀行にいました』と支配人が挨拶に来た」（首都圏地銀関係者）

この関係者によれば、茨城県の有名な神社に出向、その後転籍して事務長に収まっていた人も。参拝客が押し寄せる神社仏閣は、正月三が日だけで多くのさい銭が集まります。広大な敷地の有効利用で駐車場経営にも乗り出すなど、経営の才に長けた宮司がいるのでしょう。それを補佐する銀行員の姿が目に浮かぶようです。

退職しても取引先から声がかかる地銀マン

●銀行の定年は昔、55歳が相場だった

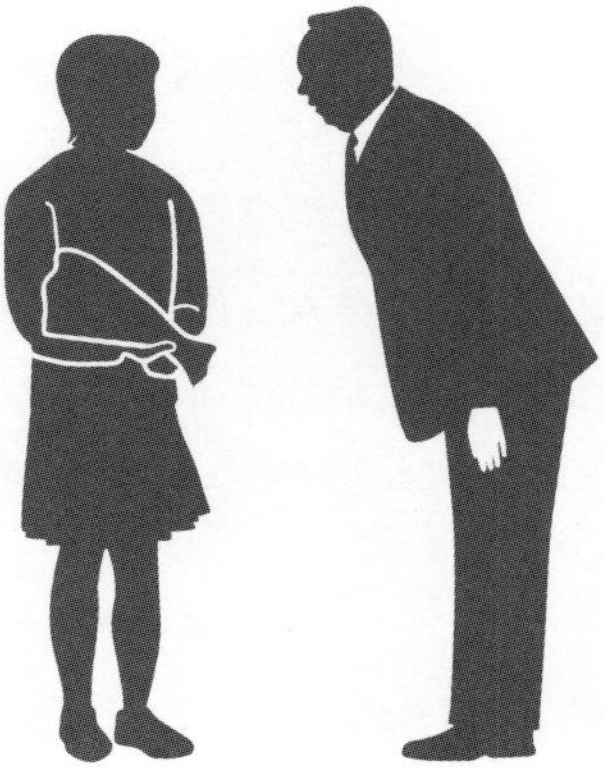

●関連会社のノンバンクが人気の転出先

column

新時代の銀行手数料

銀行の手数料体系が刷新されそうです。2021年10月から銀行間手数料が値下げになり、利用者が負担している送金手数料もそれに合わせて引き下げられるからです。利用者が自分の銀行口座から別の銀行の口座へ送金する場合は、銀行同士で資金を移動させる必要があります。このときの手数料が銀行間手数料ですが、利用者に対しては一定の利益幅を上乗せして利用料を徴求しています。

近年は電子マネーや資金決済業者の登場で、資金移動における手数料が安価になっており、また公正取引委員会が銀行の横並び手数料に対して厳しい目を向けるようになったことで、値下げ圧力が高まっていました。銀行間手数料は、送金ネットワークにおけるシステム経費です。このコストが半世紀近く据え置かれていることに世間の目は批判的でした。こうした様々な外圧が重なり、銀行業界ではネットワークシステムの総本山である全国銀行協会が銀行間手数料の値下げを決断しました。

送金手数料が値下げになる一方で、インターネットバンキングへの移行を促進するために通帳利用の有料化を断行し、デジタル化に舵を切っています。口座管理手数料も新たに創設されそうな勢いです。否が応でもインターネットバンキングに切り替えてもらい、コスト削減を徹底させる狙いです。

これまで銀行は、「サービスは無料」という国民の“思い込み”の前に有料化を阻まれてきました。しかし、悠長なことは言っておられません。利益の出る業務がめっきり少なくなり、取れるところはきっちり取っていかないと採算割れを起こします。いまでも十分採算割れしています。

手数料をがめつく取れば、顧客が離れていくのは避けられません。値下げと値上げ、銀行の手数料は新しい時代に入りました。

第6章

銀行業界の将来動向

銀行再編の行き着く先はどこでしょうか。メガバンクグループのさらなる合併の可能性はあるのか。少子高齢化が進む現代、銀行業務のデジタル化がもたらすものは何か。地銀再編は地方創生のもとで進められているのか。フィンテックの主役に躍り出たブロックチェーンの行く末は——。第6章では銀行業界の将来を占います。

1 メガバンクの行方

メガバンクグループは銀行・証券・信託を傘下に収めて金融総合サービスを提供していますが、業容は低迷しています。

メガバンクグループの中核はいうまでもなく銀行。しかしわが国では、証券会社や信託銀行の固有業務を原則として銀行に認めておらず、銀行はその規制に対して一貫して反対してきました。

規制が緩和されたのは、一九九〇年代から始まる金融制度改革時代。以来、銀行が証券子会社を、証券が信託銀行子会社を設立したのち、金融持株会社を設立して現在の銀証信一体型営業体制ができあがり、「金融のデパート化」「ワンストップショッピング」が実現しました。

近年はインターネットバンキングが普及しATM（現金自動預け払い機）の機能が向上したおかげで、利用者が銀行の窓口に行く機会は年々減少しています。

証券も、支店に足を運ぶのは対面での相談を望む高齢の顧客など一部に限られ、インターネットによる株式売買が大半です。支店を利用するのは、遺言信託など直《じか》に相談する必要がある信託銀行の顧客に限られます。

そして、投資をしたり相続の相談をしたりする必要のある顧客は、直接、証券会社や信託銀行の支店に足を運ぶでしょう。なぜなら、商品の取次をしているに過ぎない銀行員に、専門家としての助言を期待することはできないからです。

メガバンクで銀行の「分化」も

一方、企業相手のビジネスは銀証信体制のほうが好都合です。不動産の物件探しなら信託銀行に頼むことができます。資産運用は証券会社の得意分野。メガバンクにとっては、銀行・証券・信託のグループ経営のほうが企業に対するサービス提供の範囲が広がり、企業の側も窓口が一本なので仕事を依頼しやすくなります。

しかし、長引く低金利局面と利用者減少は今後もしばらく続くと思われます。そうなると、これまでのように個人・法人含めて一切のサービスを網羅的に提供することは難しくなります。

個人向けの金融サービスは、人を介さないで大半の用事が済む時代になりました。個人向けの銀行サービスはDX（デジタルトランスフォーメーション）の恩恵を受けて銀行の本業から分離しつつあり、メガバンクグループの武器である「総合力」が企業向けサービスの中で三グループの収益格差を生むでしょう。

個人向けの金融サービスはスマートフォンなどの端末がより機能強化されて銀行支店の受け皿になり、比較的規模の小さいデジタル銀行（スマホ銀行）が生まれる可能性があります。二一年五月に誕生する「みんなの銀行」のような銀行が増えてくるでしょう。銀行の事業部門として区分けする方法もあるかもしれません。

そして、メガバンクは企業向け金融サービスを専門とする銀行に変貌していくのではないでしょうか。

メガバンクで銀行の「分化」が始まる？

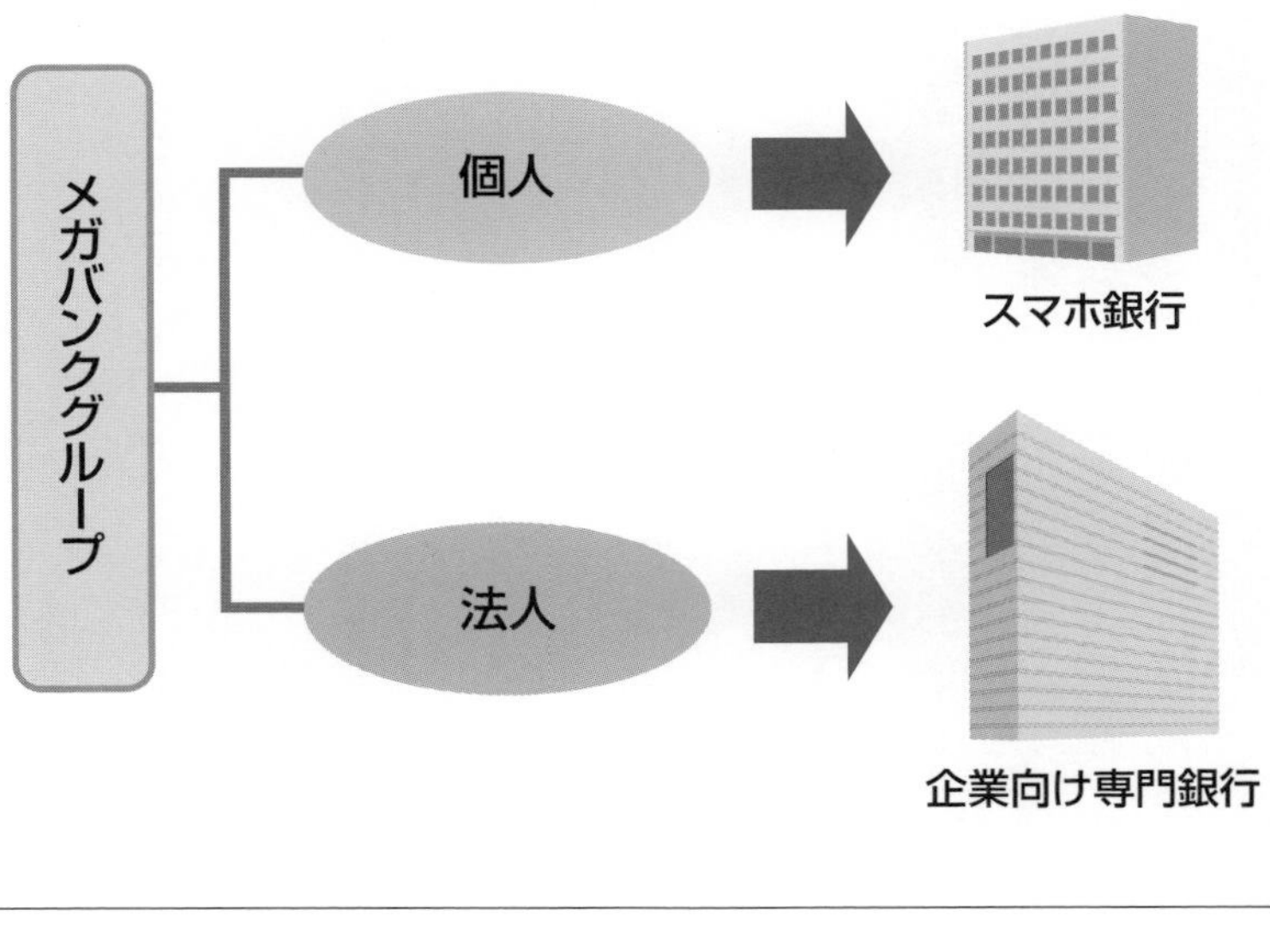

2 信託とメガの再編はあるか

信託銀行の存在感が希薄になってきています。果たすべき役割は重くなっているのですが、利益構造に歪みが見られるとの批判が高まっているのです。

二〇二〇年九月、三井住友信託銀行とみずほ信託銀行は、株主総会での議決権行使書の集計で誤った処理をしたと発表。両社とも謝罪に追い込まれました（1-8節参照）。

信託銀行は株主総会の開催通知などの事務全般を証券代行業務として長年続けており、重要な収益源です。定時株主総会は「総会屋」対策として年に一度の開催日を特定日に集中させる長年の慣行が続き、事務を代行する信託銀行でも事務処理が集中します。

形骸化の傾向があるとはいえ、株主総会は企業の経営健全化や証券市場の透明性確保の観点から重要な行為。それをないがしろにすることは許されません。

金融庁は近年、金融機関に対して消費者保護とガバナンス（企業統治）を強く求めており、長年の保護行政が生んだ弊害を是正し大胆に斬り込む姿勢を鮮明にしています。信託銀行に対しては「信託の本分である財産管理業務に専念すべきである」との発信を繰り返してきており、三菱ＵＦＪフィナンシャル・グループは一八年四月、その要望に応える形で三菱ＵＦＪ信託銀行の法人融資部門を三菱ＵＦＪ銀行に全面移管しました。

三井住友トラストとみずほＦＧの接近

二〇一八年一〇月、信託業界で大きな動きがありました。三井住友トラスト・ホールディングス系列の「日本トラスティ・サービス信託銀行」とみずほフィナンシャルグループ系列の「資産管理サービス信託銀行」が経営統合して金融持株会社**ＪＴＣホールディングス**を設立。二〇年七月に傘下の二社が合併して**日本カストディ銀行**が誕生しました。

資産管理銀行は、年金基金や生保などの機関投資家から資産を預かり、利子・配当の支払いや税務などを請け負う会社です。この分野では三菱ＵＦＪフィナンシャル・グループ系列の「日本マスタートラスト信託銀行」が利益トップ。合併によってシステム構築などのコスト低減を図り、首位の資産管理銀行のシェアを奪う狙いがあります。

それ以上に注目されるのが、三井住友トラストとみずほＦＧの接近。みずほＦＧはメガバンクグループの中で万年三位に甘んじており、二一年二月のシステム障害でまたも信用が失墜しています。三井住友信託銀行と三井住友銀行の「犬猿の仲」は金融界で知らないものはなく、信託を強化したい三井住友銀行は三井住友信託銀行に絶えず再編圧力をかけています。

資産管理銀行の合併は一般の人には関係のない世界ですが、大手銀行にとっては大きな風穴になる可能性もあります。みずほＦＧ、三井住友トラストの双方にとって起死回生のチャンスかもしれません。

メガと信託の再編はあるか？

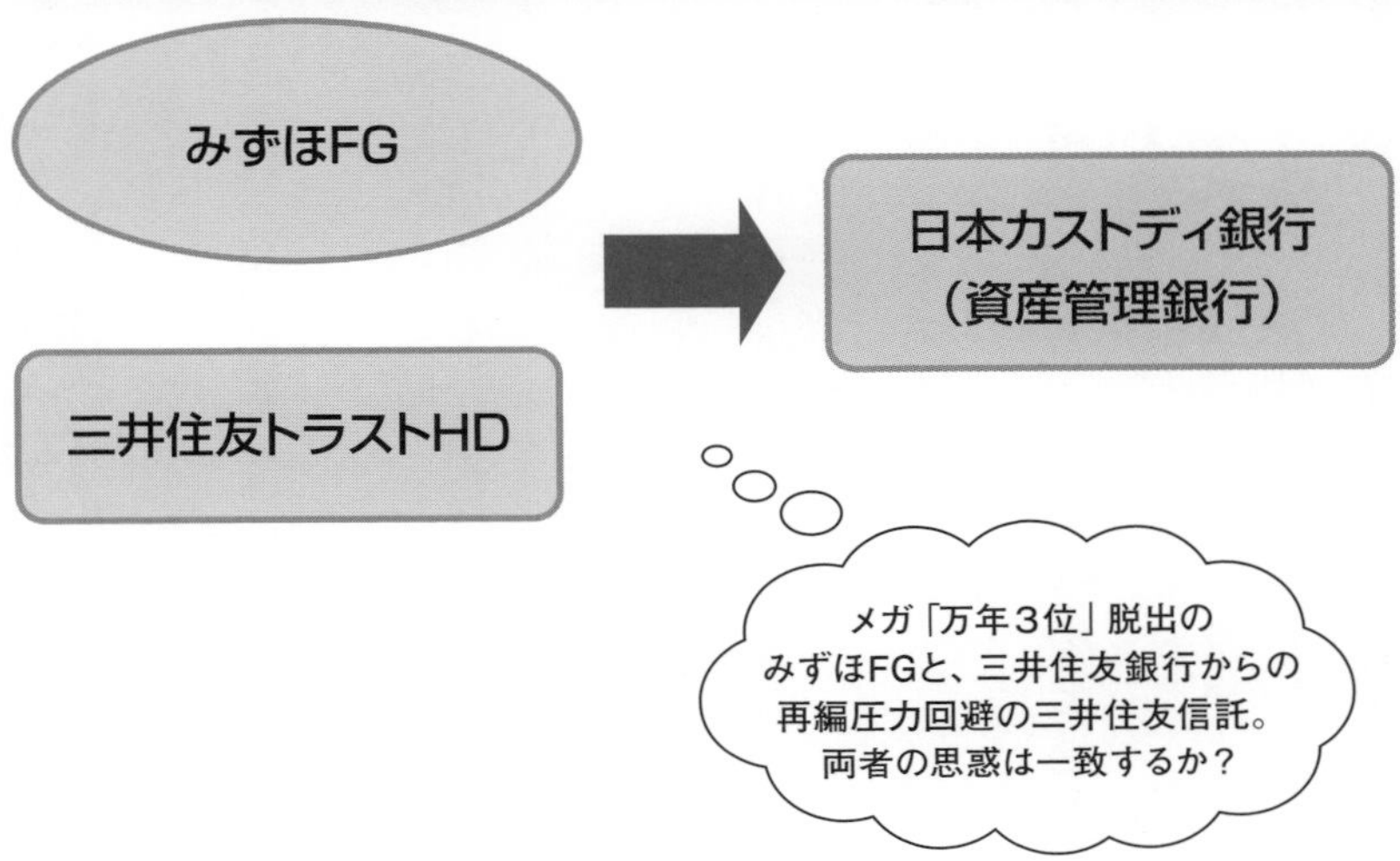
みずほFG
三井住友トラストHD
日本カストディ銀行
（資産管理銀行）
メガ「万年３位」脱出の
みずほFGと、三井住友銀行からの
再編圧力回避の三井住友信託。
両者の思惑は一致するか？

3 地銀再編は地方創生に必要か

地方経済を活性化させるのに地銀再編は不可欠でしょうか？　地方創生の掛け声に押されて再編統合が進むことに疑問が残ります。

国は独占禁止法を幅広に解釈して地方銀行の合併を促進しています。公正取引委員会は二〇一八年八月に長崎県の地銀二行（十八銀行・親和銀行）の合併を承認。これ以降、県内地銀同士の合併に道筋が付き、新潟県や三重県で同様の再編がありました。

同一県内での銀行合併が独占禁止法に抵触しかねないとの懸念は、少子高齢化と景気低迷による負のスパイラルによって封印され、ゼロ金利局面で収益低下に苦しむ銀行の経営状況が後押し。公取委も融資シェアを尺度にした市場独占のリスクを撤回せざるを得ませんでした。

金融庁は二〇年七月に組織再編を実施。財務状況の健全性に重点を置いてきた従来の検査・監督行政を改め、顧客満足度の高い金融サービスを提供しているかどうかに力点を置く方針で、検査局と監督局を統合した「総合政策局」を新設しました。

総合政策局は検査と監督の一体化を目指す司令塔で、銀行は数年に一度の検査から、常時監視下に置かれる形に変わりました。財務の健全化は銀行業認可の大前提になり、地域金融機関はそれをクリアしないと業務継続さえ許されなくなりました。

このため、早期に合併して資本を充実させるのがサバイバルの第一歩だと考え、いがみ合ってきた地銀同士が手を組む時代に突入したのです。

地銀再編では、新たな動きが注目されています。ITを駆使して金融業界の寵児《ちょうじ》になったSBIホールディングスが地銀・第二地銀に接近しています。地方創生という国策を追い風に、地銀再編を今後の有望市場としてとらえ、経営状況が悪化した地銀を資本業務提携を結んで囲い込んでいるのです。

財務健全化と再編に因果関係なし

合併などの再編をして財務内容がよくなったからといって、地域に貢献する金融サービスが展開できるわけではなく、銀行の健全な財務体質が地域経済の発展を促すエンジンになる保証はどこにもありません。

「都会に住む子供は実家にいる老いた両親を呼び寄せ、預金は都市に流れる。残った古い民家には若者が移り住み、ウェブページの制作を始める。あるいは住み着く決心をし、周囲の勧めでシェアハウスを経営したりする高齢者もいる。ささいな営みかもしれないが、こうした活動に資金を融資しているのが地銀の地方創生の実態。経営統合しなくてもできる融資ばかりだ」（地銀上位行幹部）

こうした地道な取り組みを継続することが地銀の生きる道であり、それは再編統合をしなくても支障なく行える業務ではないでしょうか。

地方創生を口実に再編が進んでいないか

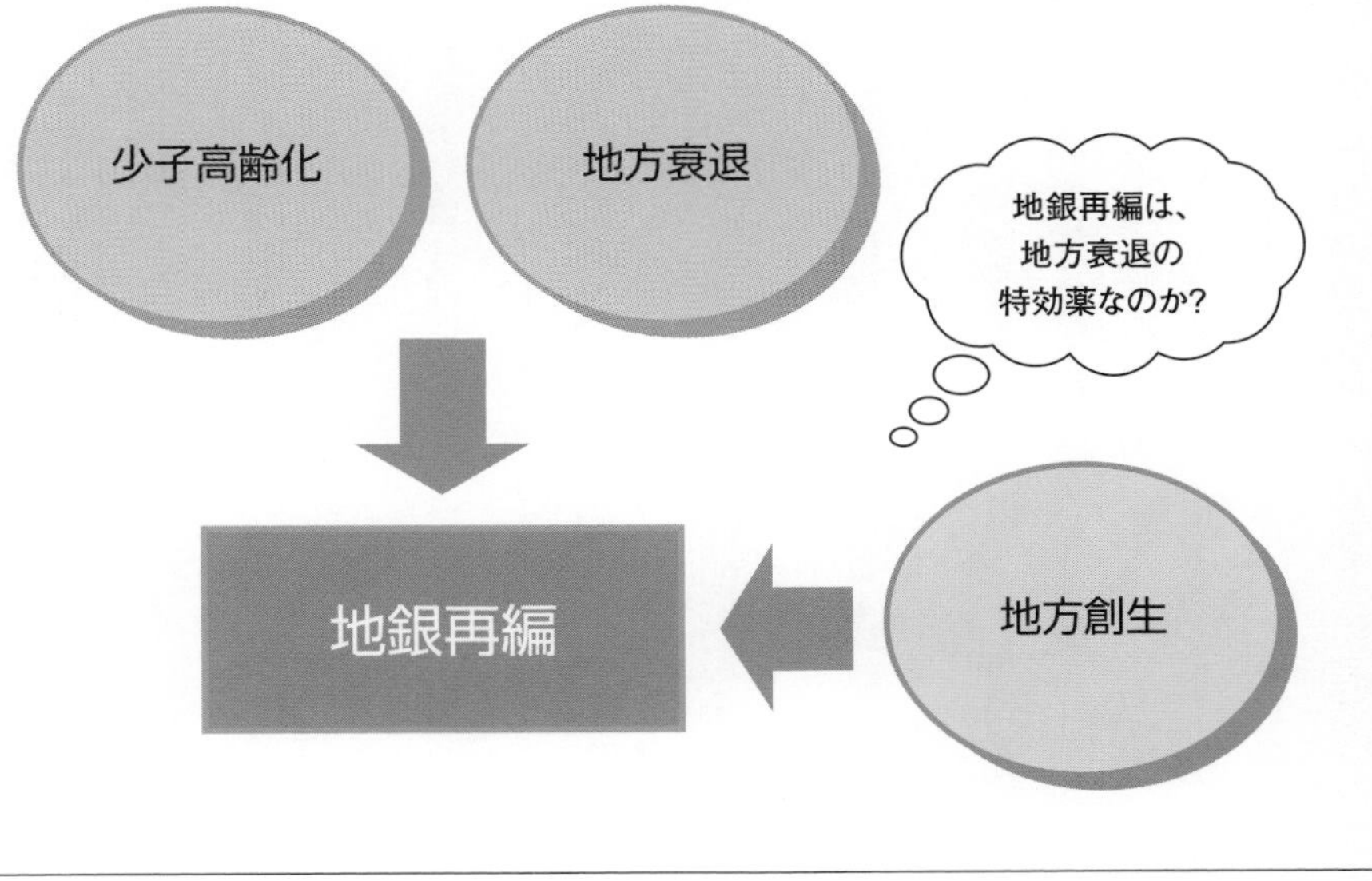

4 高齢化対応サービスが登場

加速する高齢化社会の進展に対応するため、銀行が新しいサービスを始めています。金融面だけでなく家事代行などの付加価値を付けているのが特徴です。

銀行業界では高齢者を対象にした特定のサービスが登場しています。**三井住友銀行**は二〇二一年四月から、非金融サービスを組み入れたサービス「**SMBCエルダープログラム**」の取り扱いを開始しました。

高齢化社会に突入したわが国で、従来の金融機能を提供するだけでは長寿社会に適した貢献をすることができないと判断。見守りや家事代行、旅行など、高齢者の生活様式に合ったサービスを展開することにしました。

専任のコンシェルジュ（手配係）が顧客の要望を聞き、提携企業のサービスを紹介していく仕組みです。利用できるのは、国内に居住する個人。専用の普通預金口座を開設し、一〇〇〇万円以上預け入れることができるのが条件。貸金庫や遺言信託、定額自動送金などの金融サービスのほか、提携企業のサービスも受けることができます。月額手数料は税込み九九〇〇円。

横浜銀行では一七年四月から五五歳以上で同行に口座がある利用者の限定サービス「**Club Anchor**（クラブアンカー）」の取り扱いを開始。誕生日月の定期預金の金利上乗せ、ATM手数料無料化、無料介護相談などを付けています。

一六年に実施した国勢調査によると、日本の総人口で六五歳以上が占める割合は二六・七％。四人に一人が前期高齢者という超高齢社会になっています。平均寿命も男性が八一歳、女性は八七歳と年々伸長しており、人生一〇〇年時代が現実味を帯びています。

銀行は昔から年金受給口座の獲得で高齢者とのパイプを持っているのが強み。三井住友銀行のように提携先企業を増やして商品性を高める傾向が今後強まるでしょう。

人生100年時代に向き合う金融サービス

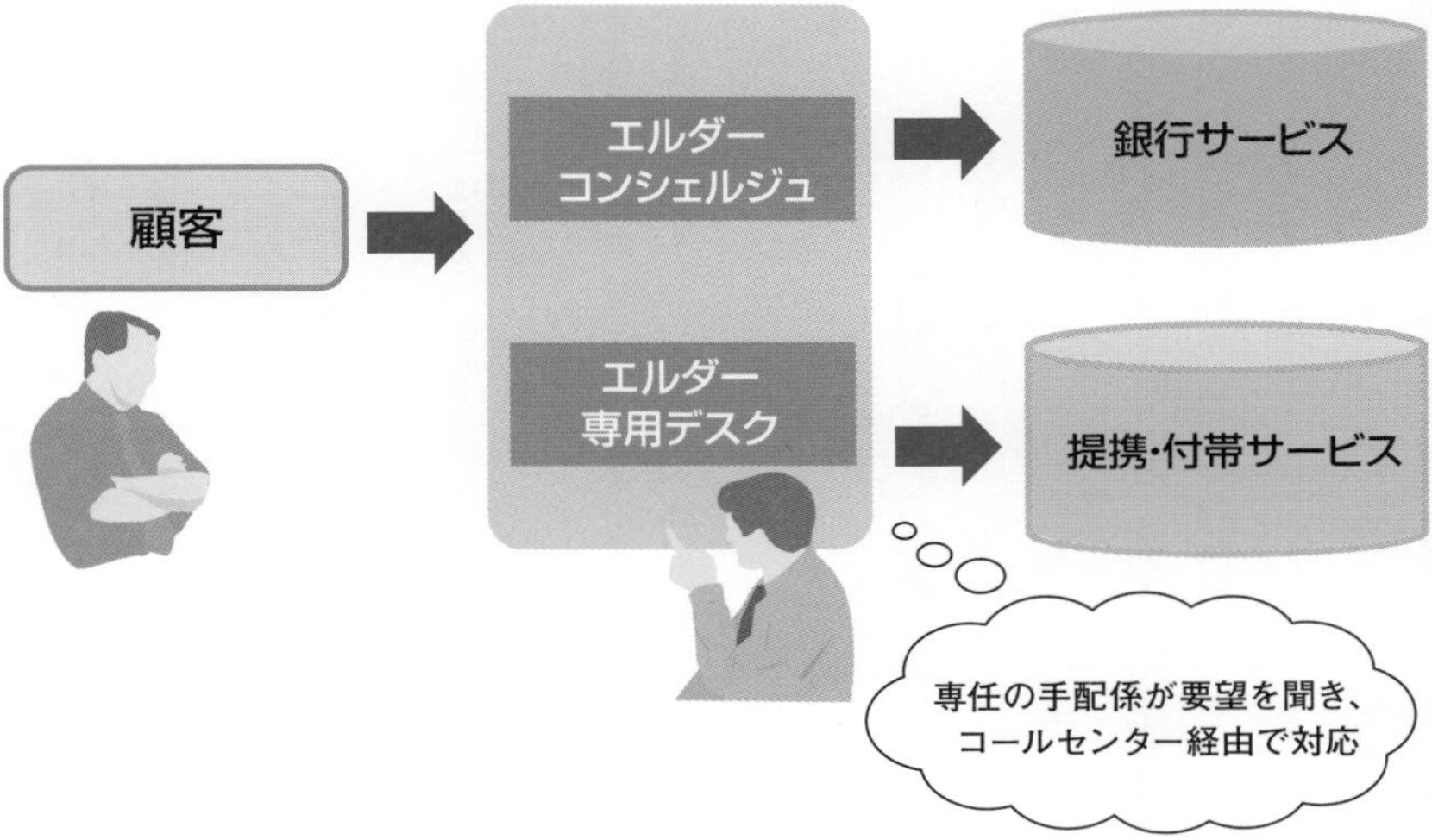

「SMBCエルダープログラム」の提携企業

備える	健康相談ダイヤル、セカンドオピニオン手配、受診手配	ティーペック株式会社
守る	ホームセキュリティ、みまもり	セコム株式会社
		綜合警備保障株式会社（ALSOK）
暮らす	水まわりや鍵トラブル等の駆け付け出張	MS＆ADグランアシスタンス株式会社
	家事代行、ハウスクリーニング等	株式会社ダスキン
		株式会社ベアーズ
楽しむ	厳選旅の相談・案内	クラブツーリズム株式会社
つなぐ	終活関連	株式会社鎌倉新書
		ライフフォワード株式会社

出典：三井住友銀行　2021年3月15日付ニュースリリース

5 給与デジタル払いは実現するか

給与を電子マネーなどで支払う動きが本格化しています。銀行振込の時代からスマホに直接入金される時代に変わりそうです。

給与の支払いは現在、企業の規模に関係なく大半の会社が銀行振込で処理しています。しかし国はDX（デジタルトランスフォーメーション）の本格化に呼応する形で、資金決済業者を介して**電子マネー**などでスマートフォンに直接支払う**給与デジタル化**を二〇二二年春にも実現する計画を立てました。

「○○ペイ」といった名称の資金決済業者が発行する**ペイロールカード**では、銀行口座から決済サービス口座に資金移動（チャージ）していた手順が不要になり、直接スマホに入金されます。支払いに使える**デビットカード**と類似したカードで、コロナによる非接触のニーズが高まっていることも導入の機運を後押ししています。

これが実現すれば、キャッシュレス化は一気に進むことが予想され、電子マネー決済に慣れ親しむ若い世代の消費意欲向上につながるとの期待が高まっています。

課題は安全性。資金決済業者が万が一でも経営破たんすれば、この仕組みは成り立ちません。また、ハッキングなど不正使用による犯罪を防ぐためのセキュリティ対策も重要です。給与振込は銀行にとって大企業取引における サービスの一環であり、メインバンク維持のために大切な業務の一つ。口座振込手数料も大きな収益源です。デジタル払いが進展すれば企業の銀行離れを助長し、法人取引が先細ることにもなりかねないため、安全性などを理由に（実施に）難色を示しています。

労働組合も導入に待ったをかけています。最大組織の連合も銀行と同様、安全性に不安があるとしていますが、本音はデジタル払い導入によって組合費の天引きが減少するとの懸念ではないでしょうか。

DX時代で給料もスマホ入金になる？

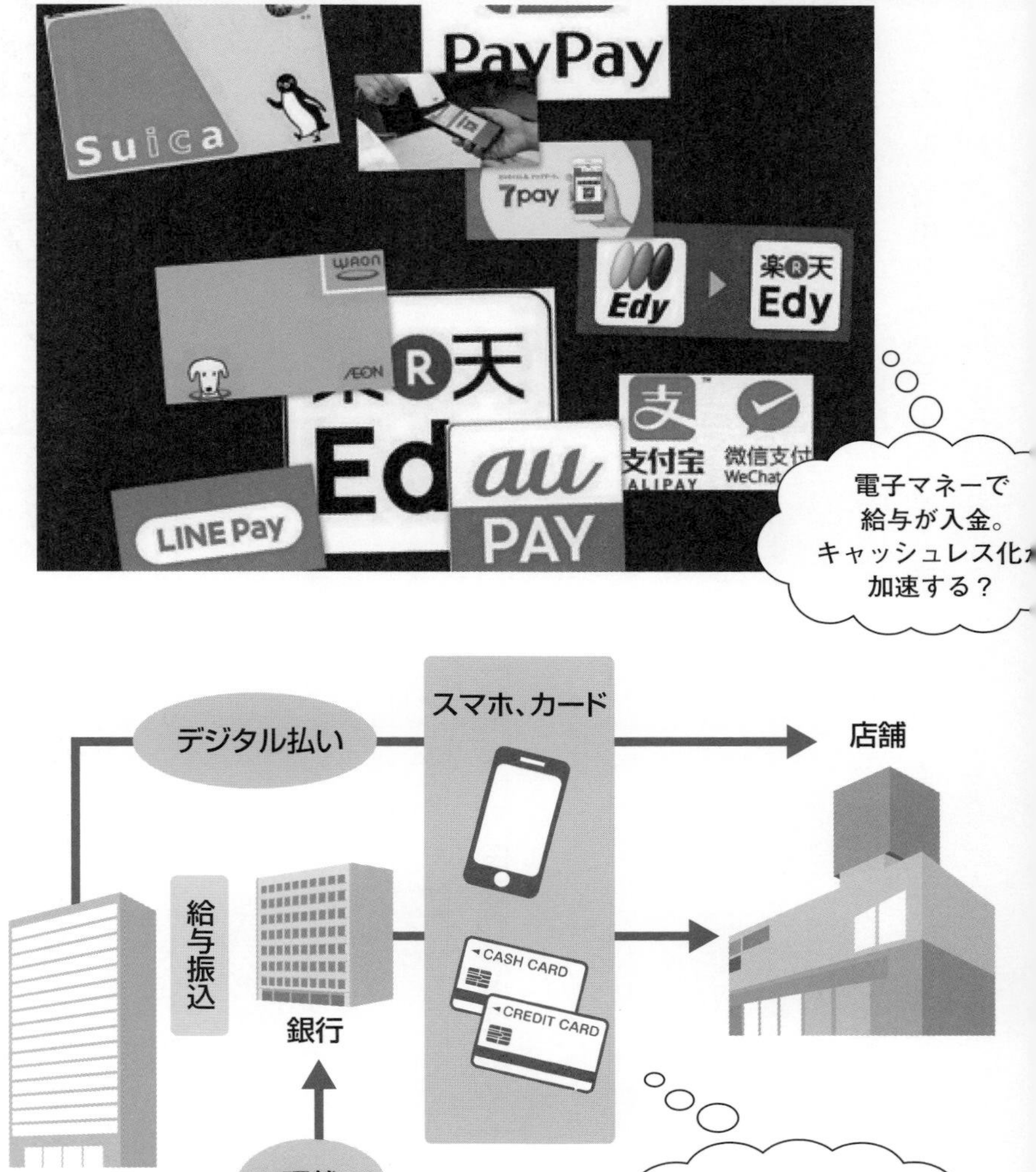
企業
現状
手数料が減る銀行、
組合費が心配な労組が反対。
導入は遅れるか？

6　ブロックチェーンで銀行は変わるか

銀行が要らなくなる、といわれるインターネット技術のブロックチェーン。本当にそのような時代がやってくるのでしょうか。

ブロックチェーンが金融に与えるインパクトで最も大きいのは、仲介者なしで送金ができる点です。

これまで、「情報」は管理する人や組織が存在し、決められた場所で保護されてきました。この「情報」を「お金」に変えて考えると、お金の場合は銀行などの金融機関という組織体（企業）が存在し、決められた場所で管理・保存していました。

しかし、ブロックチェーンを使えば、こうした形態の情報管理は不要になり、一定の決まりのもとで、いつでもどこでも（情報に）アクセスできるようになります。決められた場所ではなく、インターネット上で管理・保存できることになります。これは「分散型の自律組織」と呼ばれていますが、この結果、利用者とサービスを結んできた情報の仲介者がブロックチェーンに取って代わられます。

この仲介者がいままでは、まさに銀行だったわけです。言い換えれば、お金の勘定（出と入り）を仕切る「胴元」だったのです。

銀行に利用者利便を迫る

銀行の三大業務は預金・融資・為替。ブロックチェーンの特徴は、情報の改ざんが難しく、真正性を保つことができる点。それに前述の通り、仲介者（管理者）が不在であること。銀行業務は利用者の情報秘匿が大前提ですが、ブロックチェーン技術を使えば、この点はクリアされます。

為替は送金と同義であり、これもブロックチェーンで可能になります。預金は、預けたお金が厳密に管理されれば、預金者の個人情報を厳格に管理することで実現されます。

最大の課題は融資。個人に対する貸し付けについては、インターネット上での購買履歴やSNSなどでの信用情報を参照することで審査が可能になるといわれています。企業融資については、決算数値などをもとにしたスコアリングシステムで与信機能は代替されることでしょう。

これまで銀行送金は、銀行間のネットワークシステムや送金確認の国際的な電文システムを使って安全に処理されてきました。

しかし、こうしたネットワークシステムは経費がかさんで割高な手数料になっており、ほぼ無コストのブロックチェーンによる送金が可能になれば顧客利便性が向上します。

銀行業務の根幹は、資金の融通すなわち移動（送金）です。ブロックチェーンが定着して銀行が不要になる時代はすぐには到来しないでしょうが、こうした考え方が波及するだけでも銀行にとっては脅威。結果的に利用者の利便性の向上につながるかもしれません。

ブロックチェーンが銀行を凌《りょう》駕《が》する

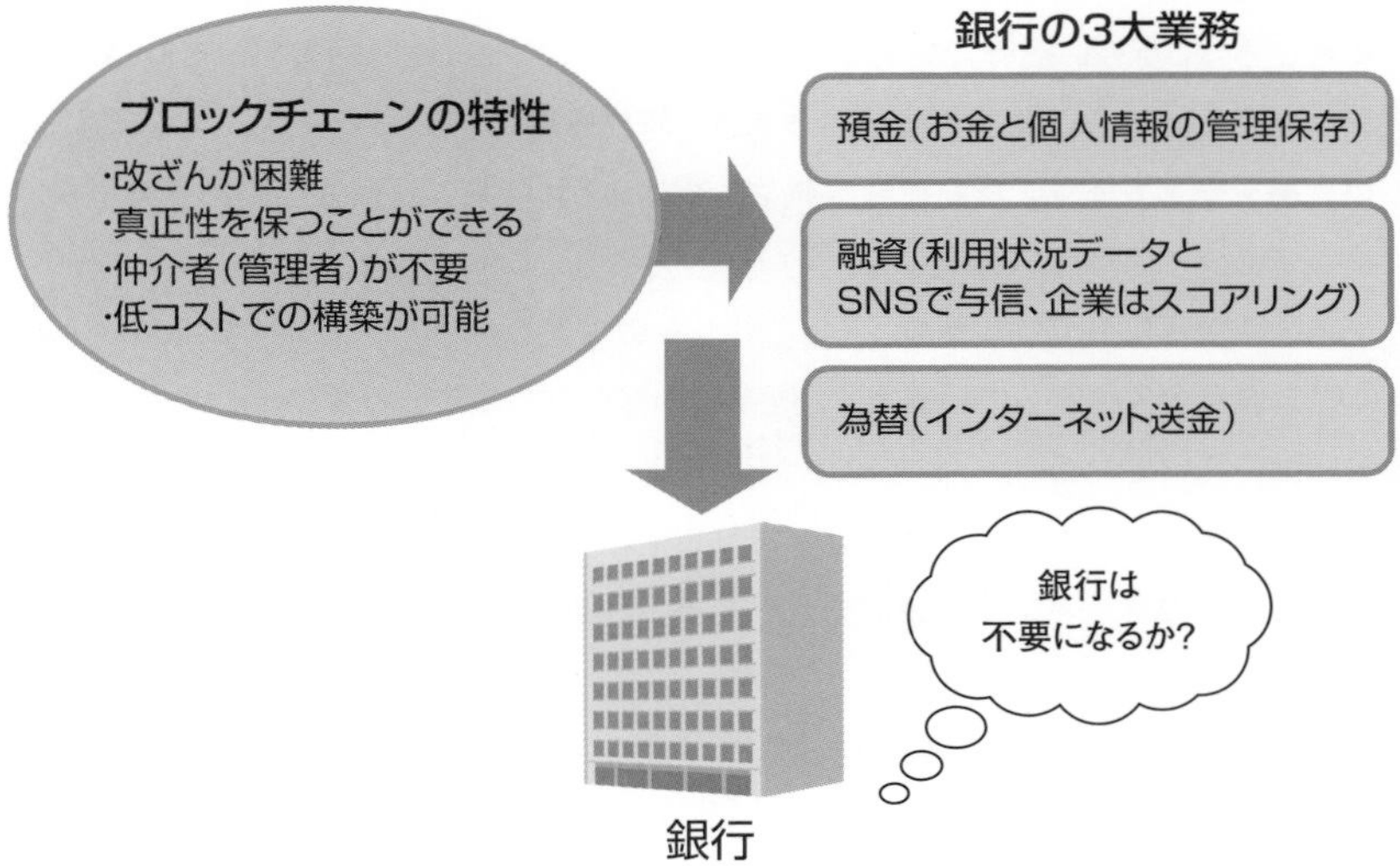
銀行の3大業務
ブロックチェーンの特性
・改ざんが困難
・真正性を保つことができる
・仲介者（管理者）が不要
・低コストでの構築が可能
預金（お金と個人情報の管理保存）
融資（利用状況データと
SNSで与信、企業はスコアリング）
為替（インターネット送金）
銀行は
不要になるか?
銀行

column

デジタル銀行で第二創業も

銀行は利用者のデジタル移行を積極的に進めています。将来を考えると、預金通帳を持って支店の窓口に足を運ぶ人々がインターネットバンキングを利用して用事を済ますことができれば、個人向けの銀行業務の大半をデジタル化できます。

利用者が代替わりする将来を見越して、スマートフォンでの利用に特化した銀行の設立が相次ぐ可能性も高まるでしょう。ふくおかフィナンシャルグループ（FFG）が2021年5月の開業を目指す「みんなの銀行」は、デジタル銀行の将来を占う意味で大いに注目されます。

新しい銀行を立ち上げる一番のメリットは、データの移行がない点にある、と金融業界のITに詳しい関係者は指摘します。銀行は心臓部である勘定系システムの開発・更改を一定期間ごとに繰り返し、膨大な量の顧客情報を管理・運営しています。その負担に耐え切れず再編を選択したとしても、システムの刷新時期は間違いなくやってきます。従来型のシステム構築ではなく、コスト減になるクラウド型の構築を選びたいところですが、データ移行が怖くてなかなか踏み切ることができません。

ところが、新しい銀行に新たな利用者を迎えるのであれば、顧客データは移行することなくまっさらの状態で管理されます。新約聖書に「新しい酒は新しい革袋に」という格言があります。新たな価値観や思想は、それに適した形式や受け手の心構え、素養が必要であるとの意味です。

スマホ限定にして間口を狭くし、これからの世代をターゲットにする——。システムは日進月歩で発展していきます。既存の銀行が存在している間にデジタル銀行の将来絵図を描いておく——。FFGの戦略は明確です。このようなアイデアが地域金融機関の中から生まれたことにも意義があります。デジタル銀行で第二の創業を目指し、将来どこかのタイミングで新旧交代を図ることも可能でしょう。

Data

資料編

- 預金量ベスト100
- 関連団体、金融機関連絡先一覧
- 索引

How-nual
図解入門
業界研究

預金量ベスト100（2020年3月期）

三菱UFJ銀行がゆうちょ銀行を抜いて187兆円とトップに躍り出ました。メガバンク2行がこれに続きます。地銀では横浜・千葉の2行がベスト10入り。第二地銀トップの北洋は14位と健闘しています。信金は京都中央が4兆円を超えて39位にランキング、19信金がベスト100に入り、インターネット専業銀行は住信SBIネットを含む4行が100位以内に入っています。

順位	銀行名	預金
1	三菱UFJ	1,876,235
2	ゆうちょ	1,830,000
3	三井住友	1,270,422
4	みずほ	1,068,761
5	三井住友信託	304,550
6	りそな	284,392
7	横浜	146,340
8	埼玉りそな	141,756
9	千葉	127,889
10	三菱UFJ信託	111,354
11	福岡	109,277
12	静岡	100,552
13	常陽	89,731
14	北洋	89,521
15	西日本シティ	82,916
16	七十七	75,865
17	広島	75,416
18	第四北越	73,921
19	京都	71,235
20	群馬	70,501
21	関西みらい	70,291
22	八十二	69,892
23	中国	67,116
24	北陸	66,492
25	新生	63,051
26	足利	58,135
27	十六	56,257
28	住信SBIネット	53,922
29	東邦	53,236
30	伊予	52,657
31	大垣共立	51,469
32	南都	50,422
33	池田泉州	50,077
34	山口	49,857
35	百五	49,509
36	北海道	49,230
37	滋賀	48,911
38	十八親和	48,484
39	京都中央信金	47,252
40	京葉	46,682
41	きらぼし	46,496
42	肥後	45,801
43	武蔵野	42,150
44	百十四	40,717
45	大和ネクスト	40,411
46	鹿児島	39,879
47	紀陽	39,876
48	山陰合同	39,278
49	イオン	37,790
50	城南信金	36,934
51	北國	36,415
52	名古屋	35,701
53	三十三	35,281
54	楽天	34,048
55	みなと	33,770
56	あおぞら	32,369
57	スルガ	32,108
58	岡崎信金	31,487
59	みずほ信託	30,962
60	もみじ	30,107
61	山梨中央	29,774
62	岩手	29,687
63	大分	29,191
64	SMBC信託	28,921
65	大阪信金	28,249
66	愛知	28,121
67	埼玉県信金	28,070
68	多摩信金	28,028
69	阿波	27,746
70	栃木	27,387
71	四国	26,409
72	秋田	26,237
73	尼崎信金	26,020
74	千葉興業	25,593
75	京都信金	25,110
76	城北信金	24,839
77	ソニー	24,818
78	大阪シティ信金	24,787
79	青森	24,758
80	浜松いわた信金	24,753
81	宮崎	24,571
82	愛媛	24,425
83	福井	24,098
84	佐賀	23,779
85	岐阜信金	23,224
86	山形	22,690
87	筑波	22,517
88	琉球	22,183
89	碧海信金	21,282
90	瀬戸信金	20,973
91	沖縄	20,636
92	西武信金	20,109
93	川崎信金	20,056
94	みちのく	19,847
95	東和	19,818
96	東京東信金	18,578
97	東京スター	18,532
98	東日本	18,416
99	横浜信金	18,384
100	巣鴨信金	18,337

（単位：億円）

注：信金の一部は2021年3月期の数値
出所：各行のWebサイトおよび決算短信などをもとに作成

関連団体、金融機関連絡先一覧

国際協力銀行
URL:https://www.jbic.go.jp/
〒100-8144　千代田区大手町1-4-1
TEL:03(5218)3100

日本政策金融公庫
URL:https://www.jfc.go.jp/
〒100-0004　千代田区大手町1-9-4
大手町フィナンシャルシティノースタワー
TEL:03(3270)0631

住宅金融支援機構
URL:https://www.jhf.go.jp/
〒112-8570　文京区後楽1-4-10
TEL:03(3812)1111

中小企業基盤整備機構
URL:https://www.smrj.go.jp/
〒105-8453　港区虎ノ門3-5-1　虎ノ門37森ビル
TEL:03(3433)8811

沖縄振興開発金融公庫
URL:https://www.okinawakouko.go.jp/
〒900-8520　那覇市おもろまち1-2-26
TEL:098(941)1700

商工組合中央金庫
URL:https://www.shokochukin.co.jp/
〒104-0028　中央区八重洲2-10-17
TEL:03(3272)6111

農林中央金庫
URL:https://www.nochubank.or.jp/
〒100-8420　千代田区有楽町1-13-2
TEL:03(3279)0111

【協会・団体】

全国銀行協会
URL:https://www.zenginkyo.or.jp/
〒100-8216　千代田区丸の内1-3-1
TEL:03(3216)3761

信託協会
URL:https://www.shintaku-kyokai.or.jp/
〒100-0005　千代田区丸の内2-2-1
岸本ビル1F
TEL:03(6206)3981

全国地方銀行協会
URL:https://www.chiginkyo.or.jp/
〒101-8509　千代田区内神田3-1-2
TEL:03(3252)5171

【行政機関】

金融庁
URL:https://www.fsa.go.jp/
〒100-8967　千代田区霞が関3-2-1
中央合同庁舎7号館
TEL:03(3506)6000

財務省
URL:https://www.mof.go.jp/
〒100-8940　千代田区霞が関3-1-1
TEL:03(3581)4111

国税庁
URL:https://www.nta.go.jp/
〒100-8978　千代田区霞が関3-1-1
TEL:03(3581)4161

預金保険機構
URL:https://www.dic.go.jp/
〒100-0006　千代田区有楽町1-12-1
新有楽町ビル9F
TEL:03(3212)6030

整理回収機構
URL:https://www.kaisyukikou.co.jp/
〒100-0005　千代田区丸の内3-4-2
新日石ビル
TEL:03(3213)7101

【中央銀行・取引所・政府系金融機関】

日本銀行
URL:https://www.boj.or.jp/
〒103-8660　中央区日本橋本石町2-1-1
TEL:03(3279)1111

日本取引所グループ
URL:https://www.jpx.co.jp/
〒103-8224　中央区日本橋兜町2-1
TEL:03(3666)1361

東京金融取引所
URL:https://www.tfx.co.jp/
〒100-0005　千代田区丸の内1-8-2
鉄鋼ビルディング8F
TEL:03(4578)2400

日本政策投資銀行
URL:https://www.dbj.jp/
〒100-8178　千代田区大手町1-9-6
大手町フィナンシャルシティサウスタワー
TEL:03(3270)3211

出所:各社HPおよび直近のディスクロジャー

みずほ信託銀行
URL:https://www.mizuho-tb.co.jp/
〒103-8670　中央区八重洲1-2-1
TEL:03(3278)8111
設立年月:1925/5　行員数:3,424
資本金(億円):2,473

三菱UFJフィナンシャル・グループ
URL:https://www.mufg.jp/
〒100-0005　千代田区丸の内2-7-1
TEL:03(3240)8111
設立年月:2001/4　行員数:2,681
資本金(億円):21,415

三菱UFJ銀行
URL:https://www.bk.mufg.jp/
〒100-8388　千代田区丸の内2-7-1
TEL:03(3240)1111
設立年月:1919/8　行員数:32,186
資本金(億円):17,119

三菱UFJ信託銀行
URL:https://www.tr.mufg.jp/
〒100-8212　千代田区丸の内1-4-5
TEL:03(3212)1211
設立年月:1927/3　行員数:6,397
資本金(億円):3,242

三井住友フィナンシャルグループ
URL:https://www.smfg.co.jp/
〒100-0005　千代田区丸の内1-1-2
TEL:03(3282)8111
設立年月:2002/12　行員数:909
資本金(億円):23,412

三井住友銀行
URL:https://www.smbc.co.jp/
〒100-0005　千代田区丸の内1-1-2
TEL:03(3282)1111
設立年月:1912/2　行員数:28,283
資本金(億円):17,709

りそなホールディングス
URL:https://www.resona-gr.co.jp/
(大阪本社)
〒540-8608　大阪市中央区備後町2-2-1
TEL:06(6268)7400
(東京本社)
〒135-0042　江東区木場1-5-65
深川ギャザリアW2棟
TEL:03(6704)3111
設立年月:2001/12　行員数:1,028
資本金(億円):504

第二地方銀行協会
URL:https://www.dainichiginkyo.or.jp/
〒102-8356　千代田区三番町5
TEL:03(3262)2181

全国信用金庫協会
URL:https://www.shinkin.org/
〒103-0028　中央区八重洲1-3-7
TEL:03(3517)5711

全国信用組合中央協会
URL:https://www.shinyokumiai.or.jp/
〒104-0031　中央区京橋1-9-5
TEL:03(3567)2451

金融先物取引業協会
URL:https://www.ffaj.or.jp/
〒101-0052　千代田区神田小川町1-3
NBF小川町ビル
TEL:03(5280)0881

国際金融情報センター
URL:https://www.jcif.or.jp/
〒103-0016　中央区日本橋小網町9-9
小網町安田ビル8F
TEL:03(4330)1100

金融情報システムセンター
URL:https://www.fisc.or.jp/
〒104-0042　中央区入船2-1-1 住友入船ビル4F
TEL:03(5542)6060

国民生活センター
URL:http://www.kokusen.go.jp/
〒108-8602　港区高輪3-13-22
TEL:03(3443)6211

【都銀・信託・新銀行】

みずほフィナンシャルグループ
URL:https://www.mizuho-fg.co.jp/
〒100-8176　千代田区大手町1-5-5
TEL:03(5224)1111
設立年月:2003/1　行員数:1,677
資本金(億円):22,567

みずほ銀行
URL:https://www.mizuhobank.co.jp/
〒100-8176　千代田区大手町1-5-5
TEL:03(3214)1111
設立年月:1971/10　行員数:28,909
資本金(億円):14,040

楽天銀行
URL:https://www.rakuten-bank.co.jp/
〒108-0075　港区港南2-16-5　NBF品川タワー
TEL:03(5781)8211
設立年月:2000/1　行員数:702
資本金(億円):259

PayPay銀行
(2021年4月5日にジャパンネット銀行から社名変更)
URL:https://www.paypay-bank.co.jp/
〒163-0406　新宿区西新宿2-1-1
TEL:03(3344)5210
設立年月:2000/9　行員数:414
資本金(億円):372

セブン銀行
URL:https://www.sevenbank.co.jp/
〒100-0005　千代田区丸の内1-6-1
TEL:03(3211)3031
設立年月:2001/4　行員数:477
資本金(億円):307

ソニー銀行
URL:https://www.sonybank.net/
〒100-0011　千代田区内幸町2-1-6
TEL:03(6832)5900
設立年月:2001/4　行員数:520
資本金(億円):360

イオン銀行
URL:https://www.aeonbank.co.jp/
〒101-0054　千代田区神田錦町3-22
テラススクエア
TEL:03(5606)2300
設立年月:2007/10　行員数:2,802
資本金(億円):512

住信SBIネット銀行
URL:https://www.netbk.co.jp/
〒106-6018　港区六本木1-6-1
泉ガーデンタワー18階
TEL:03(6229)1248
設立年月:2007/9　行員数:488
資本金(億円):310

auじぶん銀行
URL:https://www.jibunbank.co.jp/
〒103-0027　中央区日本橋1-19-1
日本橋ダイヤビルディング14F
設立年月:2008/6　行員数:438
資本金(億円):625

埼玉りそな銀行
URL:https://www.saitamaresona.co.jp/
〒330-9088　さいたま市浦和区常盤7-4-1
TEL:048(824)2411
設立年月:2002/8　行員数:3,114
資本金(億円):700

りそな銀行
URL:https://www.resonabank.co.jp/
〒540-8610　大阪市中央区備後町2-2-1
TEL:06(6271)1221
設立年月:1918/5　行員数:8,711
資本金(億円):2,799

三井住友トラスト・ホールディングス
URL:https://smth.jp/
〒100-6611　千代田区丸の内1-4-1
TEL:03(6256)6000
設立年月:2002/2　行員数:176
資本金(億円):2,616

三井住友信託銀行
URL:https://www.smtb.jp/
〒100-6611　千代田区丸の内1-4-1
TEL:03(3286)1111
設立年月:1925/7　行員数:13,527
資本金(億円):3,420

ゆうちょ銀行
URL:https://www.jp-bank.japanpost.jp/
〒100-8793　千代田区大手町2-3-1
TEL:03(3504)0111
設立年月:2006/9　行員数:12,477
資本金(億円):35,000

新生銀行
URL:https://www.shinseibank.com/
〒103-8303　中央区日本橋室町2-4-3
TEL:03(5511)5111
設立年月:1952/12　行員数:2,270
資本金(億円):5,122

あおぞら銀行
URL:https://www.aozorabank.co.jp/
〒102-8660　千代田区麹町6-1-1
TEL:03(6752)1111
設立年月:1957/4　行員数:2,323
資本金(億円):1,000

秋田銀行
URL:https://www.akita-bank.co.jp/
〒010-8655　秋田市山王3-2-1
TEL:018(863)1212
設立年月:1941/10　行員数:1,350
資本金(億円):141

北都銀行
URL:https://www.hokutobank.co.jp/
〒010-0001　秋田市中通3-1-41
TEL:018(833)4211
設立年月:1895/5　行員数:716
資本金(億円):125

荘内銀行
URL:https://www.shonai.co.jp/
〒997-8611　鶴岡市本町1-9-7
TEL:0235(22)5211
設立年月:1941/4　行員数:809
資本金(億円):85

山形銀行
URL:http://www.yamagatabank.co.jp/
〒990-8642　山形市七日町3-1-2
TEL:023(623)1221
設立年月:1896/4　行員数:1,239
資本金(億円):120

東邦銀行
URL:http://www.tohobank.co.jp/
〒960-8633　福島市大町3-25
TEL:024(523)3131
設立年月:1941/11　行員数:1,871
資本金(億円):235

常陽銀行
URL:https://www.joyobank.co.jp/
〒310-0021　水戸市南町2-5-5
TEL:029(231)2151
設立年月:1935/7　行員数:3,354
資本金(億円):851

筑波銀行
URL:https://www.tsukubabank.co.jp/
〒305-0032　つくば市竹園1-7
TEL:029(859)8111
設立年月:1952/9　行員数:1,451
資本金(億円):488

大和ネクスト銀行
URL:https://www.bank-daiwa.co.jp/
〒100-6756　千代田区丸の内1-9-1
グラントウキョウ ノースタワー
TEL:03(5555)6500
設立年月:2010/4　行員数:84
資本金(億円):500

【地方銀行】

北海道銀行
URL:https://www.hokkaidobank.co.jp/
〒060-8676　札幌市中央区大通西4-1
TEL:011(261)7111
設立年月:1951/3　行員数:2,172
資本金(億円):935

青森銀行
URL:https://www.a-bank.jp/
〒030-0823　青森市橋本1-9-30
TEL:017(777)1111
設立年月:1943/10　行員数:1,310
資本金(億円):195

みちのく銀行
URL:https://www.michinokubank.co.jp/
〒030-8622　青森市勝田1-3-1
TEL:017(774)1111
設立年月:1921/10　行員数:1,338
資本金(億円):369

岩手銀行
URL:https://www.iwatebank.co.jp/
〒020-8688　盛岡市中央通1-2-3
TEL:019(623)1111
設立年月:1932/5　行員数:1,434
資本金(億円):120

東北銀行
URL:https://www.tohoku-bank.co.jp/
〒020-8606　盛岡市内丸3-1
TEL:019(651)6161
設立年月:1950/10　行員数:579
資本金(億円):132

七十七銀行
URL:https://www.77bank.co.jp/
〒980-8777　仙台市青葉区中央3-3-20
TEL:022(267)1111
設立年月:1932/1　行員数:2,847
資本金(億円):246

第四北越銀行
URL:https://www.dhbk.co.jp/
〒951-8066　新潟市中央区東堀前通7-1071-1
TEL:025(222)4111
設立年月:1873/11　行員数:3,441
資本金(億円):327

山梨中央銀行
URL:https://www.yamanashibank.co.jp/
〒400-8601　甲府市丸の内1-20-8
TEL:055(233)2111
設立年月:1941/12　行員数:1,693
資本金(億円):154

八十二銀行
URL:https://www.82bank.co.jp/
〒380-8682　長野市大字中御所字岡田178-8
TEL:026(227)1182
設立年月:1931/8　行員数:3,138
資本金(億円):522

北陸銀行
URL:https://www.hokugin.co.jp/
〒930-8637　富山市堤町通り1-2-26
TEL:076(423)7111
設立年月:1943/7　行員数:2,511
資本金(億円):1,404

富山銀行
URL:https://www.toyamabank.co.jp/
〒933-8606　高岡市下関町3-1
TEL:0766(21)3535
設立年月:1954/2　行員数:312
資本金(億円):67

北國銀行
URL:https://www.hokkokubank.co.jp/
〒920-8670　金沢市広岡2-12-6
TEL:076(263)1111
設立年月:1943/12　行員数:2,220
資本金(億円):266

福井銀行
URL:https://www.fukuibank.co.jp/
〒910-8660　福井市順化1-1-1
TEL:0776(24)2030
設立年月:1899/12　行員数:1,384
資本金(億円):179

足利銀行
URL:https://www.ashikagabank.co.jp/
〒320-8610　宇都宮市桜4-1-25
TEL:028(622)0111
設立年月:1895/10　行員数:2,831
資本金(億円):1,350

群馬銀行
URL:https://www.gunmabank.co.jp/
〒371-8611　前橋市元総社町194
TEL:027(252)1111
設立年月:1932/9　行員数:3,030
資本金(億円):486

武蔵野銀行
URL:http://www.musashinobank.co.jp/
〒330-0854　さいたま市大宮区桜木町4-333-13
OLSビル
TEL:048(641)6111
設立年月:1952/3　行員数:2,140
資本金(億円):457

千葉銀行
URL:https://www.chibabank.co.jp/
〒260-8720　千葉市中央区千葉港1-2
TEL:043(245)1111
設立年月:1943/3　行員数:4,300
資本金(億円):1,450

千葉興業銀行
URL:https://www.chibakogyo-bank.co.jp/
〒261-0001　千葉市美浜区幸町2-1-2
TEL:043(243)2111
設立年月:1952/1　行員数:1,348
資本金(億円):621

きらぼし銀行
URL:https://www.kiraboshibank.co.jp/
〒107-0062　港区南青山3-10-43
TEL:03(3352)2271
設立年月:1924/12　行員数:2,735
資本金(億円):437

横浜銀行
URL:https://www.boy.co.jp/
〒220-8611　横浜市西区みなとみらい3-1-1
TEL:045(225)1111
設立年月:1920/12　行員数:4,559
資本金(億円):2,156

滋賀銀行
URL:https://www.shigagin.com/
〒520-8686　大津市浜町1-38
TEL:077(524)2141
設立年月:1933/10　行員数:1,989
資本金(億円):330

京都銀行
URL:https://www.kyotobank.co.jp/
〒600-8652　京都市下京区烏丸通松原上ル薬師前町700
TEL:075(361)2211
設立年月:1941/10　行員数:3,538
資本金(億円):421

関西みらい銀行
URL:https://www.kansaimiraibank.co.jp/
〒540-8610　大阪市中央区備後町2-2-1
TEL:06(7638)5000
設立年月:1950/11　行員数:4,292
資本金(億円):389

池田泉州銀行
URL:https://www.sihd-bk.jp/
〒530-0013　大阪市北区茶屋町18-14
TEL:06(6375)1005
設立年月:1951/9　行員数:2,346
資本金(億円):613

南都銀行
URL:https://www.nantobank.co.jp/
〒630-8677　奈良市橋本町16
TEL:0742(22)1131
設立年月:1934/6　行員数:2,481
資本金(億円):379

紀陽銀行
URL:https://www.kiyobank.co.jp/
〒640-8656　和歌山市本町1-35
TEL:073(423)9111
設立年月:1895/5　行員数:2,263
資本金(億円):800

但馬銀行
URL:https://www.tajimabank.co.jp/
〒668-8650　豊岡市千代田町1-5
TEL:0796(24)2111
設立年月:1897/11　行員数:628
資本金(億円):54

大垣共立銀行
URL:https://www.okb.co.jp/
〒503-0887　大垣市郭町3-98
TEL:0584(74)2111
設立年月:1896/3　行員数:2,813
資本金(億円):467

十六銀行
URL:https://www.juroku.co.jp/
〒500-8516　岐阜市神田町8-26
TEL:058(265)2111
設立年月:1877/10　行員数:2,795
資本金(億円):368

静岡銀行
URL:https://www.shizuokabank.co.jp/
〒424-8677　静岡清水区草薙北2-1
TEL:054(261)3131
設立年月:1943/3　行員数:2,755
資本金(億円):908

スルガ銀行
URL:https://www.surugabank.co.jp/
〒410-8689　沼津市通横町23
TEL:055(962)0080
設立年月:1895/10　行員数:1,455
資本金(億円):300

清水銀行
URL:https://www.shimizubank.co.jp/
〒424-8715　静岡市清水区天神1-8-25
TEL:054(353)5151
設立年月:1928/7　行員数:901
資本金(億円):108

三十三銀行
(2021年5月1日に三重銀行と第三銀行が合併)
URL:https://www.33bank.co.jp/
〒510-0087　四日市市西新地7-8
TEL:059(353)3111
設立年月:1895/11　行員数:2,552(合算)
資本金(億円):374

百五銀行
URL:https://www.hyakugo.co.jp/
〒514-8667　津市丸之内31-21
TEL:059(227)2151
設立年月:1878/12　行員数:2,399
資本金(億円):200

伊予銀行
URL:https://www.iyobank.co.jp/
〒790-8514　松山市南堀端町1
TEL:089(941)1141
設立年月:1941/9　行員数:3,022
資本金(億円):209

四国銀行
URL:https://www.shikokubank.co.jp/
〒780-8605　高知市南はりまや町1-1-1
TEL:088(823)2111
設立年月:1878/10　行員数:1,343
資本金(億円):250

福岡銀行
URL:https://www.fukuokabank.co.jp/
〒810-8693　福岡市中央区大手門1-8-3
TEL:092(723)2131
設立年月:1945/3　行員数:3,570
資本金(億円):823

筑邦銀行
URL:https://www.chikugin.co.jp/
〒830-0037　久留米市諏訪野町2456-1
TEL:0942(32)5331
設立年月:1952/12　行員数:537
資本金(億円):80

西日本シティ銀行
URL:https://www.ncbank.co.jp/
〒812-0011　福岡市博多区博多駅前3-1-1
TEL:092(476)1111
設立年月:1944/12　行員数:3,679
資本金(億円):857

北九州銀行
URL:https://www.kitakyushubank.co.jp/
〒802-8701　北九州市小倉北区堺町1-1-10
TEL:093(513)5200
設立年月:2011/10　行員数:387
資本金(億円):100

佐賀銀行
URL:https://www.sagabank.co.jp/
〒840-0813　佐賀市唐人2-7-20
TEL:0952(24)5111
設立年月:1955/7　行員数:1,402
資本金(億円):160

鳥取銀行
URL:https://www.tottoribank.co.jp/
〒680-8686　鳥取市永楽温泉町171
TEL:0857(22)8181
設立年月:1921/12　行員数:685
資本金(億円):90

山陰合同銀行
URL:https://www.gogin.co.jp/
〒690-0062　松江市魚町10
TEL:0852(55)1000
設立年月:1941/7　行員数:1,992
資本金(億円):207

中国銀行
URL:https://www.chugin.co.jp/
〒700-8628　岡山市北区丸の内1-15-20
TEL:086(223)3111
設立年月:1930/12　行員数:2,889
資本金(億円):151

広島銀行
URL:https://www.hirogin.co.jp/
〒730-0031　広島市中区紙屋町1-3-8
TEL:082(247)5151
設立年月:1945/5　行員数:3,481
資本金(億円):545

山口銀行
URL:https://www.yamaguchibank.co.jp/
〒750-8603　下関市竹崎町4-2-36
TEL:083(223)3411
設立年月:1944/3　行員数:1,682
資本金(億円):100

阿波銀行
URL:https://www.awabank.co.jp/
〒770-8601　徳島市西船場町2-24-1
TEL:088(623)3131
設立年月:1896/6　行員数:1,331
資本金(億円):234

百十四銀行
URL:https://www.114bank.co.jp/
〒760-8574　高松市亀井町5-1
TEL:087(831)0114
設立年月:1924/3　行員数:2,157
資本金(億円):373

【第二地方銀行】

北洋銀行
URL:https://www.hokuyobank.co.jp/
〒060-8661　札幌市中央区大通西3-7
TEL:011(261)1311
設立年月:1917/8　行員数:2,758
資本金(億円):1,211

きらやか銀行
URL:https://www.kirayaka.co.jp/
〒990-8611　山形市旅篭町3-2-3
TEL:023(631)0001
設立年月:1914/1　行員数:932
資本金(億円):227

北日本銀行
URL:https://www.kitagin.co.jp/
〒020-8666　盛岡市中央通1-6-7
TEL:019(653)1111
設立年月:1942/2　行員数:867
資本金(億円):77

仙台銀行
URL:https://www.sendaibank.co.jp/
〒980-8656　仙台市青葉区一番町2-1-1
TEL:022(225)8241
設立年月:1951/5　行員数:750
資本金(億円):224

福島銀行
URL:https://www.fukushimabank.co.jp/
〒960-8625　福島市万世町2-5
TEL:024(525)2525
設立年月:1922/11　行員数:527
資本金(億円):186

大東銀行
URL:https://www.daitobank.co.jp/
〒963-8622　郡山市中町19-1
TEL:024(934)3278
設立年月:1942/8　行員数:498
資本金(億円):147

東和銀行
URL:https://www.towabank.co.jp/
〒371-8560　前橋市本町2-12-6
TEL:027(234)1111
設立年月:1942/9　行員数:1,440
資本金(億円):386

十八親和銀行
URL:https://www.18shinwabank.co.jp/
〒850-0841　長崎市銅座町1-11
TEL:095(824)1818
設立年月:1897/7　行員数:2,388
資本金(億円):368

肥後銀行
URL:https://www.higobank.co.jp/
〒860-8615　熊本市中央区練兵町1
TEL:096(325)2111
設立年月:1925/7　行員数:2,163
資本金(億円):181

大分銀行
URL:https://www.oitabank.co.jp/
〒870-0021　大分市府内町3-4-1
TEL:097(534)1111
設立年月:1892/12　行員数:1,628
資本金(億円):195

宮崎銀行
URL:http://www.miyagin.co.jp/
〒880-0805　宮崎市橘通東4-3-5
TEL:0985(27)3131
設立年月:1932/7　行員数:1,389
資本金(億円):146

鹿児島銀行
URL:https://www.kagin.co.jp/
〒892-0828　鹿児島市金生町6-6
TEL:099(225)3111
設立年月:1944/2　行員数:2,149
資本金(億円):181

琉球銀行
URL:https://www.ryugin.co.jp/
〒900-0015　那覇市久茂地1-11-1
TEL:098(866)1212
設立年月:1948/5　行員数:1,367
資本金(億円):569

沖縄銀行
URL:https://www.okinawa-bank.co.jp/
〒900-8651　那覇市久茂地3-10-1
TEL:098(867)2141
設立年月:1956/6　行員数:1,142
資本金(億円):227

富山第一銀行
URL:https://www.first-bank.co.jp/
〒930-8630　富山市西町5-1
TEL:076(424)1211
設立年月:1944/10　行員数:701
資本金(億円):101

福邦銀行
URL:https://www.fukuho.co.jp/
〒910-8606　福井市順化1-6-9
TEL:0776(21)2500
設立年月:1943/11　行員数:426
資本金(億円):73

静岡中央銀行
URL:https://www.shizuokachuo-bank.co.jp/
〒410-8710　沼津市大手町4-76
TEL:055(962)2900
設立年月:1926/11　行員数:451
資本金(億円):20

愛知銀行
URL:https://www.aichibank.co.jp/
〒460-8678　名古屋市中区栄3-14-12
TEL:052(251)3211
設立年月:1944/5　行員数:1,558
資本金(億円):180

名古屋銀行
URL:https://www.meigin.com/
〒460-0003　名古屋市中区錦3-19-17
TEL:052(951)5911
設立年月:1949/2　行員数:1,839
資本金(億円):250

中京銀行
URL:https://www.chukyo-bank.co.jp/
〒460-8681　名古屋市中区栄3-33-13
TEL:052(262)6111
設立年月:1943/2　行員数:1,155
資本金(億円):318

みなと銀行
URL:https://www.minatobk.co.jp/
〒651-0193　神戸市中央区三宮町2-1-1
TEL:078(331)8141
設立年月:1949/9　行員数:2,079
資本金(億円):399

栃木銀行
URL:https://www.tochigibank.co.jp/
〒320-8680　宇都宮市西2-1-18
TEL:028(633)1241
設立年月:1942/12　行員数:1,617
資本金(億円):274

京葉銀行
URL:https://www.keiyobank.co.jp/
〒260-0015　千葉市中央区富士見1-11-11
TEL:043(222)2121
設立年月:1943/3　行員数:2,046
資本金(億円):497

東日本銀行
URL:https://www.higashi-nipponbank.co.jp/
〒103-8238　中央区日本橋3-11-2
TEL:03(3273)6221
設立年月:1924/4　行員数:1,240
資本金(億円):383

東京スター銀行
URL:https://www.tokyostarbank.co.jp/
〒107-8480　港区赤坂2-3-5
TEL:03(3586)3111
設立年月:2001/1　行員数:1,687
資本金(億円):260

神奈川銀行
URL:https://www.kanagawabank.co.jp/
〒231-0033　横浜市中区長者町9-166
TEL:045(261)2641
設立年月:1953/7　行員数:370
資本金(億円):51

大光銀行
URL:https://www.taikobank.jp/
〒940-8651　長岡市大手通1-5-6
TEL:0258(36)4111
設立年月:1942/3　行員数:881
資本金(億円):100

長野銀行
URL:https://www.naganobank.co.jp/
〒390-8708　松本市渚2-9-38
TEL:0263(27)3311
設立年月:1950/11　行員数:650
資本金(億円):130

高知銀行
URL:https://www.kochi-bank.co.jp/
〒780-0834　高知市堺町2-24
TEL:088(822)9311
設立年月:1930/1　行員数:829
資本金(億円):195

福岡中央銀行
URL:https://www.fukuokachuo-bank.co.jp/
〒810-0041　福岡市中央区大名2-12-1
TEL:092(751)4431
設立年月:1951/6　行員数:468
資本金(億円):40

佐賀共栄銀行
URL:https://www.kyogin.co.jp/
〒840-0831　佐賀市松原4-2-12
TEL:0952(26)2161
設立年月:1949/12　行員数:376
資本金(億円):26

長崎銀行
URL:https://www.nagasakibank.co.jp/
〒850-8666　長崎市栄町3-14
TEL:095(825)4151
設立年月:1912/11　行員数:256
資本金(億円):61

熊本銀行
URL:https://www.kumamotobank.co.jp/
〒862-8601　熊本市中央区水前寺6-29-20
TEL:096(385)1111
設立年月:1929/1　行員数:858
資本金(億円):338

豊和銀行
URL:https://www.howabank.co.jp/
〒870-0006　大分市王子中町4-10
TEL:097(534)2611
設立年月:1949/12　行員数:532
資本金(億円):124

宮崎太陽銀行
URL:https://www.taiyobank.co.jp/
〒880-8606　宮崎市広島2-1-31
TEL:0985(24)2111
設立年月:1941/8　行員数:628
資本金(億円):122

島根銀行
URL:https://www.shimagin.co.jp/
〒690-0003　松江市朝日町484-19
TEL:0852(24)1234
設立年月:1915/5　行員数:382
資本金(億円):66

トマト銀行
URL:https://www.tomatobank.co.jp/
〒700-0811　岡山市北区番町2-3-4
TEL:086(221)1010
設立年月:1931/11　行員数:833
資本金(億円):178

もみじ銀行
URL:https://www.momijibank.co.jp/
〒730-8678　広島市中区胡町1-24
TEL:082(241)3131
設立年月:1923/11　行員数:1,257
資本金(億円):100

西京銀行
URL:https://www.saikyobank.co.jp/
〒745-8601　周南市平和通1-10-2
TEL:0834(31)1211
設立年月:1944/2　行員数:866
資本金(億円):234

徳島大正銀行
URL:https://www.tokugin.co.jp/
〒770-8648　徳島市富田浜1-41
TEL:088(623)3111
設立年月:1918/3　行員数:1,251
資本金(億円):110

香川銀行
URL:https://www.kagawabank.co.jp/
〒760-0050　高松市亀井町6-1
TEL:087(861)3121
設立年月:1943/2　行員数:1,043
資本金(億円):120

愛媛銀行
URL:https://www.himegin.co.jp/
〒790-8580　松山市勝山町2-1
TEL:089(933)1111
設立年月:1943/3　行員数:1,341
資本金(億円):213

芝信用金庫
URL:https://www.shibashin.jp/
〒105-0004　港新橋6-23-1
TEL:03(3432)3251
設立年月:1925/6
役職員数:789

東京東信用金庫
URL:https://www.higashin.co.jp/
〒130-0026　墨田区両国4-35-9
TEL:03(5610)1111
設立年月:1945/12
役職員数:1,395

西武信用金庫
URL:https://www.shinkin.co.jp/seibu/
〒164-8688　中野区中野2-29-10
TEL:03(3384)6111
設立年月:1939/11
役職員数:1,214

城南信用金庫
URL:https://www.jsbank.co.jp/
〒141-8710　品川区西五反田7-2-3
TEL:03(3493)8111
設立年月:1945/8
役職員数:2,101

東京信用金庫
URL:https://www.tokyo-shinkin.co.jp/
〒170-0013　豊島区豊島東池袋1-12-5
TEL:03(3984)9111
設立年月:1956/1
役職員数:698

城北信用金庫
URL:https://www.shinkin.co.jp/johoku/
〒114-8521　北区豊島1-11-1
TEL:03(3913)1151
設立年月:1921/5
役職員数:1,948

巣鴨信用金庫
URL:https://www.sugamo.co.jp/
〒170-8477　豊島区巣鴨2-10-2
TEL:03(3918)1131
設立年月:1922/4
役職員数:1,050

南日本銀行
URL:https://www.nangin.jp/
〒892-8611　鹿児島市山下町1-1
TEL:099(226)1111
設立年月:1943/11　行員数:914
資本金(億円):166

沖縄海邦銀行
URL:https://www.kaiho-bank.co.jp/
〒900-8686　那覇市久茂地2-9-12
TEL:098(867)2111
設立年月:1964/4　行員数:859
資本金(億円):45

【信用金庫】

北海道信用金庫
URL:http://www.shinkin.co.jp/hokkaido/
〒060-0062　札幌市中央区南2条西3
TEL:011(241)2122
設立年月:1921/12
役職員数:707

水戸信用金庫
URL:http://www.mitoshin.co.jp/
〒310-0803　水戸市城南2-2-21
TEL:029(222)3311
設立年月:1945/1
役職員数:987

千葉信用金庫
URL:https://www.shinkin.co.jp/chibaskb/
〒260-0013　千葉市中央区中央2-4-1
TEL:043(225)1118
設立年月:1924/6
役職員数:836

朝日信用金庫
URL:https://www.asahi-shinkin.co.jp/
〒101-0031　千代田区東神田2-1-2
TEL:03(3862)0321
設立年月:1923/8
役職員数:1,461

さわやか信用金庫
URL:https://www.sawayaka-shinkin.co.jp/
〒144-0047　大田区荻中2-2-1
TEL:03(3742)0615
設立年月:1926/11
役職員数:1,062

しずおか焼津信用金庫
URL:https://www.shizuokayaizu-shinkin.co.jp/
〒420-0838　静岡市葵区相生町1-1
TEL:054(247)1152
設立年月:1931/1
役職員数:980

浜松いわた信用金庫
URL:https://hamamatsu-iwata.jp/
〒430-0946　浜松市中区元城町114-8
TEL:053(450)3250
設立年月:1950/4
役職員数:1,828

岐阜信用金庫
URL:https://www.gifushin.co.jp/
〒500-8562　岐阜市神田町6-11
TEL:058(265)1151
設立年月:1924/3
役職員数:1,498

東濃信用金庫
URL:https://www.shinkin.co.jp/tono/
〒507-8702　多治見市本町2-5-1
TEL:0572(22)1151
設立年月:1979/4
役職員数:851

岡崎信用金庫
URL:https://www.okashin.co.jp/
〒444-8602　岡崎市菅生町字元菅41
TEL:0564(21)6111
設立年月:1924/7
役職員数:1,838

いちい信用金庫
URL:https://www.shinkin.co.jp/ichii/
〒491-8611　一宮市若竹3-2-2
TEL:0586(75)6200
設立年月:1936/11
役職員数:556

碧海信用金庫
URL:https://www.hekishin.jp/
〒446-8686　安城市御幸本町15-1
TEL:0566(77)8101
設立年月:1950/10
役職員数:1,270

多摩信用金庫
URL:https://www.tamashin.jp/
〒190-8681　立川市緑町3-4
TEL:042(526)1111
設立年月:1933/12
役職員数:2,197

埼玉縣信用金庫
URL:https://www.saishin.co.jp/
〒360-8611　熊谷市久下4-141
TEL:048(526)1111
設立年月:1948/2
役職員数:1,706

飯能信用金庫
URL:https://www.shinkin.co.jp/hanno/
〒357-8558　飯能市栄町24-9
TEL:042(972)8111
設立年月:1951/7
役職員数:901

川崎信用金庫
URL:https://www.kawashin.co.jp/
〒210-0006　川崎市川崎区砂子2-11-1
TEL:044(222)7581
設立年月:1923/7
役職員数:1,295

かながわ信用金庫
URL:https://www.shinkin.co.jp/kanagawa/
〒238-0008　横須賀市大滝町1-28
TEL:046(826)1515
設立年月:1951/3
役職員数:769

湘南信用金庫
URL:https://www.shinkin.co.jp/shonan/
〒238-8616　横須賀市大滝町2-2
TEL:046(825)1212
設立年月:1924/3
役職員数:702

横浜信用金庫
URL:https://www.yokoshin.co.jp/
〒231-8466　横浜市中区尾上町2-16-1
TEL:045(651)1451
設立年月:1923/7
役職員数:1,302

大阪信用金庫
URL:https://www.osaka-shinkin.co.jp/
〒543-8666　大阪市天王寺区上本町8-9-14
TEL:06(6772)1521
設立年月:1920/2
役職員数:1,343

大阪厚生信用金庫
URL:http://www.co-sei.co.jp/
〒542-0073　大阪市中央区日本橋2-8-14
TEL:06(6643)2155
設立年月:1922/9
役職員数:551

北おおさか信用金庫
URL:https://www.kitaosaka-shinkin.co.jp/
〒567-8651　茨木市西駅前町9-32
TEL:072(623)4981
設立年月:1925/4
役職員数:1,071

きのくに信用金庫
URL:https://www.kinokuni-shinkin.jp/
〒640-8655　和歌山市本町2-38
TEL:073(432)5000
設立年月:1911/8
役職員数:744

尼崎信用金庫
URL:https://www.amashin.co.jp/
〒660-0862　尼崎市開明町3-30
TEL:06(6412)5411
設立年月:1921/5
役職員数:1,325

播州信用金庫
URL:http://www.shinkin.co.jp/banshin/
〒670-0962　姫路市南駅前町110
TEL:079(281)3939
設立年月:1930/12
役職員数:851

広島信用金庫
URL:https://www.hiroshin.co.jp/
〒730-8707　広島市中区富士見町3-15
TEL:082(245)0321
設立年月:1945/1
役職員数:939

西尾信用金庫
URL:https://www.shinkin.co.jp/nishio/
〒445-8601　西尾市寄住町洲田51
TEL:0563(56)7111
設立年月:1913/10
役職員数:749

蒲郡信用金庫
URL:https://www.gamashin.co.jp/
〒443-0056　蒲郡市神明町4-25
TEL:0533(68)2121
設立年月:1948/4
役職員数:826

瀬戸信用金庫
URL:https://www.setoshin.co.jp/
〒489-8650　瀬戸市東横山町119-1
TEL:0561(82)3141
設立年月:1942/11
役職員数:1,259

豊田信用金庫
URL:https://www.toyoshin.co.jp/
〒471-8601　豊田市元城町1-48
TEL:0565(31)1616
設立年月:1949/12
役職員数:857

京都中央信用金庫
URL:https://www.chushin.co.jp/
〒600-8009　京都市下京区四条通室町東入函谷鉾町91
TEL:075(223)2525
設立年月:1940/6
役職員数:2,500

京都信用金庫
URL:https://www.kyoto-shinkin.co.jp/
〒600-8005　京都市下京区四条通柳馬場東入立売東町7
TEL:075(211)2111
設立年月:1923/9
役職員数:1,625

大阪シティ信用金庫
URL:https://www.osaka-city-shinkin.co.jp/
〒541-0041　大阪市中央区北浜2-5-4
TEL:06(6201)2881
設立年月:1927/11
役職員数:1,942

図解入門
How-nual

索引

INDEX

あ行

か行

た行

さ行

ま行

や行

な行

は行

ら行

アルファベット

索引

●著者紹介

平木　恭一（ひらき・きょういち）

1955年千葉県生まれ。明治大学文学部卒。経済ジャーナリスト。金融業界の取材歴30年。週刊誌や経済専門誌に執筆多数。近年はノンバンクやIT分野などを手掛けている。主な著書に『デビットカード革命』（宝島新書、共著）、『図解入門業界研究　最新　クレジット／ローン業界の動向とカラクリがよ〜くわかる本』（秀和システム）、『図解入門業界研究　最新　金融業界の動向とカラクリがよ〜くわかる本』（秀和システム）など。

図解《ずかい》入門《にゅうもん》業界《ぎょうかい》研究《けんきゅう》
最新《さいしん》銀行《ぎんこう》業界《ぎょうかい》の動向《どうこう》とカラクリがよ〜くわかる本《ほん》［第《だい》6版《はん》］

発行日　2021年　6月　1日　　第1版第1刷

著　者　平木《ひらき》　恭一《きょういち》

発行者　斉藤　和邦
発行所　株式会社　秀和システム
〒135-0016
東京都江東区東陽2-4-2　新宮ビル2F
Tel 03-6264-3105（販売）Fax 03-6264-3094
印刷所　三松堂印刷株式会社　Printed in Japan

ISBN978-4-7980-6370-6 C0033